KB120217

우리의 관계를
돌봄이라 부를 때

일러두기

1. 대표적인 노인성 질환인 치매는 어리석을 치癡와 어리석을 매呆가 더해진 말로 부정적인 의미가 강하다. 이런 지적 때문에 일본, 중국, 미국 등이 치매를 각각 인지증, 뇌퇴화증, 주요 신경 인지장애 등의 용어로 대체했고, 한국도 보건복지부를 중심으로 치매를 다른 말로 바꾸자는 논의가 진행 중이다. 그러나 치매라는 말의 뉘앙스를 다른 말로 완전히 대체하기는 어려워, 이 책에서는 맥락에 따라 '치매'와 '인지저하'를 함께 쓴다.

2. "중국에 거주하고 있는 한민족 혈통을 가진 중국 국적의 소수민족"을 뜻하는 조선족은 그 자체로는 비하적인 의미가 없지만, 범죄·폭력 등의 부정적인 이미지를 연상시킨다는 지적이 있다. 이 책은 국가인권위원회가 한국기자협회와 공동으로 만든 〈2023년 인권보도 참고 사례집〉에 따라 '중국동포' '재중동포'로 표기하되, 인용 등에 한해 '조선족'도 함께 쓴다.

3. 맞춤법, 띄어쓰기 등 교정·교열은 원칙적으로 국립국어원을 따르되 이 책의 주제인 돌봄 관련한 주요 용어 등은 붙여 썼다.

우리의 관계를
돌봄이라 부를 때

영 케어러와 홈 닥터,
각자도생 사회에서
상호의존의 세계를
상 상 하 다

조기현×홍종원

나는 우리 부모님이 아프지 않았으면 좋겠다고 생각했다. 만약 입원해야 한다면 좋은 간병인을 만나면 좋겠다고 생각했다. 나는 우리 부모님이 요양시설에 가지 않았으면 좋겠다고 생각했다. 만약 요양시설에 가야 한다면 친절한 곳이었으면 좋겠다고 생각했다. 나는 우리 부모님이 기적처럼 병에서 회복되면 좋겠다고 생각했다. 마지막이 쓸쓸하지 않았으면 좋겠다고 생각했다.

　나는 이 모든 것이 운에 달렸다고 생각했다. 그러나 돌봄은 운이나 기적이 아니다. 운이 따르지 않거나 기적을 기대할 수 없는 사람들, 유한한 존재인 우리 모두에게 필요한 아주 구체적인 단어다. 이미 돌봄을 삶의 가장 중요한 문제로 사유해온 저자들은 우리가 맺을 수 있는 가장 좋은 관계를 원하고 상상하고 고민하고 만들어보기를 권한다. 각자도생의 늪에 빠져 손 뻗을 곳, 발 디딜 곳, 마음 줄 곳을 잃은 우리가 원하고 내용을 재구성해야 할 단어, '돌봄'일 것이다. 아직 살아 있는 우리, 삶의 많은 것이 '돌봄'에 달려 있다.

_정혜윤(CBS PD, 《삶의 발명》 저자)

돌봄노동에 대한 '희미한 앎'과 그로 인한 두려움은 '아픈 나' '늙은 나' '무력한 나'를 불온한 대상으로, 때로는 이 사회에서 추방시켜야 할 대상으로 폄하시킨다.

홍종원과 조기현은 이 대담집에서 각자가 목격하고 경험한 생생한 돌봄의 현장을 증언한다. 누군가를 질책하거나 단죄하지 않고 돌봄노동 현장에서 필요한 것과 우리 사회에서 결여되어 있는 것들을 짚으며 우리가 미래의 우리를 혐오하지 않고 환대할 수 있는 방법을 모색한다.

'돌봄이 순환하기에 우리는 서로에게 의존하며 살아갈 수 있다'라고 말하는 두 사람은 소외된 이들을 위한 선명하고 구체적인 대안을 제시하면서도 끊임없이 공감과 연대, 그리고 공동체에 대한 인식의 변화를 촉구한다. 그들이 변화의 실마리를 찾아가는 과정은 실용적이지도, 효율적이지도 않지만 더없이 진실하고 성실하다.

_백온유(소설가, 《페퍼민트》 저자)

돌봄은 순환한다

홍종원

종종 취약계층이 모여 사는 임대아파트에 진료하러 간다. 으리으리한 ○○캐슬 옆에 자리한 임대아파트의 빛바랜 벽을 보면 가난이라는 두 글자가 떠오른다. ○○캐슬에 거주하는 분도 진료하고 있는데 바로 옆 임대아파트와 환경, 냄새, 보호자의 응대가 사뭇 다르다. 사회복지관의 의뢰나 여러 센터의 소개로 한두 분 만나다 보니 이 임대아파트를 자주 찾게 되었다. 때로는 돌봄노동자의 소개로 환자를 만나기도 한다. 그중 얼마 전 돌아가신 송 할머니를 돌보던 김 요양보호사님을 평생 잊을 수 없을 것 같다. 의사로서 진료하는 환자분께도 마음이 가지만 의사소통이 어려운 환자를 대신해 돌봄노동자들과 소통하면서 끈끈한 정이 생긴다. 송할머니가 돌아가신 지 얼마 후, 다른 분을 진료하러 아파트에 들어서는데 김 요양보호사님이 바삐 움직이신다. 따로 인사는 드리지 못했는데 그 모습이 반갑기도 안쓰럽기도 하다. '언젠가 또 뵐 날이 있겠지' 생각하며 발길을 돌린다.

**

김 요양보호사님과 인연이 닿은 건 60대 후반인 석준(가명) 님을 돌보던 요양보호사 선희(가명) 님 덕분이다. 석준 님은 인지저하가 심하고 척추질환 때문에 누워서 지내는 분이었다. 사회복지관의 소개로 석준 님을 진료하게 되었다. 거동이 불편해 병원에 가질 못해서 방문진료를 통해 필요한 약을 처방해드렸다. 어느 날 석준 님의 요양보호사인 선희 님은 11층에 어르신이 있는데 돌봐줄 수 있냐고 여쭤보았다. 그렇게 송 할머니를 돌보는 김 요양보호사님을 만났다.

김 요양보호사님은 나의 방문을 반겼다. 가족이 돌보지 않는 90대 후반의 송 할머니를 돌보느라 홀로 분투 중이었다. 소변줄 관리, 투약 관리, 인지 관리가 필요한 상황에서 김 요양보호사님은 요양보호부터 건강 관리까지 세심히 챙기고 있었다. 응급상황이 생기면 직접 119를 통해 응급실도 다녀왔었다. 그러다 보니 방문 의사의 존재가 반가웠으리라. 김 요양보호사님은 오후에는 11층 9호의 송 할머니, 오전에는 같은 층 2호의 차 할머니를 돌보고 계셨다. 같은 층의 두 분을 오전, 오후 돌보는 일로 노동 계약이 되었지만 실제로는 두 분을 오전, 오후로 같이 돌봐야 했다. 돌봄의 필요는 국가가 보장한 요양보호 시간인 3시간이 지났다고 사라지지 않았다. 근처의 다른 어르신을 돌보면서도 혼자 계실

우리의 관계를 돌봄이라 부를 때

어르신을 모르는 체할 수는 없었다. 김 요양보호사님은 가족이 돌보지 않는 두 어르신을 평일 오전, 오후, 저녁 및 주말까지 책임지고 계셨다. 김 요양보호사님은 내게 때때로 문자와 전화로 건강 관리를 상의했다. 소변의 색과 냄새, 배변 활동, 수분 섭취, 약 복용 등을 함께 이야기했다. 시간이 지나며 서로 익숙해져 송 할머니, 김 요양보호사님과 호흡이 잘 맞았다. 나와 인연이 닿은 이후로는 응급실 등 병원에 가지 않고 집에서 방문진료를 통해 건강 관리를 해냈다. 거동이 어려운 환자를 모시고 응급실에 가는 일이 여간 번거로운 일이 아니다. 다른 보호자 없이 돌봄노동자 혼자서 해내기는 더욱 어려운 일이다. 서로 신경 쓴 덕에 비교적 평안한 일상을 유지할 수 있었다. 다만 때때로 생기는 열, 탁한 소변 등으로 긴급히 진료 및 처치를 하곤 했다.

**

그러던 어느 날 김 요양보호사님은 자기 남편이 건강 상태가 안 좋은데 진료를 해줄 수 있겠냐고 부탁했다. 그렇게 주소를 받고 김 요양보호사님 댁을 찾았다. 거동이 어렵고 인지가 떨어진 어르신이 홀로 집에 계셔 놀랐다. 다른 어르신을 돌보느라 본인의 가족은 홀로 계시는 상황이었다. 한번은 급하게 약이 필요해서 김 요양보호사님의 차를 얻어 타고 약국에 같이 가는 길이었다. 4년째 소통하다 보니 내가 편해졌는지 김 요양보호사님은 자신의 얘기를 쏟아내셨다. 며칠 전에 운전 중 가벼운 접촉 사고가 났는데 자식들에게 한 소리 들었다고 한다. 손주를 돌보러 가는 길이라 자신도 급하게 움직이느라 그랬다고 했다. 큰 사고는 아니라 다행이었지만 괜히 자식들에게 한 소리 들었다고 나에게 하소연을 하신다. 자식들도 걱정되어 조심하라고 했던 이야기였을 거라고 위로하면서도 이분이 어르신 두 분의 요양보호사만이 아니라 남편, 손주까지 돌보는 일을 하고 계셨다는 점이 놀라웠다. 대단하시다 못해 존경스러웠다. 젊었을 적 결혼하셨던 이야기, 어렵게 가족을 보살피며 살아온 이야기를 쏟아내신다. 다 들어보니 남편이 착실히 살지 않아서 자신이 참 힘들게 살았다고 하신다. 그래도 이렇게 어르신을 돌보고 손주들을 돌보며 살아갈 수 있어서 감사하다고 한다. 진심으로 어르신을 돌보며 나에게도 연신 감사하다며 고개를 숙이시는 모습을 봤기에 신세 한탄이 아니라 일종의 자기 고백이자 간증처럼 들렸다. 환자를 돌보러 가서 가장 가까이 있는 요양보호사님과 많은 대화를 하다 보니 나에게 어려움을 토로하시는 경우가 많다. 김 요양보호사님 손에 여러 생명이 달려 있다는 생각이 들었다. 건강 관리 한답시고 왔다 갔다 하지만, 실제로 사람들의 생명을 책임지는 건 이분이라는 생각이 들었다.

＊＊

돌이켜보니 거동이 불편한 석준 님 진료를 가서 석준 님의 요양보호사인 선희 님을 만나고, 선희 님 소개로 같은 아파트 11층 9호 송 할머니와 송 할머니를 돌보는 김 요양보호사님을 만나고, 역시 김 요양보호사님이 돌보는 11층 2호 차 할머니를 만났다. 그리고 김 요양보호사님의 남편을 진료하게 되었다. 돌봄을 매개로 인연이 생겼다. 몇 해가 지나고 비교적 젊은 석준 님이 먼저 돌아가셨다. 선희 님은 특유의 단답형 문자로 "석준 님 죽었어요" 하고 연락을 주셨다. 비교적 젊은 석준 님이었기에 그 죽음이 조금 낯설었다. 이후 송 할머니를 꾸준히 진료했다. 언제든 응급상황이 발생할 수 있어서 신경을 많이 썼다. 어느 날 새벽 송 할머니가 돌아가셨다. 처음 만났을 때부터 언제 돌아가셔도 이상하지 않을 상황이라고 생각했는데 인연이 꽤 오래 이어졌다. 김 요양보호사님은 보호자와 상의했다며 나에게 사망 선언을 해달라고 연락을 주셨다. '때가 됐구나' 생각하며 황급히 송 할머니 댁을 찾았다. 마지막을 지킨 이는 결국 김 요양보호사님과 나였다. 가볍게 상태를 확인하고 사망 선언을 하였다. 마지막은 간단했다. '이렇게 또 한 분 가시는구나.' 김 요양보호사님은 언제나처럼 연신 고개를 숙이며 감사하다고 말씀하셨다. 김 요양보호사님은 마지막까지 차분히 송 할머니를 돌봤다. 진료를 할 때면 인지저하가 심한 송 할머니가 감사하다고 말씀하시곤 했었는데 두 분과 보낸 시간을 잊지 못할 것 같다. 감상에 젖을 여유 없이 또 다른 집을 드나든다. 김 요양보호사님도 아직 살아계신 2호 집 차 할머니와 새로운 어르신을 열심히 돌보고 계실 것 같다. 언젠가 진찰이 필요하면 나에게 연락을 주시겠거니 생각을 한다.

**

누가 우리의 생명을 지키는가? 미디어는 응급실의 분주한 모습을 분초를 다투는 생존의 현장으로 재현한다. 그 서사의 주인공은 대개 의사다. 하지만 실제로 환자들의 곁을 지키는 사람은 요양보호사나 간병인처럼 돌보는 이들이다. 환자들은 대부분의 시간을 그들 곁에서 보내면서 하루하루 생명을 연장한다. 갓난아이부터 청소년 그리고 어르신까지 우리는 누군가의 돌보는 손길을 떠나 생명을 유지할 수 없다. 보이지 않아서, 티 나지 않아서 그 돌봄이 값싼 노력으로 폄하되곤 하지만 우리는 누군가의 돌봄을 통해서 또 누군가를 돌보며 생명의 의미를 찾는다. 돌봄노동자는 값싼 가사 도우미가 아니라 집 안에 칩거하느라 사회에서 보이지 않는 아픈 이들의 생명을 지키는 버팀목이다. 새삼스럽지만 진짜 영웅은 조명되지 않는다. 사실 사람들의 존경을 받는 유명 병원의 명의도 동료 의사, 간호사의 조력으로 환자들을 돌보는 간병인, 그리고 병원을 관리하는 청소노동자 덕분에 더욱 빛이 난다. 치료를 요청받은 방문 의사인 나는 돌봄 현장에서 좌절감을 겪기도 했다. 희망이라고는 없어 보이는 상황에서 우리는 길을 찾아야 했다. 어느 정도까지 의료가 기능할 수 있고 어디까지 체념하고 수용해야 하는지 고민해야 했다. 병원에 입원하는 손쉬운 방법으로 돌봄을 떠넘길 수 있는 사회이지만 당사자와 돌봄자와 방문 의사인 나는 존엄한 삶과 더불어 존엄한 죽음을 고민했다. 혼자가 아니라 돌보는 이와 함께였기 때문에 작은 성취를 만들며 진료하고 있다.

김 요양보호사님의 경우처럼 한 사람이 이렇게나 많은 사람의 돌봄을 책임지고 있다는 사실이 여전히 이해가 되지 않는다. 김 요양보호사님과 같은 소수의 돌봄자들이 사람들이 아파도 버틸 수 있도록, 쉽게 죽지 않도록 우리 사회를 지키고 있다. 하지만 돌보는 이의 노력은 작은 미담으로 치부되고 우리 사회는 여전히 돈벌이가 되는 효율의 논리에 열광한다. 돈벌이가 아니라 돌봄이 더 중요함에도 말이다. 시야에서 사라진 돌봄을 어떻게 둘 것인가? 이처럼 소수의 돌봄자에게 모든 짐을 씌워도 괜찮은가? 어디까지 치료 행위이고 어디서부터 돌봄 행위인가?

이 대담을 통해 돌봄에 덧붙은 이런 질문들에 답해보려 했다. 물은 순환하고 자원도 순환한다고 이야기한다. 눈에 보이는 물질의 순환이 당연하듯이 눈에 보이지 않는 돌봄 또한 순환한다. 돌봄이 순환하기에 우리는 생존하고 또 살아갈 수 있다. 시작은 돌보는 이들, 돌봄을 받는 이들에게 손을 내미는 일이다. 절망적 상황이라 보여도 손을 내밀고 관계의 물꼬를 트면 보이지 않았던 것들이 보인다. 돌봄이 순환한다면 희망이 보이지 않아도 때로는 괜찮다. 죽음이 생각보다 비극적이지 않음도 경험하게 된다. 나는 송 할머니처럼 돌봄이 필요한 이들, 김 요양보호사님처럼 돌봄 현장을 지키는 이들을 응원하고 지지하는 마음을 담아, 모두 함께 돌봄의 순환에 참여하자고 말하고 싶었다. 이 책은 아직은 도래하지 않은 '돌봄이 순환하는 세계'를 함께 상상하고 만들어갈 돌봄의 동료에게 건네는 연서다.

차 례

추천사 004
프롤로그 — 돌봄은 순환한다 **홍종원** 007

1장 돌봄의 관계를 상상하다
_왜(Why) ──────────── 016

▶ '돌보는 남성'을 떠올릴 수 있으려면 026 ▶ 돌봄은 우리를 숨 쉬게 만드는 공기 028 ▶ 돌봄의 위기는 가장 약한 곳부터 온다 034 ▶ 청년을 위한 '돌봄의 역량' 040 ▶ 느슨한 환대의 공동체 044 ▶ 커뮤니티 케어는 가치관의 변화여야 한다 048 ▶ 거래를 넘어선 새로운 삶의 양식 055 ▶ 대안은 내면의 떨림에서 시작된다 060 ▶ 우리는 모두 서로에게 의존하며 살아간다 066 ▶ 대면은 한 사람의 삶을 마주하는 일 070 ▶ 치료와 돌봄은 원래 하나였다 078 ▶ 돌봄의 배후에서 작동하는 위계 083

2장 돌봄이 필요한 시간
_언제(When) ──────────── 086

▶ 돌봄이 재난이 되지 않으려면 094 ▶ 생애주기의 전제, 정상가족 098 ▶ 생애주기가 지워버린 영 케어러 105 ▶ 가족돌봄이라는 어떤 표준 112 ▶ 돌봄이 서비스에 그칠 때 생기는 일 123 ▶ 일상의 관계가 변해야 제도도 변한다 128 ▶ 우리 자신이 돌봄의 인프라가 되려면 134 ▶ 데이터에 묻힌 삶을 복원하기 위하여 143 ▶ '돌봄의 시간'으로 '돌봄의 가치'를 돌아보다 148

3장 돌봄의 동료들과 관계 맺기
_누구(Who)와 ——————————————— 150

▶ '돌봄의 윤리'를 고민하는 공적 테이블 155 ▶ 상호작용으로서의 돌봄을 위하여 163 ▶ 치료자가 아닌 돌봄의 동료 되기 166 ▶ '가족이니까'와 '가족 아니니까' 사이의 장벽 169 ▶ 제도의 빈틈을 메우는 일상의 관계 176 ▶ 돌봄 제공과 돌봄 수혜의 이분법을 넘어 185 ▶ '돌보는 나'를 돌보지 않을 때 189 ▶ 우리는 항상 돌봄 속에서 살아왔다 195 ▶ 감정을 넘어 정동으로 198 ▶ 관계의 바다에서 헤엄쳐라 203

4장 시설과 집의 이분법을 넘어서
_어디서(Where) ——————————————— 206

▶ 아픈 이의 위치에 선다는 것 215 ▶ '좋은 죽음'이 가능한 공간을 상상하다 223 ▶ 사건이 되고, 실패가 된 죽음 228 ▶ '생명이 소중하다'와 '나는 안락사할 거야' 사이 233 ▶ '생명이 소중하다'는 구호가 은폐한 죽음들 239 ▶ 돌봄 시설에 돌봄이 없다 246 ▶ 현장의 목소리에 더 많은 마이크를 252 ▶ 탈시설이라는 난제 259 ▶ 시설사회에서 탈시설을 상상하다 263 ▶ 아직 오지 않은 미래로 현재를 재구성하기 267 ▶ 함께 '책임'지는 동료 시민의 자리 274

5장 돌봄이 길이 되려면
_어떻게(How) ——————————————— 278

▶ 나도 돌봄이 필요한 존재임을 인정하기 283 ▶ 아무도 남을 돌보지 마라 287 ▶ 가족돌봄이라는 지옥도 293 ▶ 돌봄과 노동, 두 취약성이 만날 때 299 ▶ 간병을 복의 영역으로 두지 않으려면 303 ▶ 돌봄이 인종화될 때 생기는 일 306 ▶ 아무것도 계산하지 않는 자본주의 외부의 시간 310 ▶ 제도화라는 딜레마 317 ▶ 돌봄의 '고쳐 쓰기'를 위하여 322

에필로그 — 취약함이 배제의 이유가 되지 않는 미래를 상상하며 **조기현** 328
편집자 후기 — '극진한 비효율성'을 위하여 341
돌봄용어 함께 읽기 348

1장

관계를

_왜(Why)

돌봄의

상상하다

김경훈(이하 김) | 안녕하세요, 저는 앞으로 돌봄을 주제로 이어질 대담의 진행을 맡은 편집자 김경훈입니다. 두 분께서 자기소개를 겸해서 돌봄 관련해서 어떤 활동을 하고 계시는지, 어떤 문제의식을 느끼고 있는지로 대담을 열어보려고 합니다.

홍종원(이하 홍) | 안녕하세요, 제 이름은 홍종원입니다. 저는 방문진료만 하는 동네 의원에서 일을 하고 있어요. 보통 병원에 환자가 찾아가서 진료를 보는 게 일반적인데 우리 병원은 환자가 찾아오지 않고 의사, 간호사가 환자의 집에 찾아가서 진료해요.

  저희가 이런 일을 하게 된 건 병원에 갈 수 없는 분들이 우리 사회에 많아서예요. 거동이 어려운 어르신들, 중증장애인들이 병원에 못 오다 보니 평소에 건강 관리를 못 하고 상태가 악화된 채 병원에 가는 경우가 많죠. "그런 분들을 찾아가 필요한 의료서비스를 제때 제공하고, 건강 관리를 잘할 수 있도록 돕자"는 목표를 세우고, 2019년 3월에 방문 의료 전문의원인 '건강의집 의원'을 열어서 많은 분의 집에 찾아가고 있어요.

　사람들은 보통 의사의 역할이 치료라고 생각합니다. 진찰을 하고 약을 처방한다든가 처치를 해서 결국에는 병이나 상처를 낫게 하는 게 치료죠. 그런데 막상 방문진료를 하면서 치료도 중요하지만 거동이 불편한 분들이 살아가기 위해서는 여러 돌보는 손길이 더 중요하다는 점을 절실하게 느꼈어요. 그런 와중에 돌봄 문제를 이야기하신 조기현 작가님도 만나게 됐고, 방문진료를 하는 의사로서 어떻게 그 돌봄의 현장에 조금이라도 기여할 수 있을지를 고민하게 됐습니다. 물론 의사로서 본연의 역할을 잘하는 것도 중요한데, 돌보는 일에도 내가 어떻게 기여할 방법이 없을까 하는 생각이 든 거죠.

　그래서 이번 대담을 통해 제가 여러 경험을 하면서 고민됐던 지점을 같이 이야기 나누고 싶어요. 앞으로 우리 사회가 돌봄을 이해하고 실제로 서로를 잘 돌보면서 살아갈 수 있는 환경을 만들 방법이 무엇인지를 같이 찾아보고 싶다는 생각을 가지고 있습니다.

김 ｜　그런 고민은 앞으로 우리가 대담하면서 좀 더 깊게 나눠 보기로 하고, 방문진료와 왕진의 차이에 대해서도 말씀해주셨으면 합니다.

홍 ｜　어쩌다 한 번 환자가 아플 때 가는 건 왕진이라고 보시면 돼요. 환자가 '아프니까 선생님 와주세요'라고 방문 요청해서 진료하면 왕진이죠. 방문진료는 중증 질환을 앓는 환자, 중증장애인, 노쇠한 노인, 거동이 불편한 환자 등을 아프든 안 아프든 한 달에 한 번 혹은 격주로 찾아가는, 주기성과 관계성을 포함하는 상황을 말해요. 보통 왕진은 '긴급' '응급' 이런 단어와 어울리고, 방문진료는 '주치의'라는 개념과 가깝죠.

2020년에 '1차 의료 왕진 수가 시범 사업'이 생기면서 국민건강보험(건강보험)에 왕진 진료 수가를 신설했어요. 보통 병원에 찾아가서 일반 진료를 보면 진료비 총액이 1만 5000원 정도고 환자가 그 금액의 30퍼센트를 본인 부담하죠. 왕진은 총진료비가 10만 원 정도고 30퍼센트를 본인 부담하고요. 이 사업이 생기면서 건강보험제도 안에 왕진료는 얼마라는 걸 처음 측정한 거예요. 그런데 2021년에 이름이 바뀌었어요. '1차 의료 방문진료 사업'으로. 처음에는 왕진이라는 단어를 썼다가 아픈 분들을 주기적으로 찾아서 진료하는 사업이면 방문진료가 적절하다고 해서 이름을 조금 바꾼 거죠. 왕진과 방문진료를 혼용해서 쓰기도 하지만, 저는 관계성을 담기 위해서 왕진보다는 방문진료라는 표현을 쓰려고 해요. 물론 단어는 단어일 뿐이고 관계성을 현실화하는 것은 실제로 그 일을 하는 사람들의 역할이겠지만, 어쨌든 두 단어는 그런 차이가 있어요.

조기현(이하 조) │ 거리 공연으로 치면, 왕진은 버스킹이고 방문진료는 거리 예술이라고도 할 수 있겠네요. 버스킹은 거리에서 일회적으로 하는 공연을 말하고, 거리예술은 일정한 주기를 두고 열리는 축제에서 선보이는 공연을 말한다고 하더라고요. 예를 들어 '나는 금요일마다 이 시간에 와서 공연한다'라고 하면 정기 공연, 방문진료라고 볼 수 있겠네요.

김 | 홍종원 선생님 말씀을 들으니 방문진료가 지향하는 게 뭔지 더 잘 이해되네요. 왕진과 방문진료를 버스킹과 거리 예술에 비유한 것도 직관적이고요. 그럼 조기현 작가님도 자기소개와 함께 돌봄에 대한 평소의 문제의식을 말씀해주실 수 있을까요?

조 | 저는 20살 때 아버지가 쓰러진 후로 인지저하까지 걸리면서 계속 보호자로 살았어요. 이혼한 가정이었기에 제가 유일한 보호자였어요. 보호자로 살았던 과정에서 겪었던 가난, 질병, 간병, 복지의 문제들, 돌봄하면서 겪은 다양한 감정들, 관계의 변화 등을 풀어낸 게 첫 책 《아빠의 아빠가 됐다》였죠. 출간 이후 돌봄 이슈에 대해 말할 수 있는 기회가 많아졌어요. 제가 그동안 느꼈던 문제, 또 다른 돌봄자들에게 들었던 문제들을 원 없이 공적인 언어로 계속 얘기할 수 있었어요. 원래 처음 《아빠의 아빠가 됐다》를 썼을 때는 망망대해에 유리병 편지를 던지는 심정에 가까웠어요. 누가 응답해줄지 확신을 가지지 못했죠. 하지만 책이 나온 뒤 정말 많은 만남을 겪었어요. 다양한 세대의 독자들이 돌봄

을 한 경험, 돌봄을 목격한 경험을 말해줬어요. 그게 계기가 돼서 두 번째 책《새파란 돌봄》을 쓸 수 있었고요. 첫 책 쓰기 전에는 만나려고 해도 아예 못 만났거든요. 그때쯤 아픈 가족을 돌보는 돌봄청년에 대한 지원책 마련에도 계속 힘쓰고, 당사자들을 만나고 모으려고 했어요.

저는 홍종원 선생님을 만나서 얘기하고 싶었던 게 분명했어요. 일단 지역에서 오랫동안 지역운동과 청년운동을 했고, 커뮤니티 케어에서 중요한 열쇠가 될 수 있는 방문진료를 직접 하고 계시죠. 만나서 대화를 나누며 저 스스로도 새로운 관점들을 많이 얻었어요. 어떤 구조적인 것을 지적하기보다, '만남' 그 자체에서부터 해답을 찾고 '관계 맺음'에서부터 길을 찾아가는 이야기에서 많은 걸 느꼈어요. 그리고 의학의 권력에 대해서도 계속 비판적인 이야기를 하는 게 흥미로웠어요. 이를테면 의사가 건강에 대한 모든 걸 아는 게 아니라, 방문진료를 하면서 치료 해법들을 당사자와 함께 찾아나선다는 이야기에 공감했어요.

그래서 이런 관점에서 오늘날 돌봄 논의에서 잘 이야기되지 않는 '관계'에 대해 더 풍성하게 얘기할 수 있겠다 싶었어요. 돌봄은 국가만 할 수 있는 것도 아니고, 그렇다고 개인이 다 해야 하는 것도 아니에요. 다양한 관계들 안에서 이뤄져야 할 무엇이죠. 이런 관점이 오늘날 돌봄에 대한 다른 논의들을 충분히 '비판적'으로 다룰 수 있다고 생각했어요.

김 | 네, 두 분의 활동과 문제의식에서 시작해서 앞으로 관계라는 화두를 갖고 돌봄을 다시 들여다보는 논의를 하게 될 것 같아요. 의학의 권력, 커뮤니티 케어 등은 뒤에서 더 자세히 이야기하기로 하고, 조금은 개인적인 질문을 하나 던질게요. 조기현 작가님 아버님은 지금 어떤 상태인가요?

조 | 코로나 팬데믹 상황에서 아버지는 요양병원에 계셨어요. 접촉도 못 하니까 제가 할 수 있는 게 없었죠. 집단감염이라도 되면 공용 전화를 못 쓰게 해서 안부도 물을 수 없었어요. 언제까지 이럴 줄 모르니까 답답하기만 했죠. 아버지도 많이 답답했을 거예요. 아버지가 인지가 저하돼서 요양병원에 있어도 늘 걷고 청소하면서 소일거리를 찾아서 했거든요. 몸을 계속 쓰고 싶어 하는 사람인데, 집단감염이라도 벌어지면 계속 병실에 가둬두었던 거죠. 거의 2년 동안 보지 못하다가, 아버지 심장에 문제가 생겼고 시술을 받기 위해 일반병원으로 가게 돼서 그때 정말 오랜만에 마주했어요. 마주하기 전에는 걱정이 되더라고요. 팔과 다리에는 힘이 남아 있을지, 머리는 많이 빠졌을지, 얼마나 늙었을지. 막상 마주한 아버지가 2년 전 모습하고 똑같아서 안도했던 게 기억이 나요. 하지만 시술 이후에 체력이 급격하게 떨어지고 수척해졌어요. 더 안 좋아지기 전에 병원 밖에서 지내야 하지 않을까 싶어서 지금은 집에서 같이 지내고 계세요.
　제 아버지 사례에서 볼 수 있듯이, 코로나 팬데믹 이후에 돌봄 공백이나 결핍이 가시화됐잖아요. 저는 단순히 돌봄 필요를 채우는 것을 넘어 '구체적인 타인과의 만남 속에서 어떤 윤리와 태도가 필요한지'에서부터 '돌봄을 위해 어떤 기반이 있어야 하고, 복지나 의료에서 돌봄의 요소는 무엇인지'를 다루는 대화가 하고 싶어요. 기존에 돌봄이 정당한 가치를 인정받지 못했던 거대한 맥락까지 나아가야 하겠지만, 그전에 우리가 '구체적인 타인을 만나는 것'의 의미부터 짚어야 되지 않을까 싶어요. 결국 돌봄은 '관계'를 맺는 것이니까요.

최근에 돌봄이라는 말이 대안적 사회를 구상하고 떠올리는 말로 자주 쓰이고 있어요. 하지만 그런 거대한 담론으로 돌봄을 얘기할 때 자꾸만 제가 아버지를 돌보면서 느꼈던 딜레마들이 떠올라요. '과연 거대한 담론이 돌봄의 구체적인 어려움을 해결할 수 있을까?' 이런 고민이 계속 드는 거죠. 분명히 돌봄이라는 말이 가진 정치적 가능성이 있지만, 어떻게 하면 그 가능성을 구체적으로 타인을 마주하는 것에서부터 찾을 수 있을까 하는 고민이에요.

저는 주로 아픈 가족을 돌보는 이들을 만났고, 홍종원 선생님은 의료인으로 아픈 당사자들을 만나왔는데, 바로 그 만남에서부터 대화를 시작하면 좋겠어요. 저희의 공통 분모는 '청년'이라고 생각해요. 청년은 아픔이나 돌봄과 멀리 있는 것 같지만, 저희에게 아픔과 돌봄은 우리의 삶을 규정하는 어떤 토대이기에 많은 이야기를 '청년'이라는 영역에서 할 수 있지 않을까 싶어요.

'돌보는 남성'을 떠올릴 수 있으려면

김 | 옳고 그름을 떠나서 돌봄은 흔히 여성의 일로 인식되고, 실제로 많은 여성이 돌봄을 수행하고 계시는데 두 분은 남성이시죠. 그리고 저도 남성이니까 남성으로 돌봄을 말하는 게 어떤 의미일지도 한번 짚어보죠.

조 | 제가 청년 돌봄자, '영 케어러' 문제를 얘기할 때 조금 오해를 받는 부분들이 있는데, 한번은 이런 얘기를 들었어요. 아픈 가족을 돌보는 이들은 대부분 중장년 여성인데 그들을 먼저 말해야 하는 거 아니냐고요.

저는 청년이냐 중장년이냐라는 선후 관계가 있다기보다 서로 긴밀하게 엮여 있다고 생각해요. 기존의 돌봄이 배제되어 왔던 맥락이 존재하잖아요. 돌봄이 여성의 일, 사적으로 아무런 보상 없이 해야 되는 일로 여겨졌던 상황에서 청년들도 돌봄을 하면 경력 단절이나 사회 참여에 불이익을 받는 상황에 놓여요. 돌봄하는 여성들처럼 똑같이 사회적 격차를 느끼고 불이익을 받고 사회 참여를 못 하게 되는 거죠.

그걸 아주 직설적으로 말하면, '영 케어러'가 왜 '영 케어러'가 됐는지를 보면 대부분 어머니가 아프거나 어머니가 집을 나갔거나 이혼 가정이라는 맥락이 있거든요. 그러니까 어머니가 그동안 가정에서 해왔던 역할에 공백이 생기면 '영 케어러'로서의 삶이

우리의 관계를 돌봄이라 부를 때

시작돼요. 여성들이 수행했던 돌봄 역할을 그대로 이어받은 경우가 대부분인 거죠. 이런 식으로 같은 구조 속에 있기에 청년/남성이 돌봄을 이야기하는 일이 중장년 여성들의 몫을 뺏어간다기보다는 이런 논의를 더 확장하고 모든 세대의 문제로 이야기할 수 있는 장치나 계기가 될 수 있지 않을까요?

홍 | 돌봄노동을 수행하는 역할을 여성들이 주로 담당하고 있어요. 돌봄 하면 먼저 떠오르는 이미지가 중장년 여성 요양보호사죠. 그리고 가정 내에서 남편과 자녀를 돌보는 여성도 역시 돌봄하면 연상되는 주된 이미지예요. 그런 이미지에 대해서는 문제의식을 느껴야 해요. 돌봄노동을 인정하고 뭔가 개선할 수 있는 방향은 분명히 찾아야 해요.

다만, 최근엔 돌봄을 수행하는 남성도 생각보다 많이 만나요. 예를 들면 장애인의 활동 중 이동 보조, 그러니까 휠체어에 태워서 이동한다든지 사회 활동을 돕는 역할을 할 때는 남성 돌봄노동자들이 역할을 하더라고요. 소수지만, 그 반대의 경우도 분명히 있다는 거죠.

결국 앞으로 돌봄은 남녀 구분을 넘어서서 같이 감당해야 할 우리 모두의 일이고, 오히려 왜 여성만 짊어져야 되는 일인지도 짚어볼 필요가 있다고 생각해요. 좀 더 나아가서 돌봄을 누군가가 짊어져야 되는 부담이라고 보는 관점도 잘못됐다고 생각해요. 모두 함께 감당해야 할 몫이죠.

조 | 한 가지만 덧붙이면, 돌봄이 젠더 불평등을 양산하는 핵심적인 지점 중 하나예요. 남성은 집 밖에 나가서 일하고 여성은 집 안에서 가사와 돌봄을 한다는 게 전통적인 성별 분업이었지만, 이제 여러 변화 속에서 남성들이 돌보게 될 가능성도 더 커져요. 더 이상 며느리라고 해서 시부모 돌보는 일을 당연하게 생각하지 않고, 친자녀가 부모 돌봄을 맡는 방향으로 변하고 있으니까요. 자녀 수도 점점 줄거나 외동인 경우가 많아지면서 혼자인 자식이 부모를 돌보게 되는 거죠. 앞으로 더 많은 남성 돌봄자가 생길 수 있는 상황에서 우리가 하는 이 대담이 남성들이 더 돌봄을 얘기하고 실천하는 물꼬를 트는 역할을 하면 좋겠다는 생각도 있어요. 그러면서 돌봄을 하는 사람에 대한 대안적인 이미지도 만들어갈 수 있겠죠.

'이상적인 돌봄 제공자에 대한 이미지로 남성을 떠올릴 수 있다면?' 그런 질문에 답을 찾는 과정이 우리, 세 남성이 돌봄에 대해 말한다는 것의 의미가 될 수 있을 거 같아요.

돌봄은 우리를 숨 쉬게 만드는 공기

김 | 돌봄에 대해 본격적인 이야기를 하기 전에 돌봄이 대체 무엇인지부터 짚어보죠. 저는 돌봄이라고 하면 홍종원 작가님이 환자를 돌보는 것처럼 뭔가 아픈 사람을 대상으로 하는 것, 꼭 환자

가 아니더라도 노인이나 장애인 같은 약자들을 대상으로 하는 것이라는 이미지가 떠오르는데요. 크고 추상적인 얘기일 수는 있겠지만, 돌봄이 뭐고 돌봄을 어떻게 바라봐야 할지부터 이야기를 시작해보죠.

홍│ 아픈 사람, 노인, 장애인 등 약자를 대상으로 하는 게 돌봄이란 말의 일반적인 쓰임이죠. 그런데 우리가 한번 돌봄을 폭넓게 생각하면 그 밖에도 굉장히 다양한 형태의 돌봄이 있어요. 가까운 예로 육아가 있죠. 육아야말로 엄청난 돌봄이거든요. 영화나 드라마에 나오는 조폭들을 봐도 보스가 감옥에 가면 가까운 부하에게 동생들을 돌봐달라고 해요. 그렇듯 돌본다는 말이 광범위하게 쓰이는 말이에요. 누군가를 챙기는 행위가 다 돌봄이죠.

　학창 시절에도 한 학급에 30명이 있다면 그중에 공부를 잘하는 사람도 있고, 학업 성취가 좀 떨어지는 사람도 있고, 운동을 잘하는 사람도 있고, 허약한 사람도 있고 혹은 장애인이거나 지병이 있는 사람도 있겠죠. 우리가 살면서 학교라는 공동체에서도 다름을 접하는데, 그 다름을 이해하고 다름에서 나오는 부족함을 채워주는 것도 일종의 돌봄이라고 생각해요. 저는 이 대담을 통해서 돌봄은 가깝게는 아픈 사람, 노인, 장애인, 아이나 친구를 챙기는 일, 그리고 더 나아가서는 우리가 모르는 누군가, 타인을 우리가 이해하고, 관계 맺는 일까지 포함하는 행위라는 이야기를 하고 싶어요.

제가 생각하는 돌봄이라는 행위는 공기 같아요. 우리를 둘러싼, 우리를 숨 쉬게 만드는 공기 같은 것이고 잠옷이나 속옷 같은 것일 수도 있죠. 항상 곁에 있지만 티가 나지 않는 행위이자 존재.

처음부터 너무 앞서 결론을 말하는 것 같기도 하지만, '돌본다'는 것은 결국 '돌아본다'는 것과 닿아 있다고 봐요. 돌본다는 건 자기 주위를 돌아보는 일이다, 그런 의미가 실제로 이 돌봄이라는 말 속에 담겼을지도 모른다고 생각해요.

조 | 돌봄은 자기 주위를 돌보는 일이지만, 또 한편으로는 돌봄 행위 자체가 세상을 돌보는 일이 되기도 하는 거 같아요. 영국의 싱크탱크 신경제재단New Economic Foundation에서 진행한 연구에 따르면, 일하는 사람이 받는 보수와 사회적 기여가 늘 비례하지는 않아요. 이 연구에서는 고소득 직업 셋과 저소득 직업 셋, 총 여섯 가지 직업을 검토했는데, 오히려 보수와 사회적 기여가 반비례한다는 결과가 나왔어요. 가령 연봉 500만 파운드를 받는 '시티의 은행가'는 보수 1파운드당 7파운드의 사회적 가치를 파괴한다고 평가해요. '광고 회사 사장'(연봉 50만 파운드)은 보수 1파운드당 사회적 가치 11.5파운드, 세무사(연봉 12만 5000파운드)는 보수 1파운드당 사회적 가치 11.2파운드를 파괴하고요.

반면 돌봄과 가사의 영역에 있는 일은 대부분 보수보다 사회적 가치를 더 많이 발생시켜요. 병원 청소부는 연봉 1만 3000파운드를 받는데 보수 1파운드당 10파운드어치의 사회적 가치를 발생시키고, 재활용품 처리 노동자(연봉 1만 2500파운드)와 유아원 근무자(연봉 1만 1500파운드)는 각각 보수 1파운드당 사회적 가치를 12파운드와 7파운드를 발생시킨다고 평가하는데요. 연구자들의 계산이 주관적인 부분이 있을 수는 있지만, 이거 하나는 분명해요. 사회적 기여와 보수가 꼭 같이 가지는 않는다는 사실이요. 만약 이런 연구가 더 많은 직업을 분석한다면, 주위를 돌보는 노동이 사실상 주위만 돌보지 않는다, 사회 전체에 기여하고 있다는 걸 말해줄 거 같아서 기대가 돼요.

돌봄에는 다양한 행위가 있고 관계 양상이 있어요. 이걸 잘 구분해야 해요. 자칫하면 돌봄이라는 말이 코에 걸면 코걸이, 귀에 걸면 귀걸이가 돼서 무용해질 것 같달까? 돌봄을 더 구체적으로 정의하기 위해 더블린대학교 평등학 교수인 캐슬린 린치 등이 쓴 《정동적 평등》이라는 책을 좀 빌려오자면, 그 책에서는 돌봄을 세 가지 층위로 나누거든요. 그 세 가지는 각각 사랑, 돌봄, 연대라고 불러요. 사랑은 1차적 돌봄관계로 친밀한 사이에서 하는 돌봄이에요. 가장 원형적인 게 부모와 자식 관계죠. 그 돌봄의 속성은 대체 불가능한 면이 있다는 거예요. 돌봄은 2차적 돌봄관계로 이웃 간에 살피고 도움을 주고받는 것부터 돌봄노동자를 통해서 제공되는 돌봄노동 등 좀 더 넓은 공동체에서 주고받는 것을 말해요. 마지막으로 연대는 말 그대로 어떤 사람이 취약해졌을 때 그 취약함을 함께하는 것을 말해요. 행정기관에 의해 보호받는 것부터 시민단체나 공동체가 함께 내 입장을 대표해준다거나, 가까이 있지 않더라도 먼 거리에서 함께하려는 행위들이 여기에 해당해요.

이런 사랑, 돌봄, 연대의 관계들이 모두에게 주어져야만 우리가 평등해질 수 있다는 거예요. 좋은 돌봄이란 단순히 돌보는 사람이 좋은 마음으로 정성을 들이는 돌봄을 말하는 게 아니라, 돌보는 사람도, 돌봄받는 사람도 모두 사랑, 돌봄, 연대의 관계 속에 있어야 한다는 거죠. 만약 그렇지 않다면 고립인 거죠. 그러니까 우리는 아프거나 장애가 있는 이에게 대체 불가능한 사랑이, 공동체의 돌봄이, 그와 입장을 함께해주는 연대가 있는지 봐야 하고, 없다면 그것을 만들어가기 위해서 필요한 것들을 고민해야 되겠죠. 가정에서 돌봄을 하는 사람이나 유급으로 돌봄을 하는 사람에게도 마찬가지로 사랑, 돌봄, 연대가 있는지 살펴야 하고요. 아픔과 돌봄이 어느 날 갑자기 시작될 때부터 사랑, 돌봄, 연대가 작동할 수 있을까요? 누군가에게만 작동하고, 누군가에게는 작동하지 않는다면 그게 바로 '정동적 불평등'인 거예요.

저는 영 케어러 문제에 관심 있는 사람으로서 '국가 정책에서 청년은 돌봄의 대상이었는가'도 한번 짚어봐야 한다고 생각해요. '청년들이 취업하면 되지'라고 해서 취업 지원만 하는 것이 아니라 이들을 돌봄의 대상으로 바라보는 일이 필요해요. 이들의 마음 상태는 어떤지, 스스로 돌봄을 할 수는 있는지, 일상을 잘 살아갈 수 있게 24시간을 운영할 수 있는 역량은 있는지, 타인과 만날 때 자기표현을 할 역량은 있는지 등등. 청년을 단순히 노동력 상품으로서 보는 걸 넘어서요. 그런데 우리 사회가 '이제 어른 이 됐으니까 독립해야 된다' 이런 게 아니라 청년을 돌봄의 대상 으로, 취약성을 가진 존재로 바라본 적이 있을까요?

홍│ 조기현 작가님 말씀처럼 청년들은 대개 돌봄과는 동떨어진 영역에 있는 존재들로 여겨졌죠. 실제로 노년이 돌봄을 받는 경우가 많기도 했고, 사회가 청년에게 생산성 있는 몸을 기대하기도 했어요. 그래서 오히려 돌봄 문제를 생각하는 데 청년이 중요하다고 봐요.

청년들에게 자신을 돌볼 수 있는 역량을 길러줘야 해요. 우리 사회가 청년들이 스스로 돌볼 역량을 기르는 교육을 하고 있나요? 돌보는 기술은 삶의 기술과도 맞닿아 있어요. 청년은 돌봄의 대상으로서 충분히 돌봄을 받았고 돌봄을 배웠는지, 그런 기회를 우리 사회는 제공하고 있는지를 한번 돌아봐야 돼요.

물론 청년들은 어느 순간 '돌봄의 주체'로서, 돌보는 주체로서 나서야 해요. 돌봄의 대상으로만 머물러서는 안 되죠. 그게 언제라고 딱 정할 수는 없지만 '돌봄은 순환한다'고 말하고 싶어요. 내가 돌봄을 받을 때가 분명히 있고, 또 돌봄 주체로 역량을 발휘해야 될 때가 있다는 '돌봄의 순환' 관점에서 생애주기를 재편할 필요가 있어요.

한 인간을 돌봄과 연관 지어서 이해하고 생애주기 그리고 교육 시스템을 바꿔야 해요. 예를 들면, 현재 교육은 대학에 가는 기술, 좋은 직장을 가지는 기술, 돈 버는 방법을 가르치는 데만 몰두하고 있어요. 청년들은 더 중요한 누군가를 돌보는 삶을 이해를 못 하죠. 저는 돌보는 경험을 한 청년들이라는 점에서 '영 케어러'에게 가능성이 있다고 생각해요.

돌보는 일이 고되고 힘든 일이지만, 한 인간을 성숙하게 만드는 경험이기도 해요. 물질적인 보상이 따르지 않을 때도 많지만, 인간에게 살아가는 힘을 줄 수 있기 때문에 우리는 언젠가는 꼭 돌봄의 주체로서 서봐야 된다고 생각해요. 그런 '영 케어러'들의 경험이 우리 사회에 주는 메시지가 분명히 있어요. 인간의 자립은 단순히 경제적으로 독립하는 게 아니라, 남을 돌볼 수 있는 능력을 확립하는 일이에요.

돌봄의 위기는 가장 약한 곳부터 온다

김 | 두 분께서 다양한 방식으로 돌봄의 가치와 중요성을 말씀해주셨는데, 우리 일상에서 정말 중요하지만 사회적으로 잘 논의되지 않는 부분의 의미를 잘 짚어주셨네요. 특히 돌봄이 우리를 숨 쉬게 하는 공기라는 표현이 인상적이에요. 우리가 평소에는 공기를 인식하지 못하다가 숨쉬기 어려워지면 공기를 인식하게 되듯, 코로나 팬데믹이라는 위기 상황을 맞아서 돌봄이라는 공기의 소중함을 느낀 분들이 많았어요. 그래서 돌봄 위기, 돌봄 재

난 같은 이야기들도 나왔고요.

　그런데 코로나 팬데믹 이전에는 과연 돌봄이 잘 됐나 싶기도 해요. 그런 의미에서 한국 사회의 돌봄이 전반적으로 어떤 상황에 놓여 있는지를 이야기하고 싶은데요. 조기현 작가님께서 《아빠의 아빠가 됐다》에서 '돌봄 위기 사회'라는 표현을 쓰셨잖아요. 저는 이 말이 한국 사회의 돌봄이 위기에 처했다는 뜻이기도 하고, 누군가를 돌보는 일 자체가 위기가 되는 사회라는 뜻일 수도 있다고 생각해요. 우선 돌봄에 대한 인식이나 제도적인 문제 등 여러 면에서 한국 사회 전반의 돌봄 현황부터 짚어보죠.

조 |　어려운 문제인데, '코로나 팬데믹 시기에 드러난 돌봄 공백이 정말 사람들이 말하는 것처럼 돌봄 위기냐' 이런 질문을 한번 해볼 필요가 있죠. 코로나 때문에 여러 돌봄기관이 폐쇄되면서 많은 사람이 돌봄의 가치를 인식하게 됐는데, 지금 이렇게 공백이 생긴 상태만을 위기로 인식하는 게 아니라 그전에는 돌봄 위기가 없었는지 물어야 해요.

　그리고 무엇을 위기로 볼 거냐는 질문을 계속 이어가야 해요. 돌봄 위기라는 말을 돌봄 공백으로만 보면 돌봄의 부정의한 분배를 가릴 수도 있어요. 여성들에게 과도하게 부과된 돌봄이 한계에 다다르니 돌봄 공백이 생기는 거잖아요. 그렇다면 돌봄을 단순히 공백으로만 볼 게 아니라 왜 공백이 발생했는지까지 생각해야만 위기를 제대로 인식할 수 있고, 해결책도 제대로 찾을 수 있죠.

저는 돌봄 위기라는 말을 단순히 돌봄 공백으로만 보는 게 아니라, 돌봄이 무작정 견뎌내야 하는 어떤 것이 되는 상황, 돌봄을 아무런 대책 없이 떠맡게 되는 상황을 떠올리면서 썼어요. 그런 돌봄은 누가 할까요? 대부분 가장 사회적으로 약한 사람이 하죠. 부모 돌봄만 하더라도 가정 내에서 여성, 혹은 불안정한 일자리에 있는 자녀가 맡게 되는 경우가 많아요. 가족의 돌봄 책임이 여전히 강하기 때문에 외동이라면 돌봄을 선택의 여지 없이 해야 하고요. 그렇게 가정 내에서 돌봄을 저평가하는 일이 가정 밖으로도 확장돼요. 돌봄이 집을 나와 돈을 받고 하는 노동이 되면 돌봄노동자를 무시하는 일로 이어지고, 또 이주노동자들에게 돌봄이 떠넘겨져요. 돌봄의 가치가 점점 더 낮아지는 거죠. 이런 상황을 위험의 외주화처럼 돌봄의 외주화라고 부를 수 있어요.

'누가 돌볼 것인가'라는 질문을 넘어 돌봄의 가치를 성찰해야만 좀 더 많은 질문을 나눌 수 있을 거예요. 우리는 돌봄을 사회적 문제로만 접근하는 게 아니라 돌봄 그 자체의 가치를 말해야 해요. 그러기 위해서는 과거부터 이제까지 우리 모두가 취약하기 때문에, 취약해지지 않기 위해서, 취약해졌을 때 서로 의존하며 살아냈다는 걸 생각해봐야 해요.

홍 | 코로나 때문에 돌봄의 위기가 왔다고 생각할 수도 있는데, 그렇지는 않은 것 같아요. 돌봄은 언제나 위기였고 언제나 결핍

이었는데, 코로나라는 감염병이 우리 사회의 많은 문제를 드러내는 과정에서 돌봄의 위기가 더 크게 드러났다는 생각이 듭니다.

작가님이 사랑, 돌봄, 연대로 정리해주신 것처럼, 제가 생각하는 돌봄 역시 사적인 관계부터 노동을 포함한 사회 전반을 포괄하는 개념이다 보니 최근의 돌봄 위기는 우리 사회를 지탱하는 뿌리를 흔드는 듯 느껴져요. 돌봄 위기 때문에 사회 전체가 흔들릴 가능성이 높다는 생각이 들어요. 그래서 코로나는 많이 수그러들었지만, 코로나를 계기로 돌봄의 위기를 잘 헤쳐나갈 방안을 찾아야만 하는 상황이에요.

코로나 팬데믹 당시에 가시적으로는 시설과 같은 돌봄전담기관의 위기가 많이 나타났어요. 시설서비스의 중단이죠. 학교의 폐쇄도 큰 문제였어요. 학교가 문 닫는 게 왜 문제냐. 학생들이 공부를 못 해서 문제이기도 하지만 학교는 광의의 돌봄을 일정 부분 담당했던 기관이었어요. 초등학교 저학년생들이 등교하면 학교에서 교사들이 아이들을 돌봐주죠. 그리고 학교는 아이들이 함께 오랜 시간 같은 공간에 머물며 서로를 돌보는 법을 배우는 공간이기도 해요. 학교의 폐쇄는 돌봄 그 자체의 결핍, 그리고 돌봄 학습의 결핍까지 야기했던 거죠. 그래서 코로나로 인한 돌봄의 위기는 일시적인 위기가 아니라 장기적인 위기예요.

제 경험을 하나 이야기할게요. 제가 방문진료하는 가정 중에 가정폭력으로 인한 위기 가정이 있어요. 한부모 가정으로 엄마가 중학생 둘과 초등학생 하나, 총 세 자녀를 키우는데, 엄마는

지적 장애도 있고 정신 질환도 있어요. 할머니가 돌봄을 도와주
시긴 하는데 돌봄 부담이 굉장히 큰 거예요. 제가 전화로 '오늘은
점심때쯤 방문진료 가려고 하는데 괜찮으세요?' 하고 물으면 '네,
오세요'라고 대답해요. 전화를 끊었는데 다시 전화가 와요. '생각
해보니까 그때는 제가 애들 밥을 챙겨줘야 돼 가지고, 조금 일찍
오시거나 좀 오후 늦게 오면 안 될까요?' 학교 돌봄이 없어져서 생
긴 공백을 엄마 혼자서 힘겹게 감당하고 있다는 거죠.

조 ｜ 저는 자녀 셋 중에 첫째는 어떤 역할을 하고 있을지가 궁금
하네요. 돌봄의 공백을 어머니가 가장 많이 메울 테지만 첫째도
동생들을 챙기는 역할을 하지 않을까 싶어요. 일본에서는 영 케
어러를 볼 때 다른 성인 케어러처럼 직접 돌봄을 전담하는 주 돌
봄자뿐만 아니라, 보조 돌봄자도 봐야 한다는 제안이 있어요. 보
조 돌봄자는 주 돌봄자가 바쁘거나 자리를 비울 때 어린 형제들
이나 아픈 이를 대신 돌보고, 더 나아가 주 돌봄자의 주변을 챙기
는 역할을 할 수도 있어요. 또 부모가 인지저하나 지적 장애가 있
거나, 혹은 수어를 사용하는 농인이면 서류를 대신 읽어주거나
행정적인 일을 대리해주기도 해요. 그런 것들이 어린 시절 충분
히 여가를 즐기거나 학업을 하는 데에 시간을 투여하지 못하게
하죠. 그러니까 이제 물어야 돼요. 이 아이는 이 가정을 유지하기
위해 어떤 노동을 하고 있느냐고요. 어쩌면 지금 말씀하신 가정
이 '영 케어러'의 진입단계일 수도 있겠다는 생각도 드네요.

우리의 관계를 돌봄이라 부를 때

홍 | 제도적 돌봄이라고 할 수 있는 시설이 폐쇄하면, 그 돌봄 부담은 결국엔 그 가족에게 돌아간다는 거죠. 돌봄은 갑작스럽게 온다고 조기현 작가님이 말씀해주셨는데, 많은 사람이 코로나 때문에, 돌봄 시설의 폐쇄 때문에 돌봄을 준비 없이 감당했을 거예요. 예상치 못한 돌봄 부담을 우리 사회는 어떻게 위로하고 보상할 것인가 하는 문제 또한 코로나 위기를 돌이켜볼 때 생각해봐야 할 부분이에요.

김 | 콜센터, 요양시설 등에서 코로나 확진자가 한창 많이 나올 때 '약한 곳이 가장 먼저 찢어진다'는 말을 했었는데, 돌봄 문제도 그랬던 것 같아요. 가장 약한 곳들이 결국 찢어졌고, 거기서 많은 사람이 고통받고 어려움을 느끼는 상황이 됐죠.

홍 | 돌봄 재난, 혹은 돌봄 참사라는 표현을 많이 쓰죠. 돌봄의 위기가 누군가한테는 돌봄 참사였을 거예요. 코로나 때문에 참사의 수준이 극대화됐을 거고요.

조 | 재난은 전체의 어떤 지형이나 지물 같은 게 많이 바뀌는 거잖아요. 지금 돌봄 재난이라는 말이 사람들한테 공감을 많이 얻는 것 같아요. 코로나 이전에는 시설이나 기관에 돌봄을 맡겨서 일과 돌봄 사이에서 균형을 맞추면서 지내왔는데 이제 다 가족한테 다시 귀속됐잖아요. 그런 균형 자체가 다 무너지고 아무것

도 못 하는 상황이 되니까 다시 자녀돌봄은, 이전에도 그랬지만 더 노부모에게 기대게 되는 경우가 많잖아요.

그런 손주 돌봄이 안될 때는 취업 못 한 청년한테 조카 돌봄을 맡기는 경우도 적지 않다고 해요. 어디 공채도 안 뜨고 취업 준비를 하긴 하는데 언제 취업할 수 있을지 모르니까 돈도 안 되는 알바 때려치우고 그런 조카 돌봄을 맡게 되는 경우도 있고.

여기서도 돌봄에 대한 정부의 인식 부족이 드러나요. 고용노동부가 가족돌봄휴가를 쓴 노동자에게 1일 5만 원씩 1인당 최대 10일까지 지원하는 가족돌봄비용 긴급지원을 2020년부터 2022년까지 한시적으로 운영했는데, 지원 대상이 자녀, 부모, 조부모, 손자녀 등 직계 혈족이나 배우자나 배우자 부모 정도로 제한돼요. 정부는 돌보는 가족의 범위를 그 정도로만 본 거죠. 조카 돌봄을 하는 사람들은 받을 수 없는 거예요. 정부가 정한 돌보는 가족 범위 바깥에 있는 모든 시민은 돌봄을 하더라도 신청조차 못 하는 셈이죠.

청년을 위한 '돌봄의 역량'

홍 | 우리 사회의 많은 문제는 돌봄의 위기 때문에 나타난다고 생각해요. 앞서 조기현 작가님도 말씀하셨지만, 청년 문제도 거칠게 표현하면 청년들이 돌봄을 못 받아서 나타나는 문제예요.

청년들이 취직하면 자립한 걸로 인정하고, 직장생활은 자기를 돌보며 살아갈 수 있는 척도로 여겨요. 그런데 취업이 어렵다 보니 청년이 스스로를 돌보기가 어려워진 게 첫 번째 문제고, 두 번째로는 청년 돌봄의 부담을 부모가 여전히 책임져야 되죠. 청년 문제가 심각한데, 저는 이 문제를 푸는 방법이 흔히 말하는 것처럼 반드시 취업하는 것만은 아닐 수 있다, 청년들이 스스로를 돌보고 이웃이나 친구를 돌볼 수 있는 그런 능력들을 기르는 방식으로 이 청년 문제를 해결하는 방향도 있을 수 있다고 생각해요.

김 │ 조금 막연한 느낌인데, 더 구체적으로 말씀해주실 수 있을까요?

홍 │ 저도 완전히 정리된 생각은 아닌데, 청년 문제, 특히 취업 문제가 돌봄 문제와 연관 있다고 보거든요. 서로를 돌보는 커뮤니티, 공동체를 만드는 방식으로도 해결할 수 있고 아니면 실제로 돌봄노동에 참여하는 방법도 있죠. 돌봄노동은 마치 중년의 일인 것처럼 느껴지는 것도 바꿀 필요가 있죠.

조 │ 돌봄노동이 저를 비롯한 청년들에게 하고 싶은 직업, 괜찮은 직업이 되려면 어떠해야 하는지 생각해본 적이 있어요. 특히 남성 청년들이 유입되려면 어떻게 해야 할까. 우선 지금보다는 임금이 올라야겠죠. 생활임금 수준은 돼야 선택하고 싶은 직업이 될 테니까. 돌봄노동에 대한 이미지 메이킹도 중요할 거예요. 남성도 할 수 있다는 것, 그리고 가치 없는 일이 아니라는 것. 두 손을 가지런히 포갠 이미지 같은 걸로 돌봄노동을 표현하기보다, 좀 더 다양하게 표현할 필요도 있다고 생각해요. 돌봄직종에 대한 예시는 아니지만, 스웨덴은 1974년에 남성도 사용할 수 있는 유급 육아휴직제도를 만들고 남성 육아에 대한 인식 개선 캠페인을 했는데, 그때 포스터에 스웨덴의 역도 선수인 레나르트 달그렌이 아이를 돌보는 모습을 담았어요. 한국으로 치면 마동석이 돌봄을 하는 모습을 담은 거죠. 뭐랄까. 이런 강인한 남성상을 활용해서 남성들의 돌봄 참여를 촉진할 수 있다면, 또 반대로 돌봄을 해보면서 남성성도 변화하는 계기가 마련되지 않을까. 여러 생각이 들더라고요.

돌봄노동의 자격 제도를 고도화하는 방법도 중요하다고 생각해요. 일본 사례를 보면 노인돌봄 영역에 청년들이 있어요. 일본도 청년들이 없다고는 하지만 한국처럼 중장년 여성들에게 다 맡겨진 상황은 아니거든요. 일본은 요양보호사와 유사한 개호복지사 자격증이 있어요. 하지만 한국의 요양보호사처럼 한두 달 안에 딸 수 있는 자격증이 아니에요. 우선 개호복지사 국가자격 시험에 응시하려면 고등학교 졸업 후 개호복지사 양성기관에서 2년 이상 교육을 이수하거나, 복지계 고등학교를 졸업해야 하거나, 실무 경험이 3년 이상이면서 실무자 연수를 받아야 해요. 저는 여기서 복지계 고등학교가 있다는 게 정말 신선했어요. 고등

우리의 관계를 돌봄이라 부를 때

학생 때부터 개호복지사를 준비하는 거니까요. 이런 식으로 어떻게 하면 노인돌봄 분야에서 청년층, 특히 청년 남성들이 유입될 수 있을지 여러 고민이 필요한 시점이에요.

김 | 굉장히 현실적인 문제기도 해요. 한국은 2017년에 65세 이상 인구가 14퍼센트 이상인 고령사회가 됐고, 2024년에는 65세 이상 인구가 20퍼센트를 넘어설 것으로 예상되는데요. 5명 중 한 명이 65세 이상 노인이 된다는 말이죠. 이렇게 빠른 속도로 고령화가 진행되면 돌봄에 대한 수요가 분명히 커질 텐데, 말씀하신 부분을 고민할 필요가 있겠죠.

방금 잠깐 공동체 이야기를 하셨는데 홍종원 작가님이 하시는 일과도 연관된 일이니 그 이야기를 좀 더 해보죠.

홍 | 각지에서 여러 종류의 공동체운동이 분명히 있었어요. 일본에도 여러 공동체운동이 많이 있고, 한국에서도 여러 시도를 하고 있어요. 기독교, 교회 등 종교 기반의 공동체운동도 있고.

사실 지금 청년 세대들의 습성이 공동체와는 좀 안 맞는 면도 있는 것 같아요. 그 이유 중 하나는 우리가 청년들을 돌봄자로는 잘 안 봤던 거죠. 뭔가 미래를 준비하고, 취업과 자립을 준비하는 기간을 청년으로 봤는데, 그런 패러다임에서는 청년 시기를 공동체로 모이는 게 아니라 경쟁을 해야 하는 시기로 보게 되죠. 그래서 모두가 취업 준비를 하는데 좋은 일자리는 별로 없으니까 다들 공무원 같은 일자리만 바라보고, 그러니까 경쟁은 더 심해지고.

그런데 여기서 생각을 좀 바꿔서 이 청년들이 좋은 일자리를 스스로 만들어내는 것, 일반적인 창업이 아니라 자기가 사는 공동체의 문제를 해결하는 일을 할 수도 있는 거잖아요. 저도 실제로 그런 식으로 청년들과 이런저런 활동들을 해왔어요. 지역에 여러 행사를 수주받아서 용역을 받아서 해내기도 했고, 협동조합을 창업해서 우리 스스로 일자리를 만들어 먹고사는 문제도 어느 정도 해결하고요. 지역의 문제를 해결하기 위해 지역의 공동체운동이 필요한 면도 있지만, 청년들이 스스로 먹고살며 서로를 돌보기 위해서도 지역을 그런 터전으로 이용할 수 있다고 생각해요.

공동체 이야기를 아까 했던 돌봄과 연결 지어 말하자면 누군가를 돌본 경험이 있는 사람들은 타인을 대하는 자세가 다르다고 보거든요. 그래서 저는 돌봄의 경험이 취업 준비를 하다가 경력이 단절되는 경험이 아니라 이 사회에서 공동체를 확장하는 경험으로서 작동할 수 있다, 그런 생각을 하고 있어요.

느슨한 환대의 공동체

조 | 저도 지역 커뮤니티에 관심이 많은데, 요즘은 지역 커뮤니티에 유기적으로 관계 맺고 안착하고 싶은 마음이 생겨요. 그래서

수익을 내지 않는 공간을 운영해볼까 생각도 해요. 지역 커뮤니티에서 느슨하게 연결되어 있으면서도 특별한 몇몇 사람들과 교류하고 싶어요. 친밀한 사람, 익숙한 사람, 낯선 사람 등등을 일을 하거나 성과를 내는 게 아닌 관계로 만나고 싶은 거죠.

집에서 돌봄을 하는 사람들에게 이런 관계가 중요하다고 봐요. 그래야 돌봄 경험이 가족돌봄에만 국한되는 게 아니라 더 넓은 공동체에 대한 돌봄이 될 수 있을 거라고 생각해요. 구체적인 타인과 관계 맺는 것 안에서 돌봄의 경험들이 다시 해석되고 실천할 수 있을 거예요.

이런 경험이 확장되려면 일단 집에서 누군가를 돌보는 사람 자체가 고립되면 안 돼요. 그러면 사회적 커뮤니케이션 역량도 떨어져요. 바로 내 앞에 있는, 늘 돌보던 사람을 살피고 반응하는 일은 미세한 부분까지 파악해서 잘하는 사람임에도 다른 누가 오면 반응을 못하기도 해요. 그러니까 집에서 누군가를 돌보더라도 계속 상호작용할 수 있는 상시적인 커뮤니티가 굉장히 중요해요. 제가 만난 어떤 60대 남성은 80대 어머니를 돌보시는데, 저녁이면 어머니가 탄 휠체어를 끌고 시장을 돌면서 물건들을 구경하고 고르면서 사장님들과 대화를 나눈다고 해요. 대면해서 눈을 맞추고 이야기도 주고받는 것이 그립기도 하고, 사회적 커뮤니케이션 역량이 떨어지는 것도 방지하려고요.

홍 | 공동체라는 게 사실은 되게 어려운 건데, 폐쇄성과 개방성

을 동시에 가지고 있어야 하죠. 저는 '느슨하다'라는 표현을 참 좋아하는데요. 너무 폐쇄적이면 공동체라기에는 너무 닫힌 관계로 끝나버리는 경우도 많아요. 그래서 느슨한 환대의 공동체가 굉장히 중요하죠.

저도 청년으로서 그런 고민을 많이 해요. 우리가 좁은 문을 들어가는 것은 경쟁일 수밖에 없거든요. 그런데 우리 사회 전체의 파이가 작다면 경쟁이 아니라 환대의 공동체로서 함께 그 파이를 조금씩 나눌 수 있는 관계망을 만들어야 하는 것 아닐까. 그래야 우리 청년 세대가 결국은 중년과 장년을 거쳐 노년의 돌봄으로까지 연결될 수 있을 거라는 생각을 하고 있고요.

개인적인 이야기지만 제가 지역활동가가 돼야겠다고 생각했던 적이 있어요. 그래서 지역활동을 하면서 마을 주민들을 많이 만났어요. 그때 배드민턴 동호회를 했는데, 그게 일종의 커뮤니티예요. 단순히 배드민턴만 치는 게 아니라 서로 경조사도 챙기고 뭔가 끈끈한 관계를 만들어가는.

사실 처음에는 정말로 좀 이해가 안 됐어요. '사람들이 왜 이렇게 모이지? 왜 이렇게 모이는 데 열정적이지?' 그런데 저도 그걸 하면서 도움도 많이 받고 '아, 이게 삶을 살아가는 힘이구나' 하는 걸 많이 느꼈어요. 서로가 서로를 욕하면서도 챙기는 관계 안에 들어가 있으면서 어떤 관계망에 엮인 가운데 한 사람의 존재가 살아간다는 것을 실감했죠.

조 │ 그때 이야기를 더 해주실 수 있을까요? 그때 어떤 태도로 지역운동을 하셨는지, 왜 지역운동을 선택했는지 궁금하네요.

홍 │ 이게 지금과 이어지는 맥락이 있는데, 저는 의사가 됐잖아요. 의사로서 사람들이 왜 아픈지를 알려면 결국은 사람들이 어떻게 살아가는가를 봐야 한다는 생각이 들었어요. 병원에서 내가 환자를 만나는 건 마지막에 만나는 건데, 이렇게 아프기 전에 사람들의 삶을 보고 싶었던 거죠. 그런 생각으로 의대생 시절부터 지역 커뮤니티에 관심을 갖게 됐어요.

　그래서 지역에 살면서 사람들을 그냥 만난 거예요. 인연이 닿아서 어떤 지역에 정착한 뒤에 같이 운동도 하고, 술도 마시고, 지역 이슈에도 참여하고. 그러면서 '많이 배워야겠다'는 생각을 했어요. 저는 지역을 돌보는 사람이 되려고 했는데 그런 게 아니더라고요. 제가 의사라서 뭔가 특별히 더 할 수 있는 것도 아니고, 그냥 자기가 할 수 있는 역할을 하면서 기여하는 것일 뿐이었어요. 공동체라는 것은 각자의 몫을 가지고 균형 있게 살아가는 게 중요하고, 그 안에서 호혜가 작동한다는 것도 많이 느꼈고요. 제가 돌봄의 개념을 확장할 수 있었던 데는 제가 해왔던 1년의 지역 활동이 연관돼 있긴 해요.

　물론 관계라는 게 그렇게 긍정적인 면만 있는 건 아니고, 싸움도 많이 해요. 사실은 싸움이 제일 많죠. 그런데 한편으로는 서로 목소리 높이고 싸우는 것도 서로 애정이 있을 때 하는 거고, 그런 싸움 자체가 삶의 자연스러운 부분인 거죠.

커뮤니티 케어는 가치관의 변화여야 한다

김| 우리가 지금 지역 이야기를 하고 있는데, 최근에 복지 쪽에서 주목받고 있는 '커뮤니티 케어'와도 연결되는 문제죠. 커뮤니티 케어가 그렇게 주목받게 된 배경이 무엇인지, 지역과는 어떤 식으로 연관되어 있는지 등등도 한번 짚어주세요.

홍| 커뮤니티 케어라는 정책은 2018년 이후 진행되고 있는 정책이고, 선도 지역 시범 사업이 진행되고 있어요. 지역사회 통합 돌봄이라고도 하죠.

커뮤니티 케어를 문장으로 풀어놓으면 자기가 살던 지역에서 나이가 들어서 병을 앓고 죽음에 이르는 과정을 편안하게 맞을 수 있도록 여러 서비스를 주체적으로 이용하면서 살아갈 수 있는 환경을 만드는 것이죠. 요양원과 같은 시설에 가서 갑자기 사라지는 것이 아니라요. 내용을 보면 여러 지역사회 자원과 공공 부문 혹은 비공공 부문, 예를 들면 자원봉사나 시민사회단체까지 총체적으로 활용해서 나이 들어도 지역사회에서 잘 살아갈 수 있게끔 하자는 거죠. 지역별로 노인, 장애인, 정신질환자 등을 대상으로 사업을 진행하고 있어요. 요점은 아픈 사람, 장애가 있는 사람도 지역사회에서 함께 살아갈 수 있는 인프라를 만든다는 거죠. 영국의 커뮤니티 케어 모델, 일본의 지역 포괄 케어 모델을 참조한 걸로 알고 있어요.

이런 정책을 시행하는 이유가 뭐냐. 고령 인구가 늘어나고 그들의 돌봄과 의료 수요가 늘어날 것이 예상되는데, 국가 경제가 감당하기가 어려울 수 있다는 우려죠. 과도한 병원화, 시설화가 진행되면 비용이 막대하기 때문에 건강을 미리 챙기고 이왕이면 지역사회 자원들을 활용하려는 의도가 기본적으로 있어요. 예산의 적절성은 중요한 문제니 꼭 나쁘다고 할 건 아니고, 시대적 요구에 발맞춘 부분도 있죠. 고령층이 아무래도 건강의 위기를 많이 겪고, 돌봄의 필요가 많은 건 사실이니까요.

조 | '살던 곳에서 잘 아프고 잘 돌봄받을 수 있도록 하자'는 게 커뮤니티 케어의 이념이잖아요. 정부와 지자체는 지역사회 통합 돌봄이라는 이름 아래 이 이념을 실현하기 위한 사업들을 했지만 역부족이었던 거 같아요. 사실 기존 서비스에 동네에서 받을 수 있는 서비스 몇 개 추가해서 그게 가능하지는 않을 거예요. 그보다는 시설이나 병원 중심으로 제공되던 서비스를 지역사회 중심으로 재편하는 작업이 필요하겠죠. 저는 그런 재편 과정에서 시민 참여가 굉장히 중요하다고 봐요. 국가가 제공하는 돌봄서비스뿐 아니라 시민들이 참여할 수 있는 역할을 고민해봐야 하는 거죠. 우리 각자가 어떻게 하면 동네에서 돌봄을 제공할 수 있을

지도 생각해봐야 하고, 그렇게 시민으로서 참여할 수 있는 다양한 제도도 고민해볼 수 있죠.

예를 들면 동네에서 돌봄에 참여하며 누군가의 위험을 감지하고 사람과 사람을 연결해주는 역할을 하는 시민에게 수당이나 소득을 주는 제도도 고민해볼 수 있죠. 그걸 보통 '참여소득'이라고 하는데, 공공근로처럼 위에서 정해준 일과 직무가 아니라 시민들이 내가 사는 곳에서 부족한 부분을 파악하고 그걸 일과 직무로 만들어서 해보는 거죠. 그런 시도가 2022년 광주 광산구에서 먼저 시민수당이라는 이름으로 시행됐고, 광주시 차원에서도 시민참여수당이라는 이름으로 논의하고 있어요. 이렇게 생각하면 커뮤니티 케어는 돌봄서비스를 어떻게 받을 것인지에 대한 관점을 넘어서 다양한 시민들이 어떻게 돌봄의 연결망을 만들 것인가로 확장될 수 있는 듯해요.

한편으로는 앞서 말씀하신 대로 이게 돌봄받을 권리의 측면이 아니라 건강보험 재정 누수 문제로 부각된 감이 있어요. 특히 약간의 도움만 있으면 자기 생활이 가능한 사람이 그 약간의 도움이 없어서 요양병원에 들어가는 소위 사회적 입원이 많잖아요. 그렇게 재정이 쓰이느니 커뮤니티 케어를 해서 재정도 지속 가능하게 하고, 아프거나 장애가 있어도 시설이나 병원에 갇히지 않도록 하는 두 가지 성격이 공존한다는 생각이 들어요.

그런데 아직까지는 커뮤니티 케어의 실체가 모호한 면도 있어요. 2022년 커뮤니티 케어 예산이 4000억 원 정도였어요. 하지만 시설이나 병원에 들어가는 예산은 노인장기요양보험에 7조, 요양병원에도 7조가 들어가요. 4000억 원으로 실제 필요한 돌봄의 수요를 커버할 수 있겠냐는 의문이 들 수밖에 없어요. 한국이 성인 돌봄에 지출하는 예산 규모가 OECD 회원국 평균 수준인 GDP 대비 1.5퍼센트에 조금 못 미치는 1퍼센트예요. 그런데도 우리가 실질적으로 느낄 수 있는 돌봄 안전망이 없잖아요. 시설이나 병원에 과도하게 예산이 집중되어 있기 때문인 거죠.

홍 | 저는 커뮤니티 케어 정책에 담긴 의미와 중요도만큼 실천이 따라오지 못한다고 봐요. 그냥 지자체에서 진행하는 하나의 사업으로 간주되죠. 노인 보건 사업, 아동 보건 사업, 고혈압, 당뇨, 만성질환 관리 사업처럼 커뮤니티 케어 사업이 하나 추가된 거예요. 커뮤니티 케어는 단일 사업의 진행이 아니라 철학의 변화, 가치관과 방향의 변화여야 되는데 전체적으로 상황이 뒷받침되고 있지 않아 보여요.

조 | 제가 커뮤니티 케어의 실체를 가장 확실하게 확인할 수 있는 게 뭘까 하고 찾아봤는데, 건강보험공단 홈페이지에 들어가서 시범사업하는 지자체별로 어떤 사업을 하는지 보는 게 현재로서는 가장 확실한 방법 같아요. 자립주택, 퇴원 후 지원사업 연계, 영양 관리, 정리 수납 도움 등 정말 다양한 사업이 진행됐어요. 그런데 커뮤니티 케어인데 커뮤니티를 만드는 일은 안 하는

건가. 정말 이 서비스들만 있다고 공동체에서 살아갈 수 있는 건가. 이런 생각이 들어요. 결국 공동체를 만드는 문제라면 정부나 지자체가 나서서 해야 하는 부분도 있지만, 우리가 직접 해야 하는 것들도 있어요. 다양한 층위의 관계들을 맺어야 하는 거죠. 그러지 않으면 커뮤니티 케어라는 것의 실체는 늘 불명확하지 않을까 싶어요.

홍 │ 지금은 분절적인 서비스 제공에 그치고 있는 느낌이에요. 반찬을 배달하고, 체조 교육을 하나 신설하는 식으로는 커뮤니티 케어의 이상이 달성되기 어렵죠.

저는 서비스 종류를 늘리거나 횟수를 채우는 것도 중요하지만 한 건을 하더라도 길게 봐야 된다고 생각해요. 10년, 더 길게는 30년을 내다보고 접근해야죠. 방문진료 혹은 방문 간호가 활성화될 수 있는 환경을 만드는 접근도 같이 해야 해요. 지금은 방문진료서비스 만들고, 그거 할 사람 찾고, 필요한 사람을 찾아서 연결하는 정도의 일차적인 시도에 불과해요.

시설화에 대한 고민도 필요해요. 우리 사회는 요양병원 체계가 발달해서 아프면 입원이 쉽지만, 국가 재정에는 큰 부담이 되죠. 그렇다면 우리 모두가 익숙한 방식, 아프면 시설에 보내는 방식을 근본적으로 바꿀 것인지를 고민해야죠. 그러려면 시설에 대한 재정적인 변화와 사람들의 가치관 변화도 필요해요.

그리고 사실은 '의사가 한두 번 이렇게 집에 찾아간다고 갑자기 건강해지나? 건강하게 산다는 게 무엇인가?'도 한번 생각해 봐야 돼요. 어쩌다 한두 번 찾아오는 의사가 아니라 옆에서 밥도 챙겨줄 수 있고, 아플 때 간호도 해줄 수 있는 이웃이나 돌봄노동 자들이 더 중요할 수 있죠.

그런 돌봄 현실을 체계적으로 하나하나 잡아가야 하겠죠. 그런데 사업의 담당자가 이런 부분까지 생각하기는 어려워요. 갑자기 커뮤니티 케어를 담당하는 담당자가 됐는데 어떻게 사람들의 인식 변화부터 시설화에 대한 대안까지 찾겠어요. 그게 아니라 사실은 시, 군, 구 등의 지자체가 함께 움직이고 보험공단까지 한 단위로 움직여서 변해야죠.

앞서 말했듯 커뮤니티 케어 정책은 사업의 하나가 아니라, 복지, 의료 분야 전체에 커뮤니티 케어의 철학을 담아야 해요. 일자리 정책도 지역 단위 일자리 정책으로 가야 하고요.

조 | 의료 정책도 커뮤니티 케어라는 개념을 계속 염두에 두고 병원에 찾아오거나 혹은 대학병원에 사람들이 많이 몰리는 것에 대해서 어떻게 해야 될지를 고민해야 될 텐데, 저는 일단 커뮤니티 케어라고 했을 때 일상에서 돌봄을 하는 사람의 입장도 중요하다고 생각해요. 일과 돌봄 혹은 아픔을 얼마나 균형감 있게 가져갈 수 있느냐는 거죠.

커뮤니티 케어 관련해서 최근에 하는 고민은 근거리에 일거리가 있으면 좋겠다는 거예요. 일하는 곳과 사는 곳이 멀리 떨어져 있는 경우가 많은데, 그러면 집에서 누군가를 돌보기가 쉽지 않아요. 그런데 지리적으로 가까운 곳에서 할 수 있는 일이 많아지면 지역사회 안에서 벌어지는 문제에 더 개입할 수도 있고, 출퇴근하면서 발생하는 탄소 배출도 줄고, 긴 시간 출퇴근하는 시간과 에너지를 지역공동체 안에 되돌릴 수 있는 거죠. 돌봄노동자가 많아지면 좋겠지만 꼭 돌봄일자리가 아니더라도 다양한 일을 근거리에서 할 수 있으면 좋겠다 싶어요. 이런 게 커뮤니티 케어의 중요한 요소이지 않을까요?

근데 여기서 상정하는 건, 모두가 돌봄을 제공할 수 있는 사람이라는 전제예요. 일을 하는 노동자일 뿐 아니라, 일상에서 돌봄을 제공할 수 있는 가능성을 가진 존재로 사람을 바라보는 거죠. 그런 관점이 돌봄을 무시하지 않을 뿐 아니라, 일에 대한 변화도 함께 고민해볼 수 있게 하죠.

홍│ 말씀하신 대로 젊은 사람들은 다 멀리 일하러 갔다가 지역에서는 잠만 자고 다시 직장으로 가는 경우가 많죠. 도시 지역 특성상 어느 정도 그런 부분이 있다 하더라도 많은 사람들이 그 지역 안에서 자기 일을 하고 움직여야만 아픈 이웃이나 가족을 돌볼 수도 있어요.

조│ 그러니까 커뮤니티 케어를 말할 때는 이런 고민이 전제돼야 하는 거죠. 우리가 지역공동체 안에서 서로 돌보는 관계를 형성

우리의 관계를 돌봄이라 부를 때

해야 된다고 하는데, 누가 지역의 일상적 돌봄을 하고 있는지를 보면 대부분 주부인 중년 여성들이 혼자 사는 어르신들 음식 만들고 배달하고 말벗해주잖아요.

지금 우리가 얘기한 이 노동의 문제를 건드리지 않으면 이 지역 공동체활동의 젠더화라는 문제도 심화될 수밖에 없는 거죠. 왜 남자들은 생계 부양을 위한 노동을 다 멀리 가서 해야 되는가. 이 지점이 '어떻게 해야 지역 안에서 일자리를 보장하고, 모두가 지역에 개입할 수 있도록 일정 시간을 이동이 아니라 타인과 나를 돌보는 시간으로 쓰게 할 수 있는가'라는 고민과 맞닿아 있다고 봐요. 일과 돌봄이 어떤 균형을 맞추려면 노동 문제에 대한 고민도 필요한 거죠.

거래를 넘어선 새로운 삶의 양식

김 | 지역 이야기부터 커뮤니티 케어, 나아가 근거리 노동을 통해 돌봄 시간을 확보하는 것까지 다양한 이야기가 나왔네요. 저도 커뮤니티 케어에 대해 어렴풋게만 알고 있었는데 그 취지와 현황을 상세히 설명해주셨고, 특히 이 문제를 노동 문제로까지 연결한 논의는 상당히 신선하네요.

다만, 약간 고민은 돼요. 취업 문제라는 관점에서 지역 커뮤니티 안에서 공동체를 만드는 것도 일종의 대안이 될 수 있다고 말씀하셨는데 '현실적으로 그렇게 해서 먹고 살 수 있을까?'라는 질문이 나올 것 같거든요.

홍 │ 간단한 질문은 아닌데, 어느 정도로 벌어야 먹고살 수 있는 가는 개인의 선택에 많이 달려 있어요. 저와 같이 활동하는 청년 들이 몇 명 있는데, 저희 스스로는 돈을 못 벌었어요. 그래서 같이 밥 해 먹고 사는 그런 삶을 살기도 했었어요.

저는 지역운동도 하고, 창업도 하고, 돈도 잘 버는 건 불가능하 다고 생각해요. 어려운 이야기지만, 삶의 양식을 새롭게 만드는 게 필요해요. 아주 단순하게 말하면 소비를 덜 하면서 사는 거 죠. 그런데 그거는 굉장히 개인차가 있고, 이제 지속 가능하냐 하 는 질문이 있을 수 있죠. 다만, 이런 질문을 해볼 수는 있어요. 적 절한 소비, 적정한 삶이라는 건 어느 정도까지냐. '우리가 돈을 왜 많이 벌어야 되나?'라고 물으면 '돈을 많이 써야 되니까'일 가능 성도 있다는 거예요.

이게 막연한 이야기로 들릴 수도 있겠지만, 저는 어떤 면에서는 이성적이고 합리적이라고 생각해요. 저뿐만 아니라 여러 청년이 여러 지역에서 실험하고 있기도 하고, 내가 열심히 공부한다고 해서 다 공무원이 되거나 좋은 직장을 얻을 수 있는 것은 아니잖 아요. 그렇다면 오히려 공동체 내에서 뭔가를 시도하는 게 해볼 만한 도전이고 실험일 수 있다, 대신 삶의 수준 같은 부분은 자기 의 선택에 달렸기 때문에 그런 부분까지 같이 고민할 필요가 있다는 거죠.

물론 새로운 삶의 양식까지 개발해야 될 수도 있다는 건 쉬운 문제는 아니고, 그래서 서로를 돌봐야 되기도 하는 거라고 생각해요.

김 | 홍종원 선생님 말씀처럼 삶의 양식을 바꿔야 된다는 점에 동의하는데 그게 자칫하다가는 너무 많이 희생하라는 이야기로 들릴 수 있겠다 싶기도 해요. '저게 가능해?'라는 생각도 들 것 같고요.

홍 | 사실 저도 참 고민되는 부분이긴 한데, 저는 진짜 그런 생각이 있어요. 어떤 삶이 행복한 삶인지 생각해보면 사실은 부유하게 사는 게 가장 행복한 삶일 수 있어요. 그런데 모두가 부유할 수 없는 사회라면 우리가 적극적으로 서로 돌보는 삶을 만들어야 하지 않을까요?

김 | 말씀하신 부분에 원론적으로 공감하면서도 얼마나 많은 청년이 이런 이야기에 공감할 수 있을지는 여전히 고민되네요. 개인적인 이야기를 좀 하자면 저는 원래 서울 출신이 아니에요. 그래서 이 동네에 2년 살다가 다른 동네로 옮기고 또 2년 살다가 이사하는 일이 반복되다 보니, 어떤 동네에 살아도 여기 소속돼 있다는 느낌이 거의 없어요. 동네 친구도 없고. 이게 저만의 문제는

아니고 많은 청년이 처한 상황이라고 생각하거든요.

　이런 청년들에게 관념으로서의 지역사회 말고 지역사회라는
게 실제로 유의미하게 존재할까, 꼭 지역이 아니더라도 어떤 공
동체에 속해 있다는 감각을 얼마나 가지고 있을까, 이런 의문이
들어요. 지역 커뮤니티가 중요하다고 저도 생각하는데, 이게 공
허하게 들리지 않을까 하는 우려가 드는 거죠. 이제껏 그런 공동
체나 커뮤니티를 경험해보지 못한 사람들한테 이게 진짜 필요하
다는 사실을 말할 수 있는 방법이 뭘까 싶기도 하고요.

조 | 어떻게 설득할까…. 어려운 이야기네요.

홍 | 사실 저도 편집자님이 말씀하신 부분을 너무 잘 알고, 자칫
하면 공허한 얘기로 들릴 수 있다고 생각해요. 특히 청년 세대들
에게 무슨 지역에서 공동체를 만들고, 이런 건 불가능한 얘기로
들릴 수도 있을 것 같아요. 강요하거나 억지로 될 수 있는 부분은
아니고요.

　그런데 저한테는 그런 경험이 분명히 있긴 해요. 저는 의사니
까 건강에 대해 이야기를 하자면, 우리는 PT를 받고, 식단 관리하
고, 심박수 재고, 이런 게 건강을 돌보는 방법이라고 보통 생각하
잖아요. 물론 그것도 맞죠. 그런데 또 한편으로 인간이 건강하게
살아가는 데는 사회적인 건강도 중요한 부분이라고 저는 배웠고,
그걸 한번 실천해봐야겠다고 생각했던 거죠. 근데 막상 저도 뭘

해야 될지 모르겠더라고요.

그러다가 아까 말했던 것처럼 어떤 동네에 들어가서 사람들도 만났죠. 어른들을 주로 만났고, 운 좋게 또래인 청년들도 좀 만나고. 이런 과정에 우연이 참 많았어요. 원래 모르는 사이였던 청년들과 집이 없어서 같이 살게 되고, 같이 창업도 하고, 협동조합도 만들고, 일도 하게 된 경험이 저는 좋았어요.

물론 제가 경험했으니까 좋다고만 말하는 건 아니고, 우리한테는 정상성과 생애주기, 가족 공동체에 대한 사회적 강박이 굉장히 세단 말이에요. 직장생활을 꼭 해야만 하고, 결혼을 해야만 하고, 가족이 제일 중요하고, 가족 안에서 돌봄이 해결돼야 된다는 압박이 굉장히 사회적으로 크다 보니까 그런 낯선 동료와의 관계, 우정의 관계, 우연의 관계가 들어설 자리들이 없어진 것도 사실이에요.

그러니까 사실은 저도 이 부분이 고민돼요. 청년만 그런 게 아니라 한국 사회에 공동체가 없어요.(한숨) 노년도, 장년도 모르는 사람이 친해지는 관계들이 이미 굉장히 많이 깨졌단 말이에요. 그러다 보니 특히 청년들은 '공동체가 도대체 뭐지?' 하는 거죠.

그래도 고등학교까지는 어느 정도 공동체적 관계를 맺었는데, 대학에 가고 직장생활을 하면 그런 게 별로 없어요. 특히 최근에는 정규직 직장이 별로 없고 비정규직이 많으니까 직장생활에서 소속감을 못 느끼죠. 직장이 어느 정도 공동체 역할을 대체했었는데 그런 게 없어졌고, 대학을 안 간 20대 이상의 청년들은 그 이후로는 이제 정말 외톨이가 돼버리는 거죠. 사실 그런 면에서는 막연하거나 비현실적인 이야기로 들릴 수 있다고 생각해요.

대안은 내면의 떨림에서 시작된다

김 | 이런 게 어떤 사회 문제에 대한 대안을 논의할 때, 항상 듣는 이야기긴 해요. 보통 '그게 가능해? 현실적인 대안이야?' 같은 이야기로 귀결되죠.

사실 저는 그런 주장에 별로 동의하지 않는 편이에요. 제가 많이 드는 비유인데, 대안이라는 말에는 "강, 호수, 바다 따위의 건너편에 있는 언덕이나 기슭"이라는 뜻이 있어요. 그 비유를 빌리면 우리는 다 이쪽 언덕에 있는 사람이고 저편 언덕으로 가본 사람은 아무도 없기 때문에 저 언덕에 뭐가 있는지, 우리가 정말 그곳으로 갈 수 있는지 아는 사람은 어차피 없다고 생각해요. 사실은 '그게 가능해?'라는 말이 잘못된 현실을 정당화하고, 변화를 막는 핑계로 작용할 때도 많고요.

그럼에도 '우리가 정말 저 언덕으로 갈 수 있어?'라는 질문에 일정하게 답을 내놓을 필요도 있다고 느껴요. 그런 고민 때문에 제가 집요하게 지역 커뮤니티가 얼마나 현실적인 대안으로 느껴질지를 묻는 거고요.

조 | 오, 재미있는 비유네요. 강 건너 저 에덴동산으로 우리는 어떻게 갈 거냐. 그 대안이라는 말에 대한 생각을 이어가자면 대안이란 건 뭔가를 대신하는 안이고, 그 안을 승인하는 건 우리 공동체가 같이 해내야 되는 일이겠죠.

여러 가지 생각이 드는데, 저는 홍종원 선생님이 지역활동을 하실 때나 방문진료 의사로서나 공통적인 역할이 있는 것 같아요. 보통 의사는 약을 처방하고, 사망 진단을 하는 식으로 정확한 해법을 내는 입장이잖아요. 근데 홍종원 선생님은 방문진료 의사로도 그렇고 지역사회에서도 그렇고 어떤 문제를 해결하기 위해서 해법을 내기보다 전체 네트워크 안에서 그 존재로 잘 있어주는 역할을 하신 것 같아요. 사실은 이런 관계가 우리 삶을 유지하는 데 굉장히 중요했는데 우리 사회가 그동안 이걸 너무 저평가하고 있었기 때문에 그 중요성을 캐치하지 못하는 부분이 분명히 있다고 봐요.

그러니까 우리가 지역사회를 저 멀리 어떤 강 건너에 있는 동산으로 인식하지 않으려면 내 안에서 미약하게 떨림으로 존재하는 것들을 캐치할 수 있어야 해요. 그렇게 내 삶에서 어떤 떨림을 찾아볼 수 있으면 지역사회나 공동체라는 말이 공허하지는 않을 수 있겠죠.

김 | 어쩌면 정말 현실적인 것부터 시작할 수도 있겠네요. 예를 들어 1인 가구라서 같이 밥 먹을 사람이 없는데 일주일에 한 번

이라도 같이 밥 먹을 동네 친구가 있으면 좋겠다, 이런 생각은 많이 할 것 같거든요. 저도 그렇고요. 그런 데서부터 시작할 수 있지 않을까 싶기도 하네요.

홍 | 그 이야기를 들으니 제가 최근에 본 영화 〈혼자 사는 사람들〉의 한 장면이 생각나네요. 콜센터가 배경인데, 콜센터에 맨날 전화해서 자기 망상을 이야기하는 고객이 있어요. 그 고객이 어떤 신입직원에게 전화로 '2002년 월드컵 때 모르는 사람하고 어울려서 같이 응원하고 되게 좋았다'고 이야기해요. 그걸 보고 어느 정도 경력이 있는 주인공은 빨리 끊으라고 하는데 그 신입직원이 '어, 그랬어요? 정말 저도 그 자리에 있었으면 참 좋았겠네요' 라고 대답하죠.

지금 하는 이야기와 관련지어 이야기하자면 뭔가 억지로 연대하고 사람을 챙기고 이런 건 어렵고, 관계는 그 신입직원의 말처럼 작은 움직임에서 시작한다고 생각해요. 동네 친구를 사귀는 게 어렵다고들 하는데, 그게 어떻게 보면 어렵고 어떻게 보면 쉬운 거잖아요. 우연한 기회에, 정말 아무것도 아닌 것에서 친구가 생길 수 있는 거죠. 근데 결국은 그 조금의 움직임에서 생길 수밖에 없고, 거기에서 시작해야 된다는 생각을 갖고 있어요.

'결국 대안이라는 것은 저 멀리 있는 어떤 이상향이 아니라 각자의 자리에서 조금씩 움직이는 것에서부터 시작한다. 그 끝은 모른다.' 저는 그렇게 생각해요.

우리의 관계를 돌봄이라 부를 때

조 | 저는 관계를 맺는 경험이 부족해서 생긴 문제란 생각도 들어요. 우리가 평등하고 안전하게 관계 맺는 경험이 많으면 우연한 만남 속에서 관계를 만드는 역량도 높아지지 않을까요? 갑자기 반말을 듣는다든가, 자기도 모르게 정서적으로나 신체적으로 위협을 느낀다든가, 애써 답하기 싫은 불편한 질문을 계속 받는다든가 하는 식으로 관계가 주는 피로감이나 상처도 만만치 않잖아요. 그러니까 평소에 관계 맺어온 것처럼 나이가 많으면 당연히 상하관계가 있을 거라고 생각하고, 어느 학교 다녔는지, 결혼은 했는지, 무슨 일하는지 등 인적 사항을 물어보며 사회적 편견에 기대서 판단하는 일이 많죠. 이런 것들을 벗어나서 다양한 관계 경험들이 있으면 지금처럼 어떤 한 사람을 만나고 관계를 잘 유지하는 것을 넘어서서 좀 더 다양한 관계를 맺고, 어딜 가든 관계 맺을 수 있는 사람이 될 수도 있지 않을까 해요.

청년수당이라는 정책이 있어요. 서울시에서 2016년부터 시행했는데, 청년들에게 50만 원씩 6개월 동안 현금을 지원해요. 자신이 하고 싶은 활동이나 진로 이행에 집중할 수 있도록 해주는 거죠. 그런데 청년수당 받아서 가장 먼저 하는 일이 뭐냐 하면, 친구를 만나는 거예요. 많은 청년이 미취업 기간이 길어지면서 지출을 줄이기 위해 가장 먼저 한 일이 친구를 안 만나는 거였다는 말이죠. 한 번 만나서 밥 먹고 카페 가고 뭐하면 한 5만 원 쓰는 건 기본이잖아요. 그러다가 청년수당을 받으면서 못 만나던 친구들을 하나둘 만나게 되는 거예요.

우리 삶의 모든 게 소비로 이뤄졌기 때문에 돈을 분배하는 일은 정말 중요해요. 하지만 또 한편으로 돈이 있어야만 친구를 만날 수 있다는 사실도 고민이 돼요. 돈이 없더라도 누군가를 만나고 정서적으로 소통할 수 있는 그런 관계도 보장되면 어떨까. 그러니까 소득 보장만큼이나 관계 보장을 중요하게 여길 수는 없을까 싶은 거죠. 물질도 중요하지만, 관계, 정서 등 비물질적인 요소들도 굉장히 중요하잖아요. 우리가 어떨 때 관계가 자주 만들어지나요? 무언가 향유할 때잖아요. 같이 운동하거나, 어디 놀러 가서 만나거나, 공연이나 영화를 함께 관람하거나. 저는 관계 형성을 촉진하려면 바로 그런 문화적 요소를 보장해주는 게 중요하다고 생각해요. 그런 걸 '문화안전망'이라고 불러요. 문화향유권을 보장해서 그 안에서 관계를 형성하고 고립감을 해소할 수 있게 하는 걸 안전망의 개념으로 본 거예요. 기존의 사회안전망은 소득 보장이나 사회서비스에 집중된 반면에, 문화안전망은 비물질적인 요소들, 즐거움, 보람, 향유의 경험, 그런 경험 속에서 형성되는 관계들까지 보장해줄 수 있는 거죠.

저소득층의 문화향유권을 위한 정책이 있기는 해요. 대표적인 게 문화체육관광부에서 운영하는 '문화누리카드'예요. 카드에 일정 금액을 넣어두고 문화 영역으로 사용처를 한정하는 거죠. 하지만 저소득층이 문화누리카드로 가장 많이 사는 건 학용품이에요. 문화향유권이라는 기존 취지가 아니라 생활에 보탬이 될 수 있는 용처에 쓰는 거죠.

우리의 관계를 돌봄이라 부를 때

정리하자면 우리가 생활에서 물질적 소득을 해결하는 문제와 비물질적인 관계, 문화 향유나 소셜 스킬을 푸는 문제를 어떻게 같이 잘 안배하느냐를 공동체가 고민해야 한다는 거죠. 누군가 돈도 없는데 인사할 사람도 없고 함께할 관계도 없이 고독하다가 결국 죽음을 맞는 생이 아니려면 무엇이 필요한가. 단순히 고독사 예방을 위해서 행정이 취약계층을 '발굴'하는 차원을 넘어서서 생각해야 해요. 서비스만 제공하고 땡이 아니라, 좀 더 서로가 서로를 잘 만나고 관계 맺을 수 있는 조건도 고민해야 하는 거죠.

김 | 어떤 면에서는 물질적인 분배가 일정하게 이뤄지기 때문에 오히려 그런 고민을 안 하는 것 같아요. 어쨌든 최소한의 물질이 주어져서 사람이 완전히 죽는 상황까지는 잘 안 가니까 '이 정도면 됐지?' 같은 느낌으로 관계, 연대감, 공동체성 같은 것들을 고민 안 하게 되는 것 아닐까요?

조 | 그런 것 같아요. 이렇게 살아도 살아 있을 수 있으니까 이렇게 되는 것이기도 하죠. 서로 교류하지 않고 만나지 않아도 살 수 있는 게 도시의 삶이잖아요.

그런데 그러다 보니 고독사나 삶의 만족도가 낮아지는 문제, 가족이 유일한 보호 장치였던 사회에서 가족이 없어서 보호받지 못하고, 떠도는 사람들이 많아져서 생기는 문제까지는 예상하지 못한 거죠. 그런 관점에서 생각해보면 단순히 과거의 공동체를 회복하자거나 가족 형성을 촉진하자는 관점을 넘어서 지금 여기에서부터 뭘 해야 하는지 고민해볼 수 있지 않을까요?

우리는 모두 서로에게 의존하며 살아간다

김 ㅣ 우리가 계속 관계와 공동체에 대해 이야기하고 있는데, 자기돌봄에 대해서도 한번 짚어보고 싶어요. 저는 조기현 작가님께서 쓰신 "돌봄은 '선고'된 형벌처럼 다가와서 피할 수 없이 체험하게 된다"(《아빠의 아빠가 됐다》 179쪽)라는 문장을 보고, 돌보는 사람 스스로 자기를 어떻게 돌볼지도 중요하다는 생각이 들었어요. 돌봄이 분명 인간을 성장시키는 면도 있지만 때론 형벌처럼 느껴질 정도로 어려운 일이기도 하고 이런 상황에서 돌보는 사람이 스스로를 돌볼 필요가 있을 텐데, 돌보는 사람은 자기 자신과 어떤 관계를 맺어야 하는가, 이런 질문도 던지고 싶어요.

조 ㅣ 사실 저는 저 자신과 잘 관계 맺지 못했어요. 자기돌봄을 어떻게 해야 할지 몰랐어요. 이건 단순히 쉴 줄 모른다, 휴식할 취미가 없다는 말이 아니에요. 따로 시간을 내서 자신을 위한 시간을 쓰고 취미를 즐기는 것도 중요한 부분이에요. 하지만 그게 자기돌봄의 전부는 아니라고 생각해요. 우선 제가 왜 자기돌봄을 못했을까 되돌아보면, 제가 아버지를 돌보면서 경제적으로든, 심적으로든 휘청거릴 때마다 제가 저 자신에게 더 강해져야 한다고 압박했던 것 같아요. 저 자신도 돌봄이 필요하다고 여기지 않았던 거죠.

하지만 어느 순간부터 제가 마냥 강하기만 하지 않다는 걸 느꼈어요. 제가 주변 사람들을 잘 배려하지 못하고 상처를 주는 일이 반복되면서 나의 취약함을 인지하려고 노력했어요. 나는 어떤 순간에, 왜 마음이 주저앉을까, 지금 이 관계의 어떤 부분 때문에 소진이 된다고 느낄까, 무엇이 나를 살기 싫어지게 만들까. 저 자신을 이해하려는 노력이었고, 그를 통해서 내 마음에 대처할 수 있는 부분은 대처하고, 피할 수 있는 부분은 피해 가는 거죠. 그렇게 저 자신을 배려하게 된 지 얼마 되지 않았어요. 제가 저를 배려하니까 오히려 아버지를 비롯한 주변 사람들에게 상처를 줄 수도 있었던 행동들이 보이기 시작하더라고요. 나의 취약함을 인지하고 인정하고 나니까, 자기돌봄이 되는 것 같았어요. 돌봄이 결국 취약함에 응답하는 것이라면, 저는 타인뿐만 아니라 자신 또한 내면의 취약함을 가진, 그래서 응답해야 할 타자이기도 하다는 사실을 인정해야 한다고 봐요.

홍 | 자기 배려는 타자 배려로 이어져요. 배려의 상호작용이랄까, 사실은 나를 돌볼 줄 아는 사람이 남도 돌볼 수 있죠. 나를 돌보려면 내가 돌봄받아야 되는 존재임을 인정해야 하고요. 다시 영케어러 이야기로 돌아오면, 청년은 건강하고 패기만만하기 때문

에 뭐든 해내야 한다는 식으로 이해하는 건 잘못된 이미지예요. 청년도 돌봄의 대상이고, 스스로 돌봄받는다는 안정 속에서 타자를 돌볼 수 있는 용기를 낼 수 있어요.

조 │ 타인돌봄과 자기돌봄, 이 이분법을 좀 무력화할 수도 있을 것 같아요. 왜냐하면 자기돌봄도 자기 혼자서만 할 수는 없거든요. 어떻게 자신을 돌볼 수 있을지에 대해 다른 사람이 주는 정보도 필요하고, "괜찮아?" 하고 내가 나를 돌봐야 하는 타이밍을 알려주는 사람도 곁에 있어야 하고, 그러니까 고립되면 자기도 잘 돌보지 못해요. 이런 식으로 여러 가지 것들에 의존하면서 자기를 돌보게 된단 말이죠. 그렇게 내가 타인을 돌보는 것이건 나를 돌보는 것이건 계속 뭔가에 의존해야만 가능하다면, 그 둘이 딱 구분되는 거 같지는 않아요. 전체적으로는 모든 돌봄은 관계 안에 있어야 하고, 그런 의존하는 관계들 안에서 생각도 바꾸고 태도도 바뀌며 살아갈 수 있는 거죠.

그래서 청년을 독립적인 한 사람의 건강하고 활동력 있는 신체로만 보는 게 아니라, 어느 세대건 간에 다양한 것들을 의존해야만 자신을 이해할 수도 있고 살아갈 수도 있다는 관점의 전환이 필요하지 않을까 싶어요.

홍 │ 저는 지금 작가님이 해주셨던 말 중에 '의존'이라는 단어에 딱 꽂혔어요. 저는 그걸 '돌봄은 복수다'라는 말로 표현하고 싶은데, 복수의 관계성 속에서 돌봄은 정의될 수 있어요. 돌봄은 관계성을 기반으로 해요. 때로는 내가 누군가에게 의존하기도 하고, 남이 나에게 의존하기도 하죠. 돌봄 속에 들어 있는 그 관계성을 이해해야 해요. 이런 질문을 던지고 싶어요. '어떻게 관계 맺을 것인가?' 이게 돌봄을 이해하는 중요한 질문이라고 생각합니다.

조 │ 우리가 관계의 의미를 짚을 때 인간을 어떻게 볼 것인가 하는 문제도 중요할 거예요. 사람은 사회적인 동물이고 이게 생명의 본성이라는 관점이 있죠. 이를테면 협력의 본성이 벌꿀에도 나타나고 개미한테도 나타난다고 하는 것처럼 인간도 정치, 사회, 경제, 문화 전 영역에서 그런 협력의 본성이 작동한다고 볼 수 있잖아요. 그런데 사회학자 김홍중은 사람이 은둔하는 존재라고 말해요. 스스로 세상에 거리를 둘 수도 있는, 은둔하는 동물이라는 거죠. 그 관점이 새로웠어요. 인간을 사회에서 잠깐 떨어지고 거리를 둘 수 있는 존재로 본다는 게.

　이런 관점이 관계는 무엇이고 어느 때 필요한지, 무엇을 위해 필요한지 생각해볼 수 있게 해줘요. 그리고 우리가 관계에 의존하며 살아가기 때문에 잘 의존하는 역량도 필요하지만, 관계에서 심리적으로든 공간적으로든 분리해낼 수 있는 역량에 대해서도 생각해봐야 해요. 어쩌면 은둔도 사회성의 바깥이 아니라, 사회성과 연관된 하나의 관계이기도 해요. 연결이 있으니까 은둔도 있는 거니까요. 애당초 그냥 은둔만 하려는 사람은 없을 거예요.

결국 관계는 연결뿐만 아니라 은둔도 함께 고민해야 되는 거죠.

홍 | 관계라는 게 무조건 좋다, 혹은 나쁘다, 이렇게 말할 수 있는 건 아닐 거예요. 관계 맺기의 기술이라는 건 분명 필요해요. 눈치코치로 배워가는 것도 성숙한 인간으로서 살아가는 데 중요한 스킬이 되기도 하죠.

　은둔 얘기를 꺼내셨는데요. 저는 물리적 은둔 말고, 마음의 거리 두기 역시 필요할 수 있다고 생각해요. 넓은 관계성 속에서 관계라는 거는 중립적이어서 좋은 관계, 나쁜 관계, 의존적인 관계, 피곤한 관계 등 온갖 관계가 있어요. 여러 가지 사회적 관계 안에서 마음 한 켠을 비워놓는 것도 일종의 기술인 것 같은데 돌봄을 해내기 위해서는 자신의 마음을 아끼는 법도 중요하다고 생각해요. 어떻게 보면 코로나 사회에서 비대면 관계도 누군가한테는 일정 정도 마음 한 켠을 비워내는 데 도움이 된 면도 있었던 것 같아요.

대면은 한 사람의 삶을 마주하는 일

김 | 관계에 대한 이야기를 하면서 자연스럽게 비대면 이야기까지 나왔는데, 돌봄 현장의 문제와 관련해서 비대면을 어떻게 봐야 할지도 한번 이야기해보죠. 코로나 때문에 대면과 비대면이란

문제를 우리 사회가 거의 처음으로 고민하게 된 상황이라서 한 번 짚어볼 필요가 있을 것 같아요.

조 | 갑작스럽게 비대면을 맞이하면서 제 주변에 가족돌봄자들이 요양병원, 요양원에 들어간 할머니나 아버지를 다 못 만나는 상황이 오랫동안 지속됐어요. 비대면 상황에서 어떻게 그와 관계 맺고 배려할 수 있을까, 완전히 차단됐지만 그럼에도 불구하고 그 안에서 더 좋은 무언가가 가능할까, 이런 걸 고민하는 계기가 됐죠. 이를테면 당뇨로 못 먹는 커피믹스나 쌍화차를 넣어줘서 병실 사람들과 함께 나눠 먹을 수 있게 하기도 하고, 새로운 담배나 비누를 하나씩 사서 새로운 향을 맡을 수 있게 하기도 해봤어요. 거기서는 늘 똑같은 향만 맡을 테니까요. 이 정도의 고민 말고는 사실 거의 현장에서 비대면에 대한 문제는 난항이고, 어떤 질문 자체도 다 봉쇄된 느낌으로 그 시기를 지나왔어요.

홍 | 좀 지난 일이지만 어떤 신문에 나온 방호복을 입은 간호사 선생님이 코로나로 입원한 어르신이랑 화투 치는 사진이 화제가 됐었는데, 저는 오히려 그걸 보고 감동하는 사람들의 반응이 놀라웠어요.

코로나 이후에 전화로 상담하고 약 처방도 하는 비대면 진료가 가능한 사회가 됐는데, 그 사진에 사람들이 감동해요. 간호사 선생님이 코로나 감염이라는 악조건에도 불구하고 그 어르신을 대면했다는 사실에 사람들이 감동했나 봐요. 그런 걸 보면 대면이 주는 감흥 혹은 감동이 있는 거고, 우리가 왜 그 사진에 감동했는지 한번 생각해 필요가 있어요.

비대면으로 취미생활, 음식 주문, 쇼핑, 회의, 업무 다 되는 사회니까, 간호사 선생님이 화투도 비대면으로 쳐주면 됐잖아요. 인터넷 맞고로 하면 되는데 그걸 대면해서 쳐준 거에 왜 우리는 감동했나. 두 분은 어떻게 생각하세요?

조 │ 저도 대면이 갖는 어떤 힘이 있다고 생각해요. 용건만 간단히 하는 비대면 관계였다면 없었을 장면이잖아요. 우리가 대면이 얼마나 중요한지 이해하려면 대면해서 발생하는 효과들에 주목할 필요가 있어요. 그 효과들을 무시하지 않고 가치를 인정해야 하고요. 그랬을 때 대면이 중요하고, 돌봄이 중요하고, 그런 일을 하는 간호사의 권리나 처우가 중요하다는 이야기까지 우리의 감각이 나아갈 수 있을 거예요.

홍 │ 그 사진을 보면서 저는 루크 필즈의 〈의사〉라는 그림이 생각났어요. 의자에 죽어가는 어린아이가 누워 있고, 왕진을 온 의사는 턱을 괴고 어린 환자를 보며 입을 굳게 다문 그림인데요. 이 그림이 그려진 19세기 후반만 해도 치료 약이 많이 개발되지 않았으니 의사가 할 수 있는 게 아이를 지켜보는 일밖에 없어요.

그런데 그 지켜보는 일이 사실은 치료에서 아주 중요한 부분이

우리의 관계를 돌봄이라 부를 때

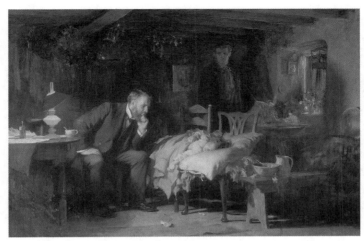

루크 필즈, 〈의사〉. 1891, 캔버스에 유채 166.4 x 241.9 cm, 런던 테이트 갤러리.

죠. 치료는 본디 곁에서 돌보는 행위를 포함한다고 생각해요. 간호 영역은 돌봄이 특화해서 발전한 영역이었고, 의학은 멀어진 듯하지만… 어쨌든 그 사진을 통해 치료에서 돌봄이 중요한 영역이고, 돌봄은 기본적으로 대면을 기반으로 하는 것이라는 부분까지 이야기할 수 있어요.

조 | 그런데 병원에서 의사와 간호사의 관계는 어떤가요? 혹시 약간 종속적인 관계는 아닌가요?

홍 | 실제로는 그런 면도 있죠.

조 | 그런 종속적인 관계를 좀 더 평등하게 만든달까, 이런 의미가 있지 않을까 싶네요. 이런 사진이 널리 퍼지는 게 의사만큼이나 간호사도 인정해달라는 사회적 요청 같기도 해요. 간호사의 노동 환경을 개선하는 힘을 이 이미지에서 찾을 수 있을 듯해요. 이런 대면도 우연한 선의에 기대는 게 아니라 보장돼야 하는 어떤 것이라는 점을 생각하게 만드는 거죠.

김 | 저는 순수하게 치료의 관점에서 봐도 대면이 유의미하고 필요하지 않나 싶어요. 의사가 환자 한 명을 진료하는 시간이 짧으면 그 환자의 건강 상태나 이전 병력을 충분히 파악하지 못할 수도 있고, 집에 한 번만 가보면 바로 생활환경 때문에 생기는 건강 문제들을 알 수 있는데 병원에만 있으면 그런 것들을 놓칠 수도 있고.

홍 | 비대면이 놓치는 것이 분명히 있어요. 저는 대면이 사람의 삶을 마주하는 일이라고 생각해요. 방문진료를 하는 의사로 삶을 마주한다는 것은 환자가 얼마만큼 걸었을 때 숨이 찬지, 집안 환경은 어떤지, 냉장고에는 무엇이 들어 있는지를 확인하는 일이에요. 환자를 환자로만 보는 게 아니라 인간을 마주하는 일이고, 삶의 환경까지 같이 보는 일이 대면의 관계를 기반으로 한 진료죠. 그게 방문진료하는 의사로서의 제 마음가짐이에요. 그런데 어떤 사람이 병원에 환자로 와서 환자복을 입은 순간부터 그 사

람을 환자로만 보고, 그 이전의 삶이 표백된 존재로 여기게 돼요.

물론 비대면을 통한 진료가 코로나 팬데믹 시기에 필요하고 효율적인 면도 있었어요. 하지만 자칫 환자의 삶과 삶을 둘러싼 환경까지 소거할 가능성이 있죠. 비대면으로 대면을 대체한다는 발상은 굉장히 위험한 발상이에요. 비대면을 통한 효율화는 어느 정도 필요할 수 있다고 인정하지만, 비대면이 결코 대면의 모든 것을 대체할 수는 없다고 생각해요.

이건 돌봄에도 적용되는데 밥 먹는 거, 약 먹는 거, 대소변 처리 같은 일들이 돌보는 일의 기본이거든요. 거동이 불편한 어르신의 기저귀를 교체하는 일이 비대면으로 가능할까요?

김 | 그런데 돌봄을 대체하거나 보조하는 형태의 로봇이 필요하다는 제안도 있지 않나요?

홍 | 저는 기술이 발전하는 건 긍정적으로 보고, 로봇이 돌봄을 보조해주는 것은 상당히 좋다고 봐요. 그런데 로봇이 돌봄을 완벽히 대체할 수 있는지는 생각해봐야 돼요. 다시 사진으로 돌아와서 만약에 간호사가 아니라 로봇이 화투를 쳐줬으면 감동이 덜하지 않았을까요?

조 | 저는 여기서 약 먹는 문제가 생각나네요. 돌봄을 하다 보면 환자는 약을 먹기 싫어하고 보호자는 약을 먹이려고 하는 씨름

이 이어질 때가 있는데, 영 케어러 자조 모임에서도 그런 고민을
나눈 적이 있어요. 한 영 케어러가 조현병이 있는 아버지에게 어
떻게 약을 먹여야 할지 모르겠다고 말했어요. 다른 약은 다 먹는
데 조현병 약만 쏙 빼고 먹는다는 거예요. 영 케어러 입장에서는
아버지 좋으라고 먹이는 건데 아버지가 안 먹는다니까 힘들고 속
상한 마음인 거죠. '이걸 어떻게 설득할 것인가'를 모임에서 얘기
했죠.

　분명 약을 안 먹는 맥락이 있어요. 조현병으로 낙인감을 느껴
서 그러시지는 않을까, 찬찬히 그 이유를 되짚어보면 해결 방법
은 있다는 얘기를 나눴어요. 그 방법을 찾을 때까지 시간이 조
금은 걸릴지 모르지만, 그 맥락 안에서 내가 어떻게 하면 좋을지
를 계속 실험을 해보면서 방법을 찾아보는 거죠. 다른 보호자들
도 다 그런 경험이 있어요. 어떤 분은 치매가 있는 시어머니를 돌
보는데 시어머니가 약을 먹으면 자신이 죽는다고 생각해서 약을
계속 안 먹으려고 했대요. 그래서 약을 먹을 때마다 며느리분이
항상 약을 같이 먹었대요. 시어머니를 안심시켜 드리려고요.

홍｜ '약을 어떻게 먹일 거냐'라는 질문을 놓고 보면 상황에 따라
여러 방법이 있어요. 회유할 수도 있고, 협박하거나 강제로 먹이
는 방법도 있고, '먹든 말든 알아서 해라'는 식으로 냉담하게 굴
수도 있고, 정답은 없죠.

조 | 제가 만난 청년 돌봄자들은 보통은 회유해서 먹이는 것 같아요. 회유를 당사자의 맥락에 맞게 하는 거죠. 저 같은 경우는 아버지에게 '이거 먹어야 생계급여 나오니까, 나라에서 계속 도와주니까 그냥 먹읍시다, 우리. 아버지 먹으면 내가 국가에 인증해야 해요. 잘 먹었다고. 우리 잘 살아야 되잖아요' 하면 아버지가 싫어도 먹는 그런 게 있어요.

다른 돌봄자 같은 경우는 할머니가 평생 신경을 쏟았던 부분에 집중해요. 허리가 아팠던 걸로 평생 힘들어했기에 치매 약을 먹일 때 허리에 좋은 약이라고 하면서 주는 거예요. 이런 식으로 회유도 해봤다가 속이기도 했다가 다양한 방법을 쓰죠. 이렇게 그 사람을 대면하고, 그 사람의 맥락을 총체적으로 종합해보면서 판단을 내리고, 이 사람을 다시 느끼는 이런 과정들이 대면의 효과 중 하나라고 생각해요. 그런데 로봇이 약을 시간에 맞춰서 제공하는 것 말고 이런 일을 할 수 있을까요? 이거 먹어야 낫는다고 설득하고, 안 되면 화도 내고, 때론 거짓말을 해서라도 약을 먹일 수 있을까요?

그래서 저는 비대면이 정말 필요한 부분도 있겠지만, 홍종원 선생님이 얘기한 것처럼 비대면이 돌봄을 다 대체할 수 있다는 생각은 의심스러워요. 또 대면을 하면 사람이 앞에 있는 사람과 눈을 마주치고 터치하는 등 다양한 감각을 동원해서 전체 뉘앙스를 파악하는 것도 가능하잖아요. 비대면이 효율적이고 효용이 큰 건 사실이지만, 대면의 효용이나 가치를 놓쳐서는 안 된다고 봐요.

홍 │ 비대면의 좋은 점을 이야기할 때 그게 누구에게 좋은 건지에 대해서도 생각해볼 필요가 있죠. 다양한 관계를 맺고 있어서 오히려 그 안에서 피로를 느끼는 사람에게는 비대면이 편할 수도 있어요. 그런데 장애인이라든가 애초에 그런 관계망이 작았던 분들이 그나마도 끊어지면 굉장히 절망적인 상황일 수 있죠.

치료와 돌봄은 원래 하나였다

홍 │ 의사로서 대면과 비대면에 대한 이야기를 더 이어가자면, 치료라는 영역에서 돌봄에 대한 이해가 필수라고 생각해요. 비대면 진료를 예로 들면 비대면으로 뭔가 해결을 할 수도 있을 것만 같다는 생각이 들어요. 로봇 수술도 가능한 시대가 됐으니까, 질병을 박멸하는 치료의 관점으로 생각하면 비대면으로 대면을 대체할 수 있을 것만 같은 환상에 빠질 수가 있어요.

하지만 방문진료를 하는 의사의 입장에서는 치료라는 것은 본디 돌보는 일을 포함할 수밖에 없는 일이더라고요. 치료라는 관점을 너무 협소하게 보지 말아야 하죠.

조 │ 그런데 왜 치료가 협소해지고, 치료와 돌봄이 분리되기 시작했을까요?

홍 ｜ 치료라는 것에 너무 큰 권위를 부여하고 병을 없애는 것이 치료의 전부인 것처럼 생각하는 관점 때문인 것 같아요. 산업화 시대에 결국은 건강한 노동력을 유지하기 위한 기술이 대세였기 때문에 치료, 재활 중심으로 의료를 바라보는 관점들이 우세한 거죠. 사실은 치료가 가능한 질병에 집중하는 경향도 있고요.

조 ｜ 당시에 치료 가능한 질병으로 채택된 건 뭐고 배제된 건 뭔가요?

홍 ｜ 초기 의학은 항생제의 개발을 통해 감염 질환의 정복을 꿈꿨죠. 실제로 항생제 약물이 많은 생명을 구했어요. 그리고 외과 수술의 발달, 정형외과 수술 등 신체를 재건하는 기술이 전쟁을 통해서 발전했죠. 의학의 눈부신 성과예요. 약과 수술을 통해서 치료되는 부분이 분명히 있고, 굉장히 중요한 부분이에요.

하지만 사회가 고령화되고 암 같은 만성질환이 많아지면서 돌봄 문제가 대두되죠. 인간 수명이 길어지다 보니 치료 이후에도 아픈 몸을 이끌고 살아가야 하는 시간이 길어졌고요. 그래서 돌봄에도 관심을 가져야 된다고 생각하는데 여전히 사회적으로 의료의 역할은 치료라고 인식돼요.

이제는 치료라는 관점을 좀 벗어나서 생각해볼 필요가 있어요. 약을 못 먹는 경우는 거의 없을 만큼 의료 시스템은 갖춰져 있어요. 그럼 우리는 함께 건강하게 살아가는 것을 지향해야 하고 그

중심에는 돌봄이 있다, 그에 따라 의사의 역할이 무엇인지도 고민할 필요가 있다고 봐요.

김 | 자연스럽게 연결되는 건지는 모르겠는데 이 질문을 한번 드리고 싶었어요. 대면은 그 사람의 삶을 마주하는 것이라고 하셨는데 사실 병도 그 사람의 삶, 그리고 그 사람을 둘러싼 사회 환경 속에서 존재하는 거라고 생각하거든요. 근데 그걸 마주 보지 않고 과연 치료가 가능한가? 설령 약을 잘 쓰고 수술을 잘해서 치료했다고 해도 그건 일시적인 거고, 결국 같은 병이 재발하지 않을까 하는 생각이 좀 들었어요.

좀 현학적이긴 하지만, 독일 병리학자 루돌프 피르호가 생각나는데요. 1848년 독일 북부에 발진 티푸스가 발병하자 이 사람이 질병 퇴치 조사관으로서 파견됐는데, 전염병의 대안으로 ▲전면적인 민주주의 ▲보편적인 학교 교육 ▲가난한 노동자나 농민들한테 받던 세금을 부자 지주에게 전환할 것 등의 '사회적 처방'을 지시했어요.

이 지방의 열악한 생활환경을 개선하지 않는 한 전염병은 언제든지 다시 발병할 수 있다, 그래서 개개인에 대한 투약이나 수술이 아니라 사회적 불평등을 개선하는 게 해결책이라는 생각으로 그런 제안을 한 거죠. "의학은 사회과학이며 정치는 큰 규모의 의학일 뿐이다"라고 말하기도 했고요.

질문이 길어졌는데 '결국 돌봄을 떠나서 치료라는 관점에서만 봤을 때도 치료는 그 사람의 삶, 그리고 그 사람을 둘러싼 사회 환경과 마주하는 가운데 이루어져야 되는 것 아닌가?' 이런 질문을 드리고 싶습니다.

홍 | 편집자님께서 말씀하신 부분은 저도 동의해요. 좋은 의사를 만나서 혹은 내가 건강 관리 잘해서 건강을 달성하는 부분도 있겠지만, 사실은 내가 태아 때부터 어떤 환경에서 자라왔는지에 따라서 달라지는 부분이 있죠. 부모가 있는지, 부모의 직업이 무엇이고 우리 사회가 그 직업을 어떻게 대하는지, 부모와 내가 사는 집은 어디인지 등에 따라 건강 상태가 달라져요. 그걸 학문적으로는 건강의 사회적 결정 요인이라고 하고요.

다만 저는 지금 우리가 우리 사회를 어떻게 바꿀 것인가, 우리가 함께 건강하게 살아가기 위해서 챙겨야 될 사회적 건강은 무엇인가를 물을 때 그 키워드 중 하나가 돌봄일 수 있다고 보는 거죠. 돌봄 관련한 제도부터 우리가 서로를 돌보는 마음가짐과 방식까지 포괄해서요.

"의학은 사회과학이며 정치는 큰 규모의 의학일 뿐이다"라는 말은 타당한 면도 있고, 그런 게 중요했던 것도 사실이지만, 어떤 의미에서는 너무 거시적으로만 접근했다고 생각해요. 저는 사회적 건강을 논의할 때 미시적, 혹은 개인적이라고 여겨졌던 개인과 개인의 관계에 좀 더 집중해서 이야기할 필요가 있다고 봐요.

그래서 우리가 치료와 돌봄이라는 두 단어를 같이 고민해봐야 해요. 저는 치료에 대한 강박과 치료 만능주의를 굉장히 많이 사람들이 느끼고, 그래서 치료한다는 것에 굉장히 큰 권위를 부여하는 것 같아요. 그런데 사실은 그냥 옆에서 지켜보면서 돌보는 것도 정말 필요하거든요.

일본 심리학자 도하타 가이토가 쓴 《매일 의존하며 살아갑니다》라는 책에 나오는 이야기인데 어떤 심리 치료사가 시설에 가서 정신질환 환자를 만나요. 치료하려는 마음을 갖고 일대일 면담도 하죠. 그런데 한 몇 년 일을 하다 보니 그런 시도가 자주 실패하고, 처음에는 성공한 줄 알았는데 전혀 그 사람들의 삶에 변화가 없는 걸 본 거예요. 이 사람은 자기가 치료 전문가인데 자기 역할을 못 하고 있다는 자괴감을 느끼죠. 그 뒤에는 그곳에 있는 간호사, 환자들을 관찰하기 시작하는데, 그때야 비로소 그 사람들은 그냥 함께 살아간다는 마음가짐을 가지고 있었다는 게 보여요. 치료와 돌봄은 균형이 필요하고, 순환 관계도 필요하다는 걸 나름대로 깨닫는 거죠.

그러니까 저는 치료와 돌봄은 함께 가야 된다는 거죠. 물론 치료가 무의미하다는 건 절대 아니에요. 약물의 도움을 받을 필요도 있어요. 다만 그거에 너무 큰 권위를 부여하면 안 된다는 거죠.

김 | 제가 제도적인 접근이 더 중요하다고 말하려던 건 아니고, 서로 강조점이 좀 다른 것 같아요. 그런데 홍종원 선생님 말씀처럼 제도적인 접근을 강조하다 보니 오히려 개인들이 매일의 생활

에서 맺는 관계를 놓쳐왔는지도 모르겠다는 생각이 드네요. 우리가 이 대담에서 관계에 초점을 맞춰서 이야기하는 일이 그동안 놓친 것들의 의미를 되짚는 과정일 수도 있겠네요.

돌봄의 배후에서 작동하는 위계

조 │ 치료와 돌봄의 분리 이야기로 다시 돌아와서, 홍종원 선생님께서 산업화 시대에 건강한 노동력이 필요했기에 치료가 절대적인 가치가 되다 보니 치료와 돌봄이 분리됐다는 이야기를 해주셨는데요. 치료와 돌봄의 분리도 생산과 재생산의 위계라는 구조 속에서 가능했다는 이야기일 텐데, 제가 돌봄 관련해서 중요하게 생각하는 지점과 많이 맞닿아 있어요. 생산가능인구, 건강한 신체를 가진 남성, 생계부양자, 노동자를 기본으로 해서 기본적인 사회제도들을 세팅하고, 거기서 생산성이 없는 몸은 배제되는 거죠. 그렇게 돌봄이 배제되면서 의학이 발전돼 온 것 같아요. 그러니까 아프면 낭떠러지에서 떨어지고, 아픈 사람의 가족들은 그를 돌보는 과정에서 함께 낭떠러지에서 떨어지는 악순환이 반복되고 있죠.

   그런 관점에서는 사실 아픈 사람은 필요 없어요. 왕성한 노동력만 필요하죠. 그런 맥락들이 생산에 비해 재생산의 영역이 가치가 없다고 여겨지는 구조와도 맞닿아 있다고 봐요. 치료라는 영역은 건강보험 수가로 수익이 보장되는 반면, 간호나 돌봄이라는 건 어쨌든 재생산 영역으로 수익을 막 낼 수 있는 영역은 아니잖아요.

이게 가정 안의 모습과도 비슷하다고 생각해요. 남성 생계부양자가 돈을 벌어오고, 가정 내에서 여성이 가정주부화돼서 돌봄을 하는 동시에 남성 생계부양자는 필연적으로 가정주부의 노동에 의존하는 모습이 의사와 간호사 사이에서도 반복되는 거 아닐까 싶어요. 그 큰 틀에서 작동하는 생산과 재생산의 위계 구조가 우리가 아플 때 만나게 되는 의료, 겪게 되는 돌봄, 일을 하지 못하는 상태, 이 모든 것을 엮어주는 키워드가 아닌가 하는 생각이 드네요. 어떤 것은 돈을 벌어주는 것, 가치 있고 수익을 내는 것이라고 이미 규정돼 있고, 어떤 것은 돈을 벌어주지 못하고 소진적이며 비효율적이라고 규정돼 있는 상태, 그들을 그렇게 규정하고 있는 권력이 뭐냐. 이런 이야기도 좀 더 나눠보고 싶어요. 영 케어러도 '영'이라고 하는 생산, '케어러'라고 하는 재생산이 공존하는 어떤 인구 단위니까 그런 면에서도 이야기할 게 많은 것 같고요.

김 | 조기현 작가님께서 마지막에 생산과 재생산의 위계라는 큰 화두를 던지셨는데, 이후 대담에서 좀 더 깊게 논의해보려고 합니다.

오늘은 우리가 앞으로 나눌 논의의 전체적인 틀을 그리는 이야기를 주로 나눴습니다. 코로나를 통해 드러난 돌봄의 현실, 지역 커뮤니티의 의미와 가능성, 비대면이 당연해진 상황에서 돌아보는 대면의 가치, 치료와 돌봄의 분리 등 정말 다양한 주제를 이야기했는데, 그 모든 이야기가 결국에는 타인과의 관계 맺기, 공동체성으로 수렴되는 것 같아요. 공적으로 충분히 논의되지 않는 주제들에 대한 이야기이다 보니 가끔은 낯설고 급진적으로 느껴지기도 했는데, 동시에 '아, 우리 삶에서 이게 정말 중요한데 너무 놓쳐왔구나'라는 생각도 들었고요. 그럼 오늘 나온 돌봄에 대한 여러 화두를 갖고, 다음 대담부터는 조금 더 구체적이고 세밀한 이야기를 해보겠습니다.

2장

필요한

_언제(When)

돌봄의

시간

김 │ 지난 시간에 한국 사회 전반의 돌봄이 어떤 상태인지, 돌봄이 무엇이고 '관계'에 기초해서 어떻게 돌봄을 새롭게 구성할지 등에 대해 포괄적인 이야기를 나눴습니다. 이제부터는 그런 관계를 언제, 누구와, 어디서, 어떻게 맺을 것인지에 대해 더 구체적인 이야기를 해볼 텐데요. 오늘의 주제는 '언제'입니다.

단도직입적으로 질문드릴게요. 우리에게는 언제 돌봄이 필요할까요?

조 │ 저는 홍종원 선생님이 방문진료한 경험을 쓰신 글을 보면서 이 '언제'라는 문제를 많이 고민하게 됐어요. 글이 보통 환자분의 아픔이 심각해지고 사회적으로 단절된 상태에서 동주민센터나 사회복지관의 전화를 받고 환자분 댁에 가는 장면으로 시작하잖아요. 그걸 보면서 '이렇게 되기 전에, 사회적으로 고립되고 아프기 전에 만날 수는 없었을까'라는 고민이 계속 들더라고요.

그래서 '언제'라는 키워드로 관계와 만남을 얘기하고 싶었어요. 우리가 더 좋은 삶을 위해서 아픔과 돌봄을 삶의 중심에 두고 관계 맺을 수 있을까, 일대일 만남의 관계뿐만 아니라 사회 전체가 어떻게 그런 식으로 다시 관계 맺을 수 있을까, 이런 고민에서 시작해서 생애주기까지 같이 얘기해보고 싶어요.

홍 | 저는 '몸이 아프면 그때부터는 우리 삶이 나쁜 삶으로 변하는 건가?'라는 의문이 있어요. 특히 의사니까 더 그런 생각을 많이 하죠. '아프지 않았을 때는 좋은 삶이었는데 나를 만난 순간부터는 나쁜 삶이 된 건가?'

 저는 그건 아니라고 생각해요. 물론 아프지 않고 살 수 있으면 좋겠지만, 그런 일은 경제·사회적으로 좋은 환경 속에서만 가능하고, 그렇게 살 수 없는 분들도 있잖아요. 조기현 작가님도 말씀하셨듯이 환자들은 보통 사회적 단절과 고립 속에서 저를 만나요. 갑자기 상황이 나빠져서 저를 만난 경우도 있겠지만, 대개는 저를 만나기 전부터 고립 상황이었을 거예요.

 그런 고립 상태에 빠지지 않도록 우리가 서로를 돌보는 관계망을 만들 필요가 있어요. 농담 삼아 하는 말이지만, 부자 친구가 한 명 있으면 좋죠. 필요할 때 도움을 줄 수도 있고요. 우리 사회의 계층이 나뉘어 있는데 계층이 나눠지는 만큼 취약성이 높아져요. 그런 다양한 계층 간에 서로를 지켜봐주고 돌볼 수 있는 관계망이 있어야 돼요. 의료인들, 복지 분야 종사자, 다양한 이웃들이 함께해야 노년의 삶을 살아갈 수 있어요.

조 │ 관계에 대해서 이야기할 때 '이게 특히 언제 가장 필요한 관계인가', 이런 시작이 될 만한 질문을 좀 나누고 싶었어요. 홍종원 선생님 말씀처럼 아픔 자체가 나쁜 삶으로 바로 등치되는 것이 아니라 아파도 괜찮으려면 뭐가 필요한가.

홍종원 선생님이 보통 환자를 만나서 관계 맺을 때 취하는 태도가 있잖아요. 방문진료 가서 환자가 말을 안 하면 '말 안 하네' 하고 그냥 가버리는 게 아니라 계속 여러 번 만나면서 왜 말을 안 하는지를 생각하고, 혹은 그분이 사는 환경을 보면서 당사자가 하는 말의 배경과 맥락을 해석하죠.

이런 게 우리가 아픈 당사자 혹은 고립된 사람들을 만났을 때 취해야 하는 태도기도 하지만, 사실은 이 사회를 살아가는 모든 사람한테 그런 태도를 취해야 되는 거 아닌가 생각해요. 그렇게 여러 가지 맥락을 고려하고, 해석하는 태도를 모두한테 취하면 어떨까 싶어요.

저는 처음에 아버지에게 인지저하 증상이 나타났을 때, 실제로는 일도 없는데 계속 일하러 나간다고 말하는 게 굉장히 당황스러웠어요. '지금 사람 놀리는 건가' 싶기도 하고 '이건 완전히 이상한 행동이고, 진짜 치매다'라는 생각이 들면서 1년 정도는 어떻게 해야 할지 고민하고, 헤맸어요. 그러다가 어느 순간 이런 생각이 들더라고요. '아버지는 어쨌든 나랑 소통하고, 자신의 감정을 표현하기 위해서 이러는 거구나. 과거 얘기도 하고, 미래에 발생할 수 있는 이야기도 하고, 지금 눈앞에 있는 것도 이야기하고, 여러

시간대를 오가면서 어떻게든 말을 하려는 거구나.'

그런 식으로 상대를 이해하려는 자세가 일반적인 관계에서도 필요한 태도란 생각이 들더라고요. 모두가 합리적으로만 의사소통을 하지는 않고, 과거의 어떤 기억이건 미래의 어떤 가능성이건 마음속의 어떤 욕망이건 다양한 것들이 의사소통에 투영되잖아요. 그런 맥락을 고려하지 않고 표면적으로만 보면 관계가 쉽게 잘 틀어지기도 하고요.

사실 저도 몇 시간씩 일하다가 너무 피곤한 상태에서 카톡 하면 가끔 이상한 이야기를 한단 말이에요. 그렇게 누구나 인지가 저하되는 순간들이 있는 거죠. 물론 인지의 다양한 스펙트럼에 대해 의학적으로 어느 단계부터는 치매라고 진단하는데, 저는 제도에서 진단명을 원하니까 그렇게 규정하는 측면이 크다고 느껴요. 사실 저도 그 진단명이 필요하기도 해요. 그래야 근로능력 없음이 증명돼서 아버지가 복지 혜택을 받을 수 있고, 제가 돌보느라 일 못하고 일하는 족족 다 병원비로 돈 쓰는 고통을 증명할 수 있는 거죠.

그런데 애초에 이런 분들을 위한 다양한 서비스나 관계가 존재했다면, 인지저하가 돼도 길을 잃지 않을 정도로 도시 환경이 정비된다면 굳이 그 상태를 명명할 필요가 없을 수도 있었겠죠. 그러면 인지저하도 인지의 다양성으로 볼 수 있을 테고요. 그래서 진단명이나 어떤 상태를 파악하는 것부터 굉장히 작위적이라는 느낌이 항상 들어요. 삶을 거기에 끼워 맞춰야 하니까요.

홍 | 저도 공감해요. 사실 아픈 상태에서 합리적이고 논리적인 말을 하는 사람이 몇 명이나 되겠어요? 정상성은 일종의 허상이라고 생각해요. 사람마다 관계 맺는 방법이 다르고 특히 질병, 장애, 아픔이 있을 때는 관계 맺는 법을 또 새롭게 배워야 하기 때문에 어려워지는 부분이 있어요. 아프지 않은 사람 입장에서는 선뜻 받아들이기 어려운 경우도 있죠. 말씀하신 대로 소통 방식 훈련이 좀 돼 있다면 좋았을 텐데 그럴 기회가 보통은 없죠.

제가 그래도 그런 부분을 고민할 수 있는 건 방문진료를 하기 때문이에요. 물론 다음 일정은 있지만 문밖에서 대기하는 환자는 없으니까 충분한 진료 시간을 갖고 소통을 해요.

조 | 병원처럼 기다리는 환자가 없는 거죠?

홍 | 예, 덕분에 시간을 충분히 확보하고, 그 안에서 최대한의 소통을 해내는 거죠. 그런데 이게 왜 안 될까 생각해보면, 지금 우리 사회를 살아내는 것 자체가 쉬운 일은 아닌 거예요. 일상적으로 소통하고 서로 살필 수 있는 여유가 필요한데 여유가 없어요. 현대인들이 다 쫓기면서 살잖아요. 그러다 보니까 중요한 순간을 놓치곤 하죠.

보통 사람들은 중병이 걸렸을 때만 돌봄이 필요하다고 생각해요. 하지만 사실 사람에게는 매 순간 돌봄이 필요하거든요. 따뜻한 말 한마디를 건네는 것처럼 사소한 일이라도요. 그렇게 일상적으로 서로를 돌본다면 위기의 순간에 찾아오는 슬픔과 소진을 줄일 수 있다고 생각해요. 현대사회의 삶이 그런 사소한 돌봄과 여유를 계속 빼앗기 때문에 돌봄이 어느 순간에 재난처럼 다가오는 것 같아요.

조 | 근데 확실히 현실에서는 돌봄이 재난처럼 닥칠 때만 비로소 돌봄을 시작하는 일이 많고, 그전에 돌봄을 실천하기는 쉽지 않아요. 저도 그게 큰 고민이에요. 아주 큰 재난적인 사건이 아니면 사람들이 움직이지 않는다는 점이.

돌봄이 재난이 되지 않으려면

홍 | 조금 다른 이야기일 수도 있는데, 저는 중독도 어느 순간에 갑자기 오는 게 아니라 그전에 누적된 문제가 발현된 결과라고 생각해요. 말하자면 모든 중독에는 이유가 있다는 거죠.

  알코올중독을 예로 들면, 저도 그래요. 처음에는 술을 통한 사회생활과 인간관계, 이런 것들이 제가 술을 마시는 이유였죠. 물론 지금도 마찬가지긴 한데, 어느 순간에는 제가 인간관계에서 오는 소진과 공허함을 술로 채우려는 마음이 드는 거예요. 이 상황에서는 술보다 소진과 공허함 자체가 문제잖아요. 누군가 알코올중독이라고 할 때 술 자체보다는 그분이 살아오면서 충분히

우리의 관계를 돌봄이라 부를 때

돌봄을 받지 못한 것이 원인일 수 있고, 그렇다면 그분의 일상 관계와 소통을 살펴봐야죠.

저는 건강한 상태는 다양한 관계망 속에서 자신의 주체성을 발휘할 수 있는 상태라고 생각해요. 건강한 사람은 아픔이 찾아와도 자신을 둘러싼 관계망과 주체성을 통해서 해석해 낼 수 있는 사람이죠. 그게 안 될 때 알코올중독 같은 문제가 나타나고요.

조 | 술이 문제가 되는 건 사실 맥락이 더 중요한 것 같은데 그 이유를 추정하는 거는 굉장히 불가해한 일 같잖아요. 그 사람 삶 전체의 문제가 압축돼서 술로 나타나는 거니까.

관련해서 최근에 알코올중독을 연구한 논문을 봤는데, 의외로 소득이나 학력은 크게 중요하지 않대요. 저학력자, 저소득자라고 해서 술을 많이 먹은 건 아니다, 그런 분들이 알코올중독 때문에 많이 사망하긴 하지만 고학력자, 고소득자도 알코올 의존이 심하다는 거예요.

그런데 지난 10년간 유의미하게 포착된 변화가 주거 빈곤층은 유난히 문제 음주 비율이 높다는 거예요. 볕이 들지 않고, 집이 좁고, 이렇게 환경이 좋지 않은 곳에 있으면 술에 의존할 가능성이 크다는 게 데이터로 나와 있는 거죠. 저는 이게 너무 흥미로웠거든요.

서유럽에서 알코올 의존증이 있는 사람, 대부분 홈리스인데 그들을 대상으로 펼친 정책이 있어요. 전에는 그들한테 알코올중독을 치료하면 집을 주겠다는 정책을 시행했는데 성공적이지 못했대요. 근데 하우징 퍼스트 정책, 집을 일단 무상으로 주고 네가 원할 때 치료받으라고 하는 정책을 펼치니까 유의미한 변화가 만들어졌어요. 저는 그 내용을 보면서 우리가 알코올 같은 것에 의존하기보다 그래도 다시 한번 사회적 관계를 맺고 내 삶을 이어나가기 위해 뭔가를 더 해보겠다는 의지를 품을 때 어느 공간에 있을까, 하는 질문을 하게 됐거든요.

최저주거기준에 맞지 않는 집, 볕이 들지 않는 곳에서 우리가 더 좋은 삶을 한번 살아보겠다는 의지를 다질 수 있는가, 저는 이런 질문을 해보고 싶어요. 알코올 의존뿐만 아니라 다양한 중독이나 삶의 의지를 잃는 데서 주거 빈곤이 차지하는 몫도 생각해봐야 해요. 한국의 반지하·옥탑·고시원 문제가 계급 문제인 동시에 구체적인 삶에서 삶의 의욕을 갉아먹는 문제일 수도 있는 거죠.

결국 하우징 퍼스트 정책은 단순히 물리적인 집을 줬다는 것보다는 국가에 의해 제도적으로 인정받은 것에 가깝다고 봐요. 그리고 그걸 통해서 주변에 관계망이 형성되면 또 그걸로 인해서 자기 존중감이 생길 거고, 최종적으로 자기가 무엇을 하는지에 따라 자신에 대한 가치 평가가 이뤄질 것이고요. 이렇게 인정, 존중, 가치 평가가 총체적으로 합해져야 삶이 개선될 거란 말이죠.

김 | 집이 생기는 게 그냥 물리적 공간인 집이 주어지는 것을 넘어서 그로 인해 동시에 굉장히 여러 가지가 변할 수 있다는 의미

시죠?

홍 │ 그렇죠. 조기현 작가님 말씀처럼 집을 제공하는 일은 그저 잘잘 곳을 제공하는 것 이상으로 인간적인 존중을 준다는 의미가 있더라고요.

제가 진료할 때 가장 신경 쓰는 부분도 존중이에요. 제가 환자를 만날 때는 '어떻게 치료할까'보다 그분에게 어떻게 최고의 존중을 표할지를 먼저 생각해요. 만약 제가 병원에서 일하는 의사였다면 이 부분을 크게 고민 안 하고, 그냥 친절하게 대하자는 정도로만 접근했겠죠. 환자로 오는 분도 저에게 무슨 대단한 존중을 바라는 게 아니라 어쨌든 진료를 보러 오신 분이니까요.

그런데 방문진료를 하며 삶의 마지막에 있는 분들, 이런 취약하신 분들을 만날 때는 첫 번째로 생각하는 것이 어떻게 존중을 표할까예요. 서로가 서로를 어떻게 존중할 것인가. 저는 그게 돌보는 관계 맺기의 첫 번째 마음가짐이라고 생각해요.

김 │ 돌봄이 왜 일상적으로 필요한지부터 관계에서 서로를 인정하고 존중하는 태도의 중요성 등 다양한 이야기가 나왔네요.

서유럽에서 알코올중독 환자들을 대상으로 펼친 정책 이야기가 인상적인데, '알코올중독을 치료하면 집을 주겠다'는 건 사실 그분들의 치료 의지를 못 믿은 거잖아요? 그런데 그분들을 신뢰하고 집을 먼저 주니까 오히려 유의미한 변화가 생겼다는 사실에서 생각해볼 지점이 있네요. 조기현 작가님 말씀처럼 집 자체보다는 집을 제공함으로써 국가가 보여준 인정, 신뢰 같은 것들이 그분들을 바꾼 거겠죠.

생애주기의 전제, 정상가족

김 | 다시 시간 이야기로 돌아가서 조기현 작가님께서 처음에 생애주기 이야기를 하셨는데, 좀 더 자세히 이야기해보죠. 한 인간이 삶을 살면서 언제는 뭘 해야 하고, 그다음에는 뭘 해야 한다는 식의 관념이 생애주기일 텐데, 그게 돌봄에서 어떤 문제를 낳고 있나요?

조 | 생애주기를 문제적으로 보는 건 소위 '정상성' '정상가족'이라고 하는 생각을 강화하기 때문이죠. 학업을 할 때는 학령기가 있고, 그다음에는 대학에 진학하고, 취업하고, 결혼하고, 임신하고, 출산하고, 양육하고, 내 집을 마련하는 이 모든 과정이 우리가 으레 그렇게 산다고 하는 생애주기인데, 그게 '정상가족'이라는 모델에 기반한 거죠.

이 문제는 가족 형태 변화와도 연결돼 있어요. 2022년 기준으로 1인 가구가 34.5퍼센트에 달하는 등 전통적인 가족 모델이 많이 변하고 있는데, 우리는 여전히 돌봄을 이야기할 때도 바로 그

'정상가족'을 기반으로 돌봄을 상상하게 되잖아요. 당장 여러 복지제도를 봐도 그래요. 한 개인의 필요를 온전하게 충족하지 못하는 서비스 시간만 제공하는 것은 그 사람이 4인 핵가족이라는 '정상가족'에 속해 있을 거고, 그렇다면 주변에 돌봄을 제공할 가족이 있을 거라는 어떤 전제가 은연중에 공유돼 있기 때문이죠. 이런 전통적인 가족 모델이 얼마나 유효한가라는 질문에 대해서는, 이젠 더 이상 유효하지 않다는 게 입증됐다고 봐요. 그 증거가 고독사나 1인 가구 증가나 혹은 필요한 만큼 충분히 돌봄받지 못하는 상황일 거란 말이죠.

　여성가족부가 2021년에 '제4차 건강가정 기본 계획'을 발표하면서 그 계획 안에 '서로 돌봄을 주고받는 모든 관계를 포용할 수 있는 제도를 추진하도록 노력하겠다. 논의하겠다'라고 썼어요. 처음으로 혈연이나 결혼 중심의 돌봄이 아니라 다른 돌봄까지도 포괄할 수 있는 제도를 입법하겠다고 한 건데, 사실상 정부도 더 이상 돌봄의 표준이 '정상가족'이 아니라는 사실을 인정한 셈이죠.

홍 | 제가 몇 군데 요양원 환자들을 돌보고 있는데, 한 요양원 원장님이 하신 이야기예요. 치매 증상이 심한 어르신이 입소해 계시는데 그분이 국민연금을 약간 납입한 게 있어서 국가에서 돌려주겠다고 했데요. 남편은 요양원에 있고 건강이 좋지 않아서 그 업무를 부인이 하셔야 하는 상황이에요. 그런데 부인도 고령이니까 동주민센터에 필요한 서류를 내고 이런 행정 업무를 못

하시는 거예요. 요양원 원장님이 보기에는 몇 가지 서류만 내면 되는 간단한 업무인데, 고령의 보호자는 그걸 전혀 못 하시니까 "원장님이 알아서 하시고, 돈을 가지시든 마시든 하십시오"라고 했다는 거예요.

그런데 의사가 어르신이 치매로 거동이 어렵고 판단력이 떨어진다는 소견서를 발급해주면 반환 처리할 수 있다고 해서, 원장님이 저한테 소견서를 부탁하신 거예요. 사실 어려운 일이 아닌데, 요양원 원장님 같은 젊은 분이 얘기하면 알아듣는데 어르신들은 그걸 못하죠. 그런 걸 보면 돌보는 일은 때로 가족의 범위를 넘어서는 일이라는 생각을 해요.

또 다른 요양원 이야기인데요. 임종을 앞두고 문제가 생기는 경우가 많아요. 요양원에 있는 어르신이 건강 상태가 악화돼서 보호자가 모시고 병원을 갔다 왔는데, 병원비를 600만 원 가까이 쓴 거예요. 돈은 썼는데 크게 차도가 없어서 '이제는 병원 못 보냅니다' 하고 요양원에서 알아서 하시라고 했대요.

이것도 돌봄이 가족 안에서 해결될 수 없는 상황에 이른 사례죠. 돌봄을 가족의 틀 안에 둘 경우, 가족이 책임 안 지면 아무도 책임을 안 지는 상황이 발생해요. 물론 '가족이 책임을 안 지면 어쩔 수 없지'라고 생각할 수도 있죠. 근데 당사자를 나라고 생각한다면, 나와 가까운 사람이라고 생각한다면 쉽게 모르는 척할 수 없거든요. 그래서 가족이라는 틀을 넘어서는 건 미래의 돌봄에서 필연적이라고 생각해요.

1인 가구의 증가 역시 돌봄의 지형을 많이 바꿀 거예요. 돌봄의 영역은 가족의 틀을 이미 넘어섰고 1인 가구 증가와 맞물려 더욱 그 속도가 빨라질 거라고 봐요.

조 | 방금 말씀하신 사례에서 가족돌봄을 얘기할 때 굉장히 중요한 지점들이 많이 있네요. 우리가 돌봄을 할 때 단순히 직접 대면해서 신체적인 돌봄, 혹은 정서적인 돌봄을 하는 걸 넘어서서 보호자로서 책임을 지게 된단 말이에요. 처음으로 아픈 분들과 소통하고, 기저귀 갈고 이런 걸 훈련하는 것만 해도 엄청나게 큰 부담인데, 여기에 많은 행정적인 책임까지 주어져요. 병원에서 여러 가지 결정들을 하고, 한 사람을 케어하는 데 필요한 전 과정을 기획하고 실행해야 해요. 그런데 점점 가족은 축소되고 있고 환자도 인지가 저하된 상태라면 상의할 수 있는 대상이 하나도 없는 상태에서 돌봄자가 정말 혼자 다 결정해야 되니까 그 책임감이 엄청나게 크죠.

　실제로 가족 보호자가 제대로 돌봄을 못 하는데 옆에서 이걸 알려주는 사람 하나 없는 모습도 가끔 봐요. 어떤 주간보호센터 원장님께 들은 이야기인데, 혼자 부모님을 돌보는 영 케어러가 상의할 사람이 없으니까 계속 자기한테 상의한다는 거예요. 물론 자기도 그 분야에서는 전문가지만, 총체적으로 누군가를 돌보면서 벌어지는 일들이 정말 많잖아요. 보험, 행정사무, 연금, 무슨 서비스를 어떻게 신청하고 치료를 어떻게 해야 되냐, 이런 것까지

다 물어보니까 자기도 미치겠다는 거예요.

이게 바로 가족돌봄이 사실은 한계에 다다라 있었다는 증거라고 생각해요. 그나마 소위 '정상가족'이 작동할 때였다면 여러 형제가 자기가 가진 정보, 주변 사람들의 인맥을 동원해서 어떻게든 했을 텐데 지금은 상의할 가족이 없는 경우도 많으니까 그런 면에서도 한계가 있는 것 같아요.

그러니까 '지금은 돌봄이 가족 책임이다, 앞으로는 사회 책임으로 가야 된다'라는 측면도 있지만 그것을 넘어서려면 '가족 책임에서 가족에게 부여된 권한과 책임을 어떻게 민주화할 거냐, 어떻게 재편하고 바꿀 수 있느냐' 하는 부분들도 고민해야 해요. 오로지 가족만 접근하고 가족만 그걸 대리할 수 있다면, 누군가는 가족 보호자로서 과도한 책임과 부담을 져야 할 테니까요.

참, 그리고 홍종원 선생님께서 아까 말씀하신 소견서 관련해서도 좀 여쭤보고 싶어요. 소견서는 언제 쓰는 거예요?

홍│ 돌봄이 필요한 분이 있는데 제도가 보장하는 시간이 적을 때 동주민센터에서 의사 소견서를 요청하는 경우가 있어요. 정해진 양식은 없는데 나름대로 간곡하게 써요. "활동지원 시간이 충분히 필요한 상황인데 지금 부족합니다. 부탁드립니다." 이런 식으로요.

조│ 아, 소견서에 그렇게 쓰기도 하세요? 활동지원 시간이 필요하다고?

홍 ┃ 제 경험을 이야기하면 제가 만나는 환자분이 아직 젊은데 뇌병변장애인(뇌의 기질적 손상으로 인한 신체적, 정신적 장애가 발생하여 보행 또는 일상생활 동작 등에 현저한 제약을 받는 중추 신경 장애가 있는 사람)이에요. 후천적으로 뇌 질환이 생겨서 뇌병변장애가 왔는데, 나이가 들수록 기능이 더 떨어지잖아요. 그런데 가족이 돌볼 여력이 없으니까, 그 상황을 이해하고 있는 제가 활동지원 시간이 더 필요하다는 의견서를 내는 거죠. 당사자 입장에서는 생명 지원 시간이죠.

조 ┃ 조금만 더 설명해주실 수 있을까요? 사실 저도 많이 고민하는 문제인데, 누군가는 그렇게 당사자에게 이로운 방향으로 쓰는 걸 '객관적이지 못하다'라고 말하기도 하거든요. 하지만 정말 필요한 시간이잖아요. '운 좋게 내 사정을 알아주는 좋은 의사 만나서 다행이다'가 아니라 어떻게 해야 의사가 질병 상태뿐 아니라, 당사자의 삶의 맥락까지도 고려해서 소견서를 쓸 수 있을까요?

홍 ┃ 저는 전문 의료인으로서 객관성은 기본적으로 담보해야 된다고 생각해요. 그런데 저랑 다른 의사들의 차이는, 저는 방문진료를 하니까 이 사람에게 돌봄 시간이 1시간 늘어나는 게 어떤 의미인지를 좀 더 잘 아는 거죠. 아무래도 진료실에서 만날 때보다 그 사람의 집안 환경이라든가 이런 걸 많이 보게 되고요. 그러다 보니까 제가 일부러 잘 써준다기보다는 제 생각에는 객관적으로 봐도 필요할 것 같아서 그렇게 써요.

결국 객관성이라는 것도 자기가 처한 위치에 따라서 달라질 수 있는 거죠. 의사라는 직업 자체, 혹은 자신이 공부하는 학문 자체에서 객관성이 오는 게 아니라, 환자의 상황을 내가 아는 만큼 객관성이 담보되는 것도 있다고 봐요.

의외로 의료인이 병원이라는 공간에서는 환자의 상황을 알 수가 없어요. 치매, 중증장애, 뇌졸중 같은 질환에 대한 병리학적 이해가 아니라 생활에서 오는 이해는 학습이나 경험이 필요한 거고요. 그래서 제 경우에는 환자를 억지로 도와주려고 하는 게 아니라 그 상황을 알기 때문에 객관성이 거기서 나타나는 거라고 생각해요.

이런 부분은 교육도 필요하지만, 환자와 의사의 관계에서 시간이 확보될 필요도 있어요. 사실 병원에서 의사가 환자 얘기를 들을 시간이 얼마나 있나요? 의사가 세심하게 환자나 보호자의 이야기를 잘 듣고 공감하는 능력, 그런 부분이 객관성을 담보하는 데 중요하게 작동할 거라고 저는 생각해요.

조 | 아, 단순히 오래 만날 수 있는 시간이 보장되는 것만으로도 객관성이 완전히 다른 방식으로 형성되는 거네요. 오히려 기존의 객관성이 그 환자가 이제껏 살면서 경험해 왔던 것들, 사전 맥락

을 무시해 왔다고도 볼 수 있겠네요.

홍 | 의학이라는 게 대체로 그런 걸 좀 무시하게끔 교육하는 것 같아요.(한숨) 그것도 바뀌어야 될 부분이죠.

김 | 소견서에 대해 제가 별로 고민해본 적이 없는데, 이것도 결국 돌봄에서 시간이 얼마나 중요한지에 대한 이야기로 이어지네요. 지난 시간에 이야기했던 의료가 돌봄과 멀어진 상황과도 연결되는 이야기 같고요. 사실 홍종원 작가님과 이런 얘기하기 전에는 의료와 돌봄의 차이를 의식해본 적도 없는데, 여러 생각을 하게 되네요.

홍 | 솔직히 말하면 저도 생각해본 적 없어요. 진짜로요. 가정 방문하고, 돌봄의 현장을 보기 전에는 저도 이렇게까지 생각해볼 수가 없었어요. 정말 모르는 영역이었고요.

생애주기가 지워버린 영 케어러

김 | 저희가 다양한 이야기를 나눴는데, 결국 돌봄의 시간이 우리에겐 너무 부족하고 그걸 어떻게 확보할 것인가 하는 문제로 정리할 수 있겠네요. 방금 생애주기 이야기를 했는데, 생애주기

가 왜 문제인지를 잘 보여줄 수 있는 사례가 영 케어러일 것 같아서 좀 더 얘기해보죠. 특히 조기현 작가님께서 하실 말씀이 많을 텐데요.

조 | 우선 제가 영 케어러라는 말을 쓰게 된 이유부터 말씀드릴게요. 저는 스무 살에 아버지가 쓰러지면서 갑자기 아버지를 돌보게 됐는데, 이 상황이 저한테는 굉장히 큰 부담이었어요. 항상 이 상황이 내 삶을 압도하는 것 같았고 결국에는 내가 쓰러지든 아버지가 쓰러지든 한쪽이 쓰러져야만 끝날 것 같은 느낌의 삶을 계속 살았어요. 제가 이것이 돌봄의 문제라고 이야기하기까지도 아주 오랜 시간이 걸렸죠. 《아빠의 아빠가 됐다》를 쓸 때쯤부터 돌봄이라는 말을 삶에 한번 입혀 보기 시작했으니까요.

그 책을 준비하기 전에 먼저 돌봄하는 청년들, 영 케어러를 한번 찾아보자는 생각이 들었어요. 사실 한국 사회에서는 아픈 가족을 돌보는 게 중장년 혹은 노년의 일이라고 생각하기 때문에 청년, 청소년들이 이 문제에 개입되어 있을 거라고는 아무도 상상 못 하는 상황이었죠. 그런데 한국에 2018년 번역된 《간병 살인》이라는 책을 보면서 외국에서는 이미 영 케어러 문제를 논의하고 있다는 걸 알게 됐어요. 그 책에서는 돌봄 문제를 우리가 얼마나 다각화해서 봐야 되는가, 이런 이야기를 하면서 한 부분으로 영 케어러 문제를 언급해요.

일본은 2021년에 정부 차원에서 전국 학교의 중고생들 대상으로 실태조사를 실시했어요. '너희들 아픈 가족이 있니? 그를 위해서 뭘 하고 있니?' 이런 걸 물어본 거예요. 그 조사를 보면 평균적으로 하루에 4시간 정도를 가사에 투입하고, 그것 때문에 학업을 할 시간이 없다는 비율이 높았어요. 이듬해에는 초등학생과 대학생까지 조사 범위를 넓혀서 진행했죠. 한국도 보건복지부에서 2022년에 이런 조사를 실시했어요. 한국의 영 케어러들은 주당 돌봄 시간이 평균 21.6시간 정도로 나왔어요. 하루 3시간 정도죠. 하지만 응급 상황이나 돌발 상황 때문에 매번 대기해야 하는 상태까지 고려하면 실제로는 분명히 더 긴 시간을 돌봄에 쓸 수밖에 없어요. 우울감 유병률도 61.5퍼센트로 돌봄을 하지 않는 청년에 비해 7배가 높게 나왔죠. 미래 계획이나 진로 이행에 어려움을 겪는다는 비율도 높고요.

생애주기라는 관념이 특히 영 케어러에서 큰 문제를 낳는데, 이전까지는 청소년은 돌봄을 받고 학업을 하는 존재, 청년은 가정에서 자립하는 시기 정도로 정의하고 있었단 말이죠. 근데 이런 생애주기 정의가 정책적으로 그들을 어떻게 지원하냐, 그들을 공공에서 어떻게 발견하냐 하는 문제에서도 중요하고, 사람들이 그 나이대의 사람들을 어떻게 보는지와도 아주 밀접하게 관련이 있어요.

한 예로 어떤 사회복지사가 10대 아이 집에 갔을 때 할머니가 거동을 못 해서 남자아이가 할머니 밥 차려주고 있는데, 그때는 이게 문제 상황이라고 생각 못 했대요. '너 정말 효자구나' 하고 칭찬하는 걸로 끝났다고 하더라고요.

　이미 기존의 생애주기라는 게 많이 무너진 상황인데 여전히 그 나이대를 돌봄을 받는 시기라고만 보면, 돌봄을 일상적인 관계에서도 문제화하지 못하고, 공공 정책에 개입할 여지는 더 적어지는 거죠.

　그런데 사회적으로 그런 사람들이 더 많아진단 말이에요. 형제자매가 없는 경우가 많으니까 집에서 무슨 일이 생기면 이제는 혼자 돌봐야 해요. 거기다가 저출생과 고령화가 가속화되면 더 다양한 돌봄 상황을 어릴 때부터 마주할 수 있어요.

　이런 의미에서 아직도 청소년을 돌봄받는 존재, 청년을 자립하는 존재로만 본다면 그들이 돌봄을 받는 동시에 돌봄을 하고 있는 존재라는 사실, 혹은 자립하는 시기에도 가족돌봄의 상황들에 처해 있다는 사실을 발견해내지 못할 거라고 봐요. 그런 의미에서 생애주기 재편을 우리가 주목할 필요가 있어요.

김 | 　실제로 《새파란 돌봄》 작업하시면서 영 케어러들을 많이 만나보셨잖아요. 영 케어러로서 영 케어러들을 만나신 건데, 그중에는 가족을 돌보다가 사회복지사나 연구자를 준비하게 된 분들도 있지 않나요?

조 | 　그런 분들이 많죠. 오히려 그런 분들이니까 인터뷰가 가능했던 것 같아요. '가족돌봄 상황에서 겪었던 이 위기를 그래도 뭔

가 사회적으로 풀 수 있을 거야' 하는 의지가 있고 에너지가 있는 분들이니까 인터뷰를 할 수 있는 거예요. 사실 진짜 나락에 떨어져 에너지가 바닥나고 모든 걸 포기하는 사람은 만날 길이 없죠.

물론 그런 분들도 구체적인 관심사는 조금씩 달라요. 어떤 분은 관심사가 탄탄한 노동이에요. 여성이 제대로 노동할 수 없고, 남성 생계부양자에게만 기대야 되는 상황을 겪었기 때문에 그에 대한 문제의식을 느끼고 노동 문제로 흘러가서 연구하시는 분도 계시고, 아동·청소년 복지를 공부하고 계신 분도 계시죠. 하지만 이 문제를 영 케어러, 돌봄 문제라고 정확하게 이름 붙이고 이 문제를 바라본 건 아니었죠. 그러다가 저를 만나서 '이 경험이 이렇게 사회적으로 불릴 수 있구나' 하는 감각을 공유한 거 같아요. 그게 저한테도 아주 큰 경험이었고 '아, 이렇게 소통하고 싶어서 내가 그동안 돌봄과 영 케어러를 말하고 다녔지' 하는 걸 많이 느끼는 계기였죠.

저도 그렇지만 대부분의 영 케어러가 또래들한테 이해를 못 받는단 말이죠. 우리가 평소에 아픔이나 돌봄에 대해 잘 모르잖아요. 단적으로 가족 중에 누군가 쓰러졌을 때 그다음에 뭐가 벌어지는지 잘 모르죠. 사실 중장년이 돼도 경험하기 전까지는 잘 모르는데, 청년이나 청소년들에게는 더더욱 아픔이나 돌봄이 희귀한 경험이니까 주위에서 이해를 못 받는 상황이죠. 그래서 영 케어러들을 만난 게 서로에게 중요한 경험이었어요.

그런데 한편으로는 어딘가 있을 테지만 에너지가 떨어진 분들,

어떤 이유로든 더 이상 호명되지 못하는 분들은 만나지 못했다는 생각도 들어요. 그런 개인의 에너지, 역량의 차이는 우연적인 것이기도 하겠지만, 지역 차이, 계급 차이, 성별 차이 등으로 드러날 거 같단 생각을 해요.

김 | 《아빠의 아빠가 됐다》에서도 그런 얘기를 하셨죠. 작가님과 비슷한 나이대의 돌봄자를 만나고 싶었는데 그게 너무 힘들었다고. 어떤 사람들은 왜 만나려고 하는지 추궁하기도 하고….

조 | 그런데 저라도 그랬을 거예요. 그분들 입장에서는 나의 내밀한 이야기를 왜 나누라고 하는지, 나 스스로도 정리가 안 되는 경험에 대해서 말을 할 수는 있는 건지, 이런 것들이 혼란스러웠겠다 싶어요. 사실은 《아빠의 아빠가 됐다》가 나온 게 결정적인 계기가 됐어요. 책이 나오고 나서 제가 먼저 이야기하니까 말해주는 사람들이 있었고, 이런 이야기를 계속 들어볼 수 있었던 거죠.

홍 | 가족을 돌보시는 분들은 내가 잘하고 있는 건지에 대한 부채 의식을 많이 갖고 계시더라고요. 돌본다는 거 자체가 굉장히 대단한 건데 스스로는 그렇게 생각 못 하시는 거죠. 또 가족이다 보니까 자기가 혹시 잘못하는 부분이 있지 않을까 고민되는 부분도 있어서 드러내기를 주저하시는 분들이 많은 것 같아요.

조 | 가족의 어려운 이야기를 사회적으로 꺼내놓고 말할 수 있는 분위기도 아니죠. 그게 약점이나 차별의 빌미가 된다고 여겨지는 부분도 있는 것 같아요. 그래서 가족돌봄을 하면서 더 고립되는 문제가 있어요. 그런 고립이 정말 위험한데, 또 한편으로는 어떤 돌봄자들은 그 안에서 길을 찾더라고요. 더 좋은 돌봄을 하기 위해서 이런저런 시도를 해보는 거죠. 특히 영 케어러들은 또래 집단 안에서 돌봄 이야기로 이해받거나 소통할 수 없잖아요. 아직 친구들은 돌봄 경험이 없으니까. 그런데도 영 케어러들을 만나면 돌봄에 대한 인사이트에 놀랄 때가 있어요. 우여곡절을 겪으며 돌봄을 잘하게 돼요. 외부와 소통을 제대로 못 하는 상황에서 인간이 인간을 돌보는 일을 수행하고 성찰하고 배움을 얻는 모습을 보는 거죠. 어쩌면 모든 인간에게는 인간을 돌볼 수 있는 역량이 있는지 모르겠어요. 그게 잘 발현될 수 있는 사회적 조건이 필요하겠다는 생각도 들고요.

홍 | 저는 사실 돌봄을 잘하냐 못하냐 하는 문제에서 못하는 건 딱히 없다고 생각해요. 잘 돌본다는 건 각자의 형편과 실력에 맞게 돌보는 것이고, 또 하다 보면 다 잘 돌보게 되더라고요. 하는 사람과 안 하는 사람이 있을 뿐, 하면 잘하게 되는 거죠. 잘 돌본다는 게 아픈 사람이 필요한 걸 옆에서 해주는 거잖아요. 그 일을 하는 데 손이 느리다거나 이런 차이는 있을 수 있어도 못 돌보는 건 없다고 봐요. 다만 영 케어러들끼리 심리적인 부분이든 기술적

인 부분에서도 좀 더 공유할 수 있는 부분은 있겠다는 생각은 좀 들어요.

김 | 생애주기가 소위 '정상가족' 관념을 강화하는 방식으로 작동하면서 가족이라는 틀 안에서 이뤄지고, 영 케어러를 비롯해서 사람들이 처음으로 돌봄을 고민하는 것도 보통은 가족돌봄을 해야 하는 상황에 놓일 때라서 자연스럽게 가족돌봄 이야기로 이어졌네요.

앞서 잠깐 이야기가 나오기도 했고 조기현 작가님도 오랫동안 경험하셨겠지만, 가족돌봄이 굉장히 고립된 상태에서 누군가 일방적으로 책임을 지는 방식으로 이뤄질 때가 많잖아요. 이런 상황을 바꾸려면 뭐가 필요할까요?

가족돌봄이라는 어떤 표준

조 | 가족돌봄자가 고립되는 경우는 굉장히 다양하죠. 부모를 돌봐야 하는 상황이 됐을 때, 외동이라서 어쩔 수 없이 하는 경우도 있고, 여러 형제 중에서 돌봄자가 정해지는 경우도 있죠. 스스로 자처하는 경우도 물론 있지만, 형제 중에서 가까이 살거나 돈을 많이 벌지 않거나 불안정한 직업을 가진 이들이 맡게 되기도 하죠. 형제들과의 소통의 어려움과 갈등이 쌓이고 쌓이다가 고립

우리의 관계를 돌봄이라 부를 때

을 자처하기도 해요. 혹은 노부부가 돌볼 때는 자식들한테 폐 끼치고 싶지 않다는 말로 스스로 다 해결하려고 하기도 하고, 정말로 외부 자원이 하나도 없어서 독박으로 하는 경우도 많고요. 주변 사람들이 질병에 대한 이해가 없어서 함부로 말하는 것도 고립을 만드는 요인 중 하나라고 봐요.

저는 이런 고립 상태가 돌봄 제공자, 돌봄 수혜자 모두에게 정말 위험하다고 생각해요. 돌봄에서 폭력이 발생하는 가장 큰 요인 중 하나가 고립인 것 같아요. 그런 상황을 막기 위해서 여러 대책이 필요할 테지만, 우선 돌봄자에게는 자기 경험을 구체화해서 말하는 훈련이 돌봄의 과정에서 굉장히 중요하다고 생각해요.

돌봄 경험을 말하지 못하는 이유가 뭘까 생각해봤어요. 돌봄이라는 게 구체적인 관계 안에서 몸과 감정, 함께한 시간들이 다 뒤섞여 있어서 돌봄을 이해하지 못한 사람과 소통하는 게 쉽지 않아요. 그래서 그런 말을 나눌 수 있는 공간, 이해할 수 있는 사람들이 곁에 있는 게 제일 필요해요. 사소해 보이지만 이런 관계가 정말 큰 정서적 안전망이 돼요. 있고 없고 차이가 굉장히 큰 거죠.

외적 조건뿐만 아니라 내적인 것들도 마주해야 할 거예요. 누군가를 돌보면서 쌓였던 모멸감이나 박탈감이 정리되지 않아서 말하기가 꺼려지기도 해요. 부채 의식 혹은 죄책감도 커요. 내가 못 해주는 것들을 곱씹게 되고, 잘 돌보지 못한 것을 검열하게 되고, 아픈 사람한테 화내고 짜증 낸 것을 밖으로 보이고 싶지 않고. 이런 게 마음의 응어리로 남아서 외부와 소통을 꺼리게 되기도 하죠. 결국에는 효녀 심청 같은 사람만이 돌봄에 대해 목소리를 낼 수 있다고 여기게 되는 거예요. 그런 부담감 때문에 나를 힘들게 하는 일에 대해 내가 말하지 못하는 거죠. 혼자 쌓아둔 감정들이 곪아서 아픈 이에게 튈 수도 있고, 병원이나 공공기관에 갈 때 의료진이나 공무원들에게 화풀이하는 걸로 드러날 수도 있다고 생각해요.

그래서 저는 더더욱 가족돌봄자의 마음속에 벌어지는 일을 그 사람 한 명의 사정에만 가두면 안 된다고 봐요. 돌봄 부담을 덜어준다는 정도로 접근할 게 아니라, 근본적인 문제들을 짚어봐야 하는 거죠. 죄책감이 발생하는 근본적인 지점 중 하나는 돌봄의 표준으로 가족을 삼은 거라고 보거든요. 자식인데 부모에게 제대로 돌봄을 하지 않으면 죄책감을 느끼게 만들잖아요.

제가 돌봄노동자, 자원봉사자, 중국동포 간병인분들 만나면 '내 부모도 이렇게까지 안 돌보았다'는 말씀을 자주 하세요. 이 말을 들으면 여러 고민이 들어요. 우리는 여전히 돌봄의 기준을 가족돌봄, 특히 부모 돌봄으로 삼고 있고, 가족돌봄이 아닌 돌봄을 할 때도 '내 부모에게 이런 걸 했나' 하는 죄책감을 품고 있다는 거죠. 가족돌봄에 대한 압박이 시민으로서 돌봄을 수행하는 데 방해가 되는 거예요. 이런 아이러니들이 가족돌봄이라는 키워드 안에 너무 많이 내재돼 있어요. 우리가 어떻게 사회적인 돌봄을 만들 것인가, 시민적 돌봄이 가능한가를 묻기 전에 이 가족돌봄이라는 키워드를 좀 더 진지하게 돌아볼 필요가 있다고 봐요.

홍 ┃ 저도 그런 상황을 진짜 많이 보고, 고민하는 지점이기도 한데요. 어떻게 해야 가족돌봄이라는 틀을 넘어설 수 있을까요?

조 ┃ 저도 그 틀을 넘어서려고 노력하고 있어요. 누군가를 잘 돌보는 것이 시민적인 역량이 되고, 그 역량으로 서로 돌볼 수 있는 사회가 되면 정말 좋은 거잖아요. 그런데 돌봄이라는 게 가족이라는 폐쇄적인 관계에서만 작동한다고 여겨지죠. 가족이라는 틀을 벗어나는 건, 마치 민족이라는 어떤 폐쇄적인 관계 안에서 호혜성을 주고받는 것을 넘어서기 위한 고민과 비슷할 수도 있겠단 생각이 들어요. 아무것도 공유하지 않는 이와 우리가 시간과 체력과 감정을 얼마나 쓸 수 있느냐까지 질문해보게 되는 거죠.

홍 ┃ 저는 우리가 계속 이야기했던 어떤 관계를 맺을 것인가 하는 문제와 연결해서 볼 필요가 있다고 봐요. 가족돌봄 문제에서도 애초에 가족들이 어떤 관계를 맺고 있느냐에 따라서 돌봄의 양상이 달라지죠.
　좀 거칠게 말하면 지금은 인간관계가 일종의 거래로 많이 생각되는 것 같아요. 자식은 부모에게 받은 거를 갚아야 되고, 친구 사이도 한번 내가 사면 다음에는 네가 사는 식으로 일종의 주고받는 거래 관계로 생각하고. 그런 인식이 돌봄에도 영향을 미친다고 생각해요. 돌봄노동자들도 급여를 받는 대신 돌봄서비스를 제공하는 거라고 생각하는 경향이 있고요.

조 │ 홍종원 선생님은 직업적으로 다양한 사람들을 존중하는 방식을 고민하시잖아요. 홍종원 선생님은 만약에 부모님이 아프다면, 가족돌봄자가 겪는 죄책감이랄까 부채 의식을 겪으실 것 같아요?

홍 │ 저도 많이 해보는 질문인데, 사실 저도 부채 의식을 가지고 있어요. 저희 부모님이 지금 아프시거나 그런 건 아니지만, 부모님을 잘 돌보지 못하고 있거든요. 자주 찾아뵙지도 못하고, 안부 전화도 잘 못하고, 어디 아프신지 이런 걸 물어보지도 않고… 그런 점에서 저도 부채 의식이 있죠.

때로는 저도 환자들을 돌볼 때 '내가 왜 이렇게 열심히 하지? 우리 부모님도 아닌데?'라고 생각해요. 저희 부모님이라고 생각하면 저도 객관적이기 힘들 것 같아요. 환자분들은 엄밀히 따지면 남이니까 제가 객관적으로 대할 때가 많고, 그래야 직업인으로서 대할 수가 있어요. 근데 내 가족이라고 생각하면 그렇게 대하기는 어려울 거라고 생각해요.

우리가 생애주기에 대해 여러 이야기를 했는데, 출생부터 시작해서 사망으로 끝나는 그 생애주기라는 것도 결국은 가족이라는 틀 안에서 이루어지는 경우가 많잖아요. 그런 부분에서 어떻게 벗어날 수 있을 것인가…. 그게 지금으로서는 상당히 어려운 지점이네요.

조 | 그런데 사실 돌봄의 공백이 해소될 수 있다면, 그런 관계망이 잘 형성된다는 전제가 있다면 남이 돌보는 게 제일 좋을 수도 있잖아요. 가족이라는 틀이 갖고 있는 상호 연대의 속성도 있지만, 외부를 배제하는 속성도 분명히 있다는 점에서 가족돌봄의 전환이 필요하지 않나 하는 생각을 많이 해요.

김 | 사실 가족은 특수한 관계잖아요. 그 특수한 관계를 기준 삼아 어떤 보편적인 문제를 이야기한다는 것이 애초에 적절한지도 의문이고, 돌봄이란 문제에 가족돌봄의 규범이나 윤리를 적용하는 것이 굉장히 많은 문제를 낳고 있다는 생각이 드네요.

조 | 저도 가족돌봄을 정당화하려고 하는 말이 아닌데, 그렇게 들릴 위험이 있긴 해요. 그런 오해를 막기 위해 덧붙이자면, 저는 누군가의 취약함에 응답할 수 있는 기제가 어떻게 하면 가족이라는 틀을 벗어날 수 있느냐를 고민하는 거죠. 가족돌봄을 벗어나기 위해서 역설적이지만 가족돌봄을 하게 한 동력이 무엇이었나 보자는 거예요. 물론 제도와 문화가 강제한 부분도 있지만 그런 강제 속에서도 개개인의 판단이 개입한 부분들이 있을 거란 말이죠. 이런 논의가 가족돌봄을 선택하지 않은 이들에게 죄책

감을 주는 논의가 아니길 바라요. 우리에게 궁극적으로는 '돌봄할 자유'가 필요한 거죠. 선택의 여지 없이 가족이라는 이유로 돌봄을 하게 되는 경우가 많기에 앞으로 어떻게 하면 돌봄할 자유를 확대할 수 있는지도 고민이 되는 게 사실이죠.

책 《새벽 세 시의 몸들에게》에서 '생애문화연구소 옥희살롱' 공동대표인 전희경 선생님이 '사람이 왜 돌보며 살아야 하는가'는 질문에 한국 사회에서 자주 쓰였던 대답들 몇 가지를 점검해요. 가장 많이 하는 말이 '가족이니까' 돌본다는 말이에요. 사실 이런 말은 가족 외에 별다른 안전망을 마련하지 않는 규범을 유지하고 있기도 해요. 결국에는 힘들 때는 가족밖에 없더라는 생각으로 이어지면서 사회의 역할을 은폐하기도 하죠. '불쌍하니까' 돌본다는 말도 자주 들리는 말이에요. 사실 몸이 아픈 사람을 불쌍하다고 상정하는 건 장애나 질병이 없는 건강한 몸을 기준으로 삼아서 바라보는 거잖아요. 동정의 시선으로 돌보는 건 결국에는 돌봄받는 걸 예외적인 것으로 만들죠. 마지막으로는 '친하니까' 돌본다는 거예요. 이 말은 언뜻 당연해 보이지만, 돌봄을 사회적으로 확장하는 데 방해가 될 수 있다고 보여요. 돌봄이 상당 부분 개인의 인간관계 역량에만 달리게 되는 거죠. 각각의 한계들이 있는 이 언어들에 기대서 돌봄을 하기보다 다른 언어는 없을까. 전희경 선생님은 시민적인 돌봄을 제안해요. 아무런 취약함도 없이 독립적이고 추상적인 시민상이 아니라, 취약함을 공유하는, 구체적인 몸을 가진 시민상을 제안하거든요. 이 논의가 앞으로 해나갈 우리의 돌봄을 새롭게 바라보게 만들어주는 것 같기도 하고, 동시에 이제까지 해왔던 우리의 돌봄을 새롭게 규정할 수 있게 해주는 것 같아서 소개하고 싶었어요.

그리고 더 크게는 우리가 관계에 대한 이야기를 하면서 여유에 대한 이야기도 했잖아요. 저는 모두가 돌봄을 할 수 없는 상황, 그럴 여유가 없어진 지금 사회 자체를 고민하는 것까지 나아가야 한다고 봐요. 여유가 있으면 다 돌봄 잘해요. 내 마음에 여유가 있고 시간적 여유가 있으면 돌봄을 잘할 수 있죠. 여기에 경험과 노하우가 쌓이면 더할 나위 없겠죠.

그러려면 돌봄에 대한 생각을 바꿀 필요도 있어요. 우리가 잠깐 짬 나는 시간에 하는 게 돌봄이라고 보통 생각하죠. 그래서 돌봄의 위기 상황이 생겼을 때 '우리가 일하느라 바빠 죽겠는데 또 돌봄을 해야 돼?' 약간 이런 마음이 들 수도 있는데, 사실 그 말 자체가 애초에 생산과 재생산의 위계를 다 담고 있죠. 우리가 어쩔 수 없이 일, 임금, 노동, 생산이 우선이 된 사회에 살고 있다는 게 이렇게 몸에 체화돼서 나오는 말이죠.

그런데 반대로 생각해볼 필요가 있어요. 너무 이상적일 수도 있지만 모든 사람이 '아, 돌봄하느라 바빠 죽겠는데 일 또 해야 되네'라고 말할 수 있는 사회가 되려면 무엇이 필요한가? 우리는 어떤 인간상을 세워야 되나? 이런 고민들을 할 수 있는 거죠.

김 | 우리가 시간을 중심으로 돌봄을 이야기하고 있는데, 자연

스럽게 지난번에 이야기했던 생산과 재생산의 위계에 대한 이야기로 연결되네요. 평소 우리가 돌봄에 시간을 쓰지 않는 것은 결국 돌봄의 가치를 낮게 봐서다…. 씁쓸한 이야기네요.

약간 다른 질문인데, 홍종원 선생님도 여러 환자와 환자 가족들을 만나시잖아요. 그분들 중에 영 케어러는 없었나요?

홍 │ 저도 방문진료를 하면서 많지는 않지만 영 케어러들을 몇명 만났어요. 제가 자주 뵙는 환자분들보다는 저와 훨씬 가까운 나이대니까 반갑다는 생각도 했어요.

그런데 사실 영 케어러라는 존재로서 그분들을 인식하게 된 것은 조기현 작가님 덕이 크죠. 저는 영 케어러들을 만나면 돌봄 때문에 자기의 커리어에서 일종의 불이익을 받았겠구나, 이런 생각을 많이 하게 돼요.

조 │ 그렇죠. 제가 늘 강조하는 건데 돌봄이 사회에서 인정받지 못하니까 경력 단절이 생기고, 아예 진입부터 막혀서 경력 형성 자체를 못 하는 경우도 있죠. 이게 나중에 미래의 격차로 나타날 수도 있어요. 그 시기에 남들이 다 완수했던 과제들을 못 하고 나이가 들어버리니까요.

학업을 마치면 취업을 해야 되고 취업을 하면 결혼을 해야 한다, 이런 생애주기의 과업을 모두 이루고 싶은 사람한테 돌봄을 해야 하는 상황은 어마어마한 페널티죠. 남들처럼 살아야 나중에 안정적인 삶이 보장되는 사회에서, 사적으로 가족을 꾸리지 않으면 여러 사회보장을 받을 수 없는 사회에서 그런 페널티는 노후에 어떤 나락으로 떨어지는 결과로 이어질 수가 있죠. 하지만 지금의 규범적인 생애주기가 '정답'이라고 말하는 건 아니에요. 청년에게 정상성을 강요하는 규범도 변해야 해요. 영 케어러가 받는 페널티에 주목하면서도, 규범적인 생애주기 이행에 대한 의심을 계속해야 하는 거죠.

영 케어러만 있는 게 아니라 노년의 부모가 중년의 자식을 돌보는 경우도 많아요. 노년의 부모가 중년의 자식에게 부양과 돌봄을 받는 게 아니라 그 반대인 거죠. 당장 일본만 봐도 자립을 못하는 중장년층이 너무 많아져서 그들을 어떻게 부양해야 되는지가 심각한 문제거든요. 일례로 일본의 차관을 지낸 사람도 자기 아들을 살해했어요.

김 | 아, 차관이요?(놀람)

조 | 농림수산성의 사무차관을 지낸 엘리트 관료인데, 장남을 살해했어요. 아들이 40대 중반, 자신이 70대 중반이 됐을 때 일이에요. 아들이 히키코모리였어요. 사회생활에 잘 적응하지 못하고 대학 중퇴 후에는 집에서만 생활하면서 폭력적인 성향이 강해졌죠. 이제 자기가 없으면 아무도 아들을 돌보지 않을 텐데, 폭력적인 성향을 감당할 수 없고 앞으로 더 심각해질 수도 있다

는 우려 때문에 살인을 저지른 거예요.

사실 더 복잡한 맥락이 있지만, 이 사건은 노부모를 돌보는 중년의 아들이라는 기존 생애주기라는 관점에서 한참 벗어나 있다는 점에서 의미하는 바가 있어요. 돌봄을 일정 생애주기에 배치하는 게 아니라, 그 자체로 어느 순간에나 포함되는 권리로 봐야 한다는 거죠.

사실은 정반대의 측면도 있어요. 돌봄자가 소위 정상적인 생애주기에 못 들어가서 생기는 문제가 있지만, 한편으로는 그 정상적 생애주기에 들어가서 생기는 문제도 있다는 거죠. 제 주변의 영 케어러 중에 결혼 적령기에 접어든 사람들도 있고, 결혼하고 싶어 하는 사람, 결혼한 사람도 있는데 그 과정에서 생기는 문제가 분명히 있어요.

주변의 어떤 여성 영 케어러를 보면 결혼하니까 이제 남편 소득까지 합쳐진 가구 소득이 잡혀서 제도적인 지원을 받을 수 있는 저소득자가 아니게 되는 거예요. 그래서 치매 관리 비용, 기초생활수급자 의료급여처럼 부모님이 받던 지원을 다 못 받게 됐어요. 게다가 이 합쳐진 월급으로 남편의 부모님까지 부양해야 돼요. 남편의 부모님도 갑자기 한 분이 돌아가시고 한 분이 돌봄을 받아야 되는 시기인데, '정상가족'을 구성했다는 이유만으로 어떤 서비스도 받지 못하고 부양의 부담은 두 배로 늘어난 거죠.

그래서 '가족 책임이 심화되면 영 케어러가 중년 케어러, 올드 케어러가 될 때까지 그 부담이 어떻게 이어지나?' 하는 문제를 최

우리의 관계를 돌봄이라 부를 때

근에 영 케어러들과 많이 이야기해요. '정상가족'을 구성하는 것이 오히려 이 시스템 안에서는 배제되는 결과를 낳을 수도 있구나, 가구 소득으로 모든 걸 판단하는 체계 안에서는….

돌봄이 서비스에 그칠 때 생기는 일

홍ㅣ 일단은 가족을 넘어서서 사회가 돌봄을 책임진다는 개념이 보편화될 필요가 있어요. 다만 북유럽처럼 돌봄의 사회화가 진전된다고 해도 돌보는 마음이 흐릿해질 수 있겠다는 생각도 들어요. 스웨덴은 우리와는 반대 사례 같은데, 방문요양 담당자가 주인공으로 등장하는 스웨덴 그래픽 노블 《우리 부모님》을 보면 다들 부모 돌봄을 책임지지 않고 돌봄노동자를 감시하는 모습만 나와요. 노인돌봄이 잘되어 있으니까 오히려 돌보지 않는 거예요. 국가에 무언가 요구하고 시설에서 일하는 노동자를 감시하기만 해요. 국가책임이 강화됐지만 한편으로는 '국가에 노인을 버렸다'는 생각이 들기도 해요. 어떻게 하면 국가도, 가족도 아닌 사회 전체가 책임질 수 있을지를 고민해야 하는 이유예요. 그런 점에서 돌봄의 사회화라는 방향으로 가도 막상 현실에서는 여러 문제가 나타날 수 있죠.

조ㅣ 우리가 이제껏 돌봄이 일종의 관계라는 걸 계속 강조했었잖아요. 근데 그 책에서는 스웨덴도 결국엔 돌봄을 서비스로만 접근했다는 걸 보여주는 거 같아요. '일상적 관계에서 어떻게 우리의 잠재성을 끌어내고 어떻게 관계를 변화시킬 건가'는 우리와 그들의 과제가 아니었고, '서비스를 얼마나 효율적으로 제공할 거냐' 이런 부분만 고민했던 거죠.

사실 지금의 스웨덴 같은 모습은 우리한테 그렇게 먼 모습이 아니거든요? 왜냐하면 스웨덴이 GDP 대비 성인 돌봄 예산이 1.5퍼센트고 한국은 1퍼센트예요. 거의 근접한 수준에 와 있단 말이죠. 다만 차이가 있다면 한국은 서비스를 누가 잘 알려주지도 않고, 너무 분절적이긴 해요. 그러니까 제도가 있어도 몰라서 신청 못 하기도 하고, 여기 찾아가서 이거 신청하고, 저기 찾아가서 저거 신청하기 힘드니까 못하기도 하고. 그렇게 힘들게 신청했는데 탈락이라도 하면 다시는 신청 안 하게 되는 경우도 많아요. 또 요양원이나 요양병원처럼 시설이나 병원에 많은 예산이 쓰이고 있는 것도 사실이고요. 그러니까 내가 사는 동네에서는 돌봄을 체감하기 쉽지 않죠.

그래서 지금은 스웨덴처럼 뭔가 효율적으로 서비스를 받지 못하는 상황인데, 앞으로는 바뀔 수도 있겠죠. 지금은 우리가 '돌봄은 국가 책임이다'라고 말하는데, 앞으로 우리가 어떻게 관계의 상호작용을 촉진할 수 있을지, 일상적 관계에서의 돌봄을 어떻게 수면 위로 올리고 평가할지 같은 것들이 얘기가 안 되면 언젠가는 스웨덴처럼 '우리 노인들은 국가에 버려졌다'고 이야기할 수도 있어요. 결국 국가에 의한 돌봄서비스도 여러 관계망 중에 하나라고 봐요.

김 │ 조금 다른 얘기일 수도 있는데 저는 그런 생각을 하거든요. 돌봄뿐만 아니라 어떤 문제가 사회의 책임이라고 할 때, 그 사회에서 나는 자연스럽게 빠져 있는 것처럼 생각하는 사람들이 많지 않나? 지난 대담에서 지역 커뮤니티 관련해서도 이야기했지만 우리가 어떤 사회, 하나의 공동체에 속해 있다는 관념이 너무 약해지고, 언론에서 얘기하는 이대남, 이대녀 이런 집단들만 남은 것 같다는 거죠. 이 사람들이 좋든 싫든 같은 사회에서 살아가야 되는 존재들인데 그런 공동체에 대한 감각이 아주 약해지고 동질적인 소집단만 남은 게 아닌가? 그래서 사회라고 하면 거기서 나는 빠지고, 나랑 가까운 사람들은 빠지고, 그런 감각이 현실에서 많이 작동한다고 느껴요.

조 │ 맞아요. 지금 예를 든 이대남 같은 경우도 뭐랄까, 아무도 돌보지 않고 나도 돌봄받지 않겠다는 20대의 가장 강력한 정서를 대표하는 현상이라고 생각해요. 능력주의나 공정성을 기반으로 한 논의도 결국엔 서로를 돌보고 돌봄받는 상호의존의 가능성을 완전히 차단해버리는 논의에 가까워 보여요. 우선 능력이나 공정이라는 말이 내가 무엇에 의존해서 여기까지 왔는지를 은폐하잖아요. 모든 걸 나의 노력으로 얻었고, 얻을 수 있을 거라고 생각하게 되니까요.

홍 | 요즘 이대남, 이대녀로 불리는 청년 담론 안에 돌봄을 통한
상호의존의 가능성 같은 부분은 빠져 있죠. 당장 청년에 대한 그
많은 논의 속에 누군가를 돌보는 청년들의 이야기는 없잖아요.
성별 갈등, 세대 갈등만 부각되는 지금 같은 상황에서 그래서 영
케어러 논의가 중요하다고 생각해요.

조 | 돌봄에 대해 국가 책임만 이야기하는 것이나 능력주의나 공
정성에 대한 주류 담론의 경향이 맞닿아 있는 것 같아요. 돌봄이
나도 받을 수 있는 권리이자 해야 하는 의무라는 전제가 전혀 없
잖아요.

그게 돌봄을 위기로 만들어버린 가장 큰 이유라고 생각해요.
내가 한 번도 돌봄을 할 거라고 가정해본 적도 없고, 내가 좋은
돌봄을 받을 거라고 상상해본 적도 없는 상태에서 건강한 신체
를 가지고 독립적인 개인으로 영원히 살 수 있다는 허상에 기대
서 계속 살게 만드는 담론 경향이 계속 돌봄의 위기를 만들어낸
거죠. 결국엔 아프지 않은 사람들, 건강한 신체를 가진 사람들,
자립적으로 자신의 목표를 달성하기 위해 뭔가 하는 사람들이
그런 담론을 계속 만들고 있고요.

어떻게 하면 우리가 돌봄을 적절하게 나눌 수 있을 것이냐, 이
런 질문이 필요해요. 이게 사실 사회보험의 방식과 가장 닮았어

요. 모두가 적정하게 나눠야 위기가 도래했을 때 그 위기를 최소화하고, 리스크를 없앨 수 있다는 전제가 똑같이 있으니까.

근데 지금 한국의 고령화·저출생 상황에서 사회보험이 처해 있는 위기도 점점 보험료를 납부할 수 있는 사람이 줄어든다는 거예요. 대표적으로 국민연금을 떠올려 보면, 여러 논쟁이 있지만 어떤 조치가 없이 이런 상황이 지속되면 국민연금 재정이 고갈된다는 인식은 모두가 동의하는 부분이에요. 복지부에서 발표한 2018년 제4차 재정추계를 보면 국민연금 고갈 시점이 2057년으로 나와요. 2020년에 국회예산정책처는 기금 고갈 시점을 2055년으로 진단했고요. 제가 1992년생이거든요. 2057년이라고 하면 제가 만 65세가 되고 국민연금을 받을 시점에 고갈되는 거예요. 연금 개혁이 없으면 앞으로 고갈 시점은 계속 앞당겨지겠죠. 그러니까 청년 세대들이 더 많은 세금을 부담하는데 앞세대만 계속 연금을 받고 결국에는 받지 못하는 상황이 되지 않으려면 결국은 지금 부담을 덜 지고 있는 사람이 더 부담을 질 필요가 있죠.

돌봄에서도 마찬가지로 부담을 덜 지고 있는 사람이 '나는 왜 돌봄을 하지 않았지?'라는 질문을 하는 것부터 시작이라고 봐요. 그동안 내가 돌봄을 하지 않아도 되는 위치, 하지 않아도 되는 어떤 권력관계의 우위에 계속 있었을 텐데, 그 질문을 던짐으로써 함께 책임을 지려는 고민이 시작되는 거죠. 그래서 모두가 돌봄을 할 수 있다는 사실, 그 전제는 우리가 모두 돌봄 수혜자고, 돌봄을 받아왔고, 받을 사람이라는 점을 인식할 필요가 있어요. 그리고 그 안에서 우리가 무임승차를 하지 않는 방법을 같이 모색해야죠.

일상의 관계가 변해야 제도도 변한다

김 │ 다양한 이야기가 나와서 잠깐 정리할게요. 생애주기라는 관념이 소위 정상성, 정상가족이라는 틀을 강화하는 방향으로 작동하는데, 현실에서는 이미 그런 정상가족이 상당 부분 무너졌고 오히려 그런 관념이 현실에 존재하는 돌보는 사람, 특히 돌봄과 동떨어진 것처럼 여겨지는 영 케어러들의 존재를 가리고 있다, 이렇게 요약할 수 있을 것 같아요. 관련해서 가족돌봄의 여러 문제, 가족돌봄이 누군가에게 엄청난 부담인데도 정작 그것을 선택할 수 있는 자유가 주어지지 않고, 죄책감이나 부채 의식이 오히려 돌봄에 대한 공적 논의를 가로막는 문제 등도 짚었고요.

그런데 우리가 '언제'라는 문제를 이야기할 때, 인생이라는 장기적인 관점에서 바라본 생애주기도 중요하지만, 매일의 일상에서 '언제' 돌봄이 필요한지도 물을 필요가 있어요. 아까 조기현 작가님도 잠깐 말씀하셨지만 제도가 한 개인의 필요를 온전하게 충족하지 못하는 적은 시간만을 제공하고 있잖아요. 그래서 지금 상황이 어떤지, 어떤 식으로 해결해야 할지를 한번 짚어주시면 좋을 것 같고요.

그리고 이 문제는 좀 도식적일 수도 있지만 제도와 관계, 이런 관점에서도 이야기를 해볼 수 있어요. 법과 제도 개선, 인력 확충, 재정 확충 같은 방식을 통해서 돌봄 문제를 얘기하는 게 거시적인 접근이고, 관계를 통해서 돌봄을 얘기하는 게 미시적인 접근이라고 볼 수 있을 텐데, 우리 논의는 주로 관계에 초점을 맞춰서 진행됐죠.

저는 두 분 말씀에 동의하지만, 한편으로는 의문도 들어요. 거칠게 얘기해서 사회 전반적으로 돌봄에 대한 인식이 낮아도 국가에서 자금이나 돌봄노동자를 충분히 지원하는 게 더 중요한 부분이라고 생각할 수 있잖아요. 방금 스웨덴 사례를 이야기하면서 돌봄을 국가 책임으로만 묻는 것의 문제를 이야기하셨는데 사실 지금 한국은 제도적인 부분들이 너무 부족해서 생기는 문제가 더 크지 않나, 스웨덴의 문제는 지금 당장 우리가 고민해야 할 문제는 아니지 않나 싶기도 하고요. 그래서 두 분이 보시기에 왜 관계에 기반한 접근이 더 중요한지를 한 번 더 정리해주시죠.

조 | 저는 항상 제도와 제도 아닌 것이 구분되는 게 조금 의문이었어요. 다시 말해서 미시와 거시로 돌봄을 구분할 수 있을까 싶어요. 국가의 입장에서 보면 미시와 거시이지만 우리 일상의 입장에서는 그렇지 않거든요. 내가 취약할 때 내 집에 내 이웃이 찾아오든, 돌봄노동자가 찾아오든 그 사람에게는 다르지 않을 거

같아요. 그래서 저는 오히려 일상에 있는 여러 가지 제도들도 여러 관계 중에 하나라고 생각해요. 우리가 일상에서 맺는 관계, 옆집 사람과 맺는 관계, 오랜 친구와 맺는 관계, 가족과 맺는 관계 등처럼 돌봄서비스를 지원받으면서 맺는 관계가 제도인 거죠. 그래서 이 관계라는 키워드가 현실의 돌봄 문제를 너무 납작하게 보지 않게 해준다고 생각하고 있어요.

그런 말이 있잖아요. 누워 있는 아이에게 보여주려고 예쁜 모빌을 걸어놓으면 아이는 그 모빌의 아랫부분만 보게 되죠. 모빌을 걸어두는 어른들의 관점에서만 예쁜 모빌이 돌아가고 있는 거예요. 아이는 예쁜 모빌을 볼 수 없는데, 어른들이 예쁜 모빌을 걸어두고 아이가 좋아할 거라고 생각하는 거죠. 저는 이제껏 우리가 정책으로서 돌봄을 다뤄왔던 방식도 다르지 않다고 생각했어요. 이 위에서 탑다운 방식으로 일방적으로 내려줬는데, 아래에서는 이게 뭔지도 모르고 다 쪼개진 서비스만 겨우겨우 받으면서 있던 거라고 봐요. 제도가 아무리 서로 충돌하지 않고 사각지대를 없애서 합리적인 것처럼 보여도, 실제 삶이 나아지지 않는다면 어른들이 걸어둔 모빌과 뭐가 다를까 싶어요. 그래서 오히려 이런 제도적인 개선이나 개혁의 문제를 이야기할 때도 일상적 관계의 문제를 더 빼놓지 않고 이야기해야 된다, 모든 것이 오히려 관계라는 전제에서부터 시작해야 된다는 생각을 계속하고 있어요.

물론 당연히 국가가 책임을 져야 하는 부분들이 있어요. 여러 측면이 있어요. 우리 사회의 돌봄에 대한 합의 수준이 낮기 때문에 국가가 더 많은 책임을 지지 않는 것일 수도 있고, 반대로 국가가 돌봄에 대한 책임을 강하게 지면 그 돌봄이라는 가치의 인식이 달라질 수도 있어요. 헌법에 돌봄의 공적 가치에 대한 내용을 넣고 돌봄을 총괄하는 중앙기관이 생기고 예산도 늘어난다고 생각해보세요. 그럼 우리는 국가가 책임지는 돌봄의 가치를 국방, 치안, 안전 등의 가치와 동등하게 볼 수도 있지 않을까요? 공동체 유지를 위한 필수적인 것으로요. 국가에 노인을 버리지 않으려면, 자발적인 돌봄 참여를 독려할 수 있도록 사회 전반의 돌봄에 대한 인식을 높일 필요가 있어요.

홍 | 이게 엄청나게 큰 이야기긴 한데, 저도 현장에서 일하다 보면 돌봄 정책의 양, 서비스의 양이 적은 걸 느껴요. 시간 이야기를 좀 하자면, 제도가 허락한 요양보호 시간이 하루 3시간 정도예요. 그러다 보니 하루에 남은 21시간은 가족이 돌보아야 하는데, 쉽지 않죠.

최근 방문진료로 만나고 있는 환자 이야기예요. 임종을 앞둔 말기 암의 80대 후반 할머니인데 한번은 약을 드리려고 오후 3시쯤 가니까 혼자 계신 거예요. 알고 보니 3시부터 6시까지는 할머니가 혼자 계시더라고요. 요양보호사는 12시쯤 와서 3시에 돌아가고, 가족들은 직장생활도 하시니 6시 이후에 돌아오시고요. 그 이후에도 지나가는 길에 한 번 얼굴 뵈러 들렀는데 문을 열어주는 사람이 없었어요.

그 3시간의 돌봄 공백을 알고 나니까 저도 조금 아쉬웠어요. 그 시간에 혹시 사고가 생기면 대처할 수 있을지 걱정도 되고요. 그런데 사실 이분은 상황이 좋은 편이에요. 다른 어르신은 요양보호사가 세 시간 정도 먹을 거 챙겨주고 가면은 하룻밤을 혼자 계셔야 돼요. 그러다가 도저히 이대로는 안 되겠다 싶으면 요양원에 가죠. 그런데 요양원 같은 시설은 효율적 관리를 우선으로 하다 보니 적은 인원이 많은 사람을 관리해야 하고, 자유가 허용되지 않아요. 그래서 인지가 또렷한 분들은 편하게 지내기 어려우니 요양원에 가기 싫어하세요. 정리하면 돌봄의 총체적인 공백이 눈에 띄어요.

김 ㅣ 인력은 부족한데 돌봐야 할 사람은 너무 많으니까 한 명 한 명 세심하게 신경을 못 쓰고, 그래서 시설에서 돌봄의 질이 낮아지는 상황이 있죠.

홍 ㅣ 말씀처럼 인력이 충분하지 않은 문제가 있고, 일단 공급을 늘려야겠죠. 하지만 숫자만 늘려서 해결되는 문제는 아니에요. 요양원을 늘리면 이 문제가 해결될까요?

우선 지배 구조, 소유 구조 등과 관련된 구조적인 문제가 있어요. 요양시설 및 의료시설은 민간이 90퍼센트 이상 운영해요. 건강보험, 노인장기요양보험으로 운영되지만 민간 소유예요. 국가에서는 관리하고 돈을 주고, 운영을 민간이 하죠. 민간 운영이 꼭 나쁜 건 아니지만 민간 시설이다 보니 경제적인 수입을 생각하지 않을 수 없어요. 모두가 그런 건 아니지만 돌봄으로 돈을 벌려고 하는 악덕 업자들이 있긴 해요.

어쨌든 구조 자체에 대한 총체적인 개선은 필요해요. 공공 소유의 시설을 늘려가고 공공으로 잘 운영되는 모델을 만들 필요도 있지만, 민간사업자들이 공공성을 가질 수 있도록 어떻게 견인할지를 고민해야 해요. 안 그러면 국가가 다 운영해야 되는데, 현실적으로 어려워요. 그런데 국가가 그런 식으로 견인하려고 하면 현장에서는 국가에서 개입하고 감시한다고 느끼죠. 불법적으로 운영해 온 곳들이 있기 때문에 투명하게 운영하려는 시설도 피곤한 상황이죠.

의료 분야도 마찬가지예요. 의료도 대부분 민간이 운영해요. 공공병상이 10퍼센트 내외예요. 그렇듯 지배 구조, 소유 구조가 복합적으로 얽혀 있어서 단순히 양을 늘린다고 해결될 문제는 아닐 수도 있어요.

한편으로는 사람에 대한 이야기인데 돌봄노동자들이 하는 일 자체가 민감한 영역을 포함한 대면 서비스라 돌봄 제공자와 대상자의 상호작용이 복잡하고, 섬세한 접근이 필요해요. 예를 들어 켄 로치 감독의 영화 〈미안해요, 리키〉에 그런 장면이 나와요. 주인공 리키의 아내가 돌봄노동자인데, 아내가 돌보는 할머니가 음식을 일부러 떨어뜨리는 거예요. 인지가 저하돼서 그랬을 수도 있고, 심술이 나서 그런 걸 수도 있고, 실수로 그런 걸 수도 있어요. 이 사람이 나와 오래 함께 있어주면 좋겠다는 마음에 사고를 치는 경우도 있어요. 그런 예상하지 못한 일들이 발생할 수 있는 어려운 현장이라는 거죠.

그래서 그 노동의 가치가 높고, 경제적인 보상이 충분해야 한다고 생각해요. 충분한 사회적 존중도 필요하죠. 하지만 현실에서는 경제적 보상도 적고 인력도 부족하고 존중도 없어요. 요양보호사 구인은 자주 일어나고 교체도 많이 되더라고요.

조 | 돌봄노동자와 돌봄을 받는 분들이 서로 잘 안 맞는 경우가 많죠.

홍 | 그런 일들이 실제로 많이 발생하다 보니까 저는 참 어려운 일이라는 생각만 자꾸 들어요.

우리 자신이 돌봄의 인프라가 되려면

김 | 얘기하다 보니까 왠지 반박하는 것처럼 되는데요.(웃음) 사실 제도-관계 이렇게 이분법적으로 딱 나눌 수 있는 문제는 아닌데, 저는 많은 사람들이 어떤 사회 문제를 바라볼 때 법이나 제도라는 관점에서 접근하는 것을 굉장히 중요하게 볼 거라고 생각을 하거든요.

방금 요양보호 시간이 3시간, 4시간밖에 보장 안 되고, 혼자 방치되는 문제를 말씀하셨는데, 만약 그 시간에 불이라도 나면 최악의 경우에는 돌아가실 수도 있잖아요. 아주 거칠게 말하면 이런 거죠. 나랑 요양보호사랑 안 맞아서 불편하고, 스트레스를 받을 수 있어요. 근데 그런 요양보호사라도 하루 종일 내 옆에 있으면, 최소한 화재로 죽는 일은 없지 않겠냐는 거죠.

요양보호사는 아니고 장애인을 돌보는 장애인 활동지원사 사례기는 한데, 2021년 11월에도 혼자 사는 장애인이 화재가 나서 사망한 사건이 있었어요. 2012년에는 김주영 씨가 장애인 활동지원사가 퇴근한 후 새벽에 불이 나서 사망한 사건이 있었고요.

그러면 '요양보호 시간이나 활동지원 시간을 늘리는 게 훨씬 중요한 거 아냐?'라고 생각할 수 있잖아요. 관계도 중요하고 잘 맞는 사람이랑 지내는 것도 필요하긴 한데 그래도 일단 사람이 살고 봐야지, 라는 의문이 들 수 있다는 거죠.

조 │ 근데 그런 전제가 극단적으로 흐르면 '안전을 위해서는 시설로 보내야 한다'로 가지 않을까요? 저는 그보다는 그 안에서 어떤 관계를 맺고, 자율성을 어떻게 보장할지를 물어야 한다고 생각해요.

이게 실제로 많은 분들이 고민하는 문제거든요. 돌봄노동자가 어르신을 학대하는 경우도 있겠지만, 실제로 돌봄노동자 워크숍에 함께 해보면 돌봄노동자들이 정서적인 학대를 받는 경우가 많아요. 특히 방문요양은 일터가 당사자의 집이니까 권력관계가 생기는 경우가 많죠.

한번은 그런 분을 봤어요. 어떤 돌봄노동자가 감정 노동에 시달리다가 너무 힘들어서 '여긴 더 못 하겠다' 하고 그만뒀는데, 하필이면 그만두자마자 그분을 괴롭히던 분이 자살했어요. 이걸 혼자 품으면서 끙끙 앓다가 트라우마가 된 거예요. 그런데 이거를 케어해줄 사람도 없고, 센터에서 얘기를 들어주지도 않아요. 몇 달 동안 마음속에 혼자 품어두다가, 그 고민을 워크숍 자리에서야 처음 얘기한 거예요.

그런 걸 보면 돌봄이라는 거대한 문제에 대한 공적 테이블, 특히 집이라는 사적인 공간에서 어떤 사건이 벌어졌을 때 그걸 논의할 수 있는 공적인 테이블이 없다는 걸 많이 느껴요. 그래서 집 안에서 벌어지는 일을 함께 듣고 해결하고 고민하는 공적인 논의 자리가 있으면 좋겠다는 생각을 많이 해요.

시간 이야기로 다시 돌아와서, 3시간, 4시간 재가 요양 시간에 대해서 이런 계산법을 본 적이 있어요. 요양원에 입소하면 2.5명당 요양보호사 1명 배치인데, 3교대니까 사실상 7.5명을 돌보는 거죠. 요양보호사 1명이 24시간 동안 7.5명을 돌보면 1명당 3.2시간이 주어지는 거예요. 요양원이 그렇게 해서 유지되고 돌봄을 처리하는 거죠. 그러니까 돌봄 수혜자의 신체적 돌봄 필요는 3, 4시간이면 충분하다는 답이 나오죠. 요양원의 존재가 그걸 증명해주는 거예요.

그런데 그런 식의 접근은 돌봄의 질이나 돌봄받는 이의 자율성, 태도와 관계 등에 대해 아무런 고려도 없이 돌봄을 근대적인 방식으로 계량화하는 거죠. 정확한 시간과 효율에 따라 '관리'하려다 보니까 정해진 시간이 아닌 때 똥을 싸서 기저귀를 갈게 하면 안 되고, 밥시간이 아닌 때 밥을 먹고 싶어 하면 안 돼요.

그런 식으로 접근하니까 재가 서비스가 4시간 정도면 충분하다는 계산이 나오는 건데, 그 나머지 시간 20시간, 화재가 일어나거나 갑자기 호흡 곤란이 오거나 하는 여러 가지 상황이 벌어질 수도 있는 20시간을 어떻게 할 것인가 하는 부분은 계속 공백으로 있거나 대부분 가족돌봄자들이 전담하고 있어요. 돌봄자 입장에서는 '그 시간에 어떤 일이 벌어져도 어쩔 수 없다'라는 걸 스스로 감당하면서 내 일도 하고, 돌봄도 하고, 내 일상도 보내는 경우가 굉장히 많죠.

홍 | 그런데 4시간으로도 살아갈 수 있는 인프라가 갖춰진 나라들도 있긴 해요. 시간만으로 이야기하기 어려운 부분들이 있죠.

김 | 조금 더 설명해주실 수 있을까요? 저는 이 문제는 장애운동 쪽에서 주장하는 것처럼 시간 보장, 시간 연장이 좀 더 절실한 문제 아닌가 싶어서 이게 시간의 문제인지 인프라 문제인지, 인프라 문제라면 구체적으로 어떤 인프라를 더 보충해야 되는 건지 좀 더 이야기해보죠.

조 │ 음, 제가 인프라를 이야기할 때는 기본적으로 24시간 돌봄
이 필요하다는 전제가 있어요. 누워서 지내는 분들은 욕창을 방
지하려면 계속 몸을 돌려주고, 기저귀도 갈아줘야 하니까 24시
간 돌봄이 필요하고, 발달장애인도 항상 누군가 곁에 있어야 하
니까 24시간 돌봄이 필요하죠. 생명과 직결되고 생활이 가능하
게 한다는 점에서 24시간이 필요하고 우린 계속 24시간을 상상
해야죠.

　하지만 돌봄 제공 시간으로만 돌봄의 모든 걸 생각하면 그 돌
봄에 우리가 개입할 여지가 없어요. 우리 스스로도 어떤 돌봄의
인프라가 될 수 있어야 해요. 만약에 한 어르신이 집에서 4시간
요양을 받는다면, 요양이 아니라 집안일을 해주는 홈헬퍼도 왔다
갔다 하고, 방문진료 의사도 오가고, 지역 주민들이 안부 물으러
오고, 이런 식으로 집이 사적이면서도 동시에 공적인 곳이 되는
거죠. 돌봄을 위한 하나의 장이 되는 거예요. 지금처럼 고립되고
혼자 죽어가는 공간이 아니라…. 요양원이나 요양병원에서도 지
금처럼 한 사람이 여러 사람을 돌보는 게 아니라 한 사람을 돌보
기 위해서 여러 사람이 협력할 수 있는 조건, 이런 걸 인프라라고
생각해요. 결국 이런 조건과 돌봄 시간은 떼려야 뗄 수 없죠.

홍 │ 제가 이야기했던 맥락은 돌봄 시간에 관한 거예요. 노인장
기요양보험에서 요양 시간을 하루 3시간 제공해요. 그런데 하루
에 3시간만 돌봄이 필요한 건 아니죠. 가령 와상 상태라 욕창 방

지를 위해서 30분 혹은 1시간마다 자세를 바꿔야 하는 분들도 있어요.

그럼 나머지 21시간은 어떻게 하냐? 여유가 돼서 24시간 간병인을 고용할 수 있는 가정이 있고, 가족 중에 누군가가 3시간 이외에 21시간 돌봄을 제공하는 경우도 있고, 그것도 안 되면 21시간 동안 어르신 혼자 있는 집도 있어요. 이렇게 돌봄의 불평등이 나타나요.

그래서 돌봄 인프라가 늘어나야 해요. 예를 들면 정규직 노동자가 보통 9시부터 6시까지 일하니까 요양 시간을 3시간에서 9시간으로 늘리면 보호자도 어느 정도 안심하고 업무를 볼 수 있겠죠. 그 이외의 시간에는 봉사자가 오거나 간호사 혹은 의사가 오거나 다양한 이웃들이 들여다볼 수 있게 하는 그런 인프라가 갖춰져야 돼요. 우리 지역의 장애인복지관에서 중증장애인 대상으로 야간 순회라는 프로그램을 해요. 활동가들이 새벽에 중증장애인 집에 한 번씩 가요. 몸을 돌려주기도 하고 안부를 묻기도 해요. 훌륭한 서비스라고 생각해요. 이런 식으로 한번 들여다봐주는 사람들이 더 많으면 좋겠죠.

집에 있는 4시간 동안에는 요양보호사 돌봄을 받고, 오후 시간은 재활 운동이나 여가 활동을 할 수 있고, 또 어떤 때에는 이웃을 만나고, 야간에는 누가 와서 들여다봐주는 식의 인프라가 다양하게 갖춰져야 돼요.

조 | 보통 공식 돌봄 혹은 유급 돌봄과 다르게 일상적으로 행해지는 돌봄을 비공식 돌봄 혹은 무급 돌봄이라고 하잖아요. 어쩌면 모든 돌봄을 공식화하는 게 필요할지 모르겠어요. 요양보호사나 장애인 활동지원사뿐 아니라, 일상적으로 행해지는 돌봄에도 수당이나 소득, 다양한 지원을 제도화하는 거죠. 그렇다면 서비스로서 제공받는 돌봄은 4시간이면 충분하게 될지도 몰라요.

비공식 돌봄을 사회적으로 인정하는 문제에 대해 국가가 수당이나 소득을 주는 것에 대한 우려가 있어요. 돌봄을 계속하던 사람만 결국 더하게 만드는 부작용이 있을 수 있다는 거죠. '네가 나라에서 돈 받으니까 네가 돌봄 다 해라' 하는 식으로, 지금처럼 여성들에게 떠넘겨진 돌봄이 더 강화될 수 있는 거예요.

하지만 이런 이유로 비공식 돌봄에 돈을 지급하는 것 자체를 막아서는 안 돼요. 일단 이미 한국에서는 산업재해보상보험 안에 가족간병비, 노인장기요양보험에 가족요양보호사나 가족요양비가 있어요. 또 어린이집이나 유치원을 이용하지 않는 이들에게 양육 수당을 주기도 하고요. 이미 부분적으로 돌봄에 대한 현금 지급이 시행되고 있기 때문에 이걸 아예 전면에 내세워서 고민해봐야 해요. 비공식 돌봄에 대한 수당이나 소득을 지급하되 어떻게 하면 비공식 돌봄을 사회적으로 인정하더라도 돌봄을 하던 사람만 계속하지 않게 할 것인지, 다 같이 고민해봐야 해요.

그리고 이게 단순히 비공식 돌봄 제공자만을 위한 처방이 아닐 수도 있어요. 돌봄하는 사람에게 일정 정도 소득이 보장되는 효과도 있지만, 돌봄받는 사람 입장에서는 다양한 선택지가 생기는 것이 될 수 있죠. 누군가는 돌봄노동자에게 돌봄을 받고 싶을 수 있고, 누군가는 가장 친밀한 이에게 돌봄을 받고 싶을 수도 있잖아요. 하지만 우리는 돌봄받는 걸 민폐 끼친다고 생각하고, 자신을 돌보는 사람에게 자주 미안해해요. 비공식 돌봄을 인정한다는 건 이런 미안함을 줄이는 계기가 될 수도 있어요. 누군가가 나를 돌보느라 모든 걸 희생하지 않을 수 있다면, 나를 돌보면서도 직장을 다닐 수 있고, 돌봄에 대한 돈도 받을 수 있다면 돌봄을 받는 게 덜 미안해지지 않을까요?

홍 | 돌봄 수혜자의 필요에 맞게 구체적인 돌봄망을 더 촘촘히 짜야 해요. 장애인 활동지원 시간이 요양보호 시간보다 좀 더 길어요. 요양은 1등급이어도 하루 4시간 정도 서비스 지원돼요. 장애인 활동지원은 8시간 이상으로 지원 시간이 좀 더 많아요. 그러다 보니 중증장애인들이 기존에는 활동지원을 8시간 이상 받다가 65세가 넘으면 장기요양으로 제도가 바뀌면서 지원받는 시간이 4시간으로 줄어드는 문제가 생겨요. 최근에는 여기에 대한 문제 제기가 있어서 둘 중 하나를 선택하고 활동지원 기간을 유지하고 있어서 다행이긴 해요. 제가 방문진료하고 있는 분도 지체장애인인데 65세 이후에도 장애인 활동지원서비스를 받고 있어요. 그래도 해마다 갱신하고 결국엔 노인장기요양서비스를 받아야 해요.

제 요지는 돌봄 제공 시간이 굉장히 중요하다는 점이에요. 중증장애인, 와상어르신에게 돌봄 시간은 생존 시간이거든요.

조 | 아까 야간 순회 사례를 말씀하셨는데, 좀 가까이서 보신 적이 있나요? 우리도 밤에 누가 들어왔다 나갔다 하면 잠을 못 잘 수 있는 것처럼 중증장애인분들이 야간 순회 때문에 불면증 같은 문제가 생길 수 있다, 이런 문제 제기도 있더라고요.

홍 | 당사자 얘기를 들어보면 순회하는 분들도 로테이션이 되니까 모르는 분들이 오실 때가 있는데, 그런 분들은 자기를 어떻게 들어야 되는지 잘 몰라서 불편한 점이 있다고 하더라고요. 그런데 막상 또 그게 없으면 안 되는 거예요.

그래서 돌봄이 어려워요. 야간 순회를 하시는 분 입장에서 보면 좋은 마음으로 일을 하시는 거잖아요. 그런데 자기도 그런 중증장애인을 처음 봤고, 그분을 이렇게 돌려야 될지 저렇게 돌려야 될지를 모를 수밖에 없죠.

그래서 조기현 작가님께서 말씀하신 대로 관계가 담보될 수 있으면 더 좋아요. 몇 명이 전담하면 이분을 이렇게 돌려야 될지, 저렇게 돌려야 될지 이런 것들을 알고 세심한 돌봄을 할 수 있고, 관계가 형성되는 거죠. 물론 당사자 입장에서 약간의 불만이 생길 수도 있고, 완벽한 돌봄이 이루어지기는 어렵지만 그래도 기본적으로는 좋은 서비스라고 봐요.

조ㅣ 그걸 보완할 방법을 고민해봐야겠네요.

홍ㅣ 물론 보완은 해나가야겠죠. 그러니까 저는 어쨌든 돌봄은 질도 중요하고 양도 중요하고 2가지를 모두 담보할 수 있도록 방향성을 잘 정할 필요가 있다고 봐요.

　아, 그리고 요양보호사 입장에서 이 4시간이 어떻게 작동하는지도 볼 필요가 있는데, 한 집만 하면 안 돼요. 두 집을 해야 하루에 한 8시간 근무가 되죠. 그러다 보니 이런 일도 있어요. 어떤 요양보호사분은 3호 집에서 오전, 8호 집에서 오후, 이런 식으로 두 집을 같이 보는데, 두 집이 근처에 있으니까 8시간 동안 왔다 갔다 하면서 두 명을 같이 봐요. 3호 집은 오전에 봤으니까 오후 시간대에는 어떻게 되든 나는 몰라, 이런 식으로 못 넘어가는 거예요. 이거를 미담이라고 해야 될지, 코미디라고 해야 될지…(한숨)

데이터에 묻힌 삶을 복원하기 위하여

홍ㅣ 그런데 편집자님이 말씀하신 법-제도와 관계의 문제, 이 부분은 어떻게 봐야 할까요.

김ㅣ 네, 우리가 먼 길을 돌아왔는데(웃음) 다시 법-제도와 관계의 이야기로 돌아가 볼게요. 시간에 초점을 맞춰서 두 분 말씀을 정리하면 이런 이야기 같아요. 지금 복지제도가 돌봄 수혜자의 필요에 맞춘 충분한 돌봄 시간을 지원하지 못하고 있고, 24시간 돌봄을 어떻게 실현할지 고민해야 한다. 하지만 그걸 해결하는 방식이 반드시 제도적인 방식이어야 할 필요는 없고, 주변 이웃이나 다양한 관계망을 통해 시간을 확보하는 방법을 상상해야 한다….

두 분 말씀을 들으니 제가 너무 당연하게 제도적인 방식의 해결만 생각한 것 같기도 하고, 제도-관계 이런 구분이 복잡한 현실을 너무 도식화시킨 부분도 있는데, 충분히 나올 수 있는 질문이라고는 생각해요. 그래서 이런 의문에 대해서 어쨌든 답을 일정하게 해줘야 하지 않을까 싶은 거죠.

조 | 돌봄 시간을 확보하는 문제 관련해서는 편집자님이 정리해주셨으니까 저는 돌봄노동자들의 노동권을 어떻게 보장할 것인가 하는 측면에서 이야기해볼게요. 법이나 제도를 통해서 노동권을 보장한다는 측면이 대단히 중요하지만, 돌봄노동은 여타 노동과 달리 노동이라는 맥락만 있는 건 아니거든요. 우리가 일상적으로 맺는 돌봄에 의한 관계도 중요해요.

영 케어러나 다른 가족돌봄자들을 만나면 아무도 '내가 대단한 일 하고 있어'라고 이야기하지 않아요. '이 사회에서 아무도 돌보지 않는 신체적인, 정신적인 약자를 내가 혼자 돌보고 있어' 이런 식으로 말하지 않아요. 그냥 묵묵히 하죠.

저는 사적인 영역에서 돌봄을 하는 사람조차도 자기가 하는 돌봄의 가치를 제대로 평가하지 못하는 것과 돌봄노동자들의 노동권이 인정받지 못하는 것이 너무 유기적이라고 봐요. 그런 의미에서 저는 제도-관계, 이런 식으로 이분법적으로 보는 것보다 둘을 같이, 둘이 얼마나 유기적인지 계속 봐야 된다고 생각하고, 계속 그렇게 보려고 노력 중이에요.

저는 법이나 제도만을 통한 접근이 중요한 것들을 놓치고 있다는 생각이 들어요. 복지정책 효과를 증명하는 데이터들을 보면 뭔가 데이터에 삶이 묻히고 있다는 느낌이 들어요. 저나 주변 영케어러, 가족 보호자들이 겪는 삶의 고통이 하나도 설명이 안 되는 느낌이에요.

이런 데이터를 봤어요. 만약에 누군가 요양등급 3등급을 받으면 방문요양서비스를 81시간 이용할 수 있어요. 월 기준으로 전체 시간이 720시간이라고 하면 전체 시간 비율에 11.3퍼센트밖에 안 되죠. 서비스 시간이 적다는 생각이 당연히 들죠.

하지만 돌봄 필요 시간을 계량적으로 분석하면 그렇지 않을 수도 있다는 계산이 나와요. 앞에서 말한 것처럼 요양보호사 1명이 24시간 동안 7.5명을 돌보면 1명당 3.2시간, 월 기준으로 96시간이죠. 여기에 간호인력과 사회복지사서비스를 1일 0.5시간씩 추가해서 월 기준 15시간을 추가해요. 이를 바탕으로 신체적 돌봄에 필요한 시간을 3.7시간, 월 기준 111시간으로 설정하는 거예요. 그렇게 보면 지금 방문요양서비스인 81시간은 돌봄 필요 시간을 73퍼센트나 채우고 있고, 하루 0.7시간만 더 충족하면 되는 것처럼 말할 수 있는 거죠. 법과 제도에서는 대개 돌봄이 이렇게 수치로 다뤄져요.

하지만 돌봄의 필요와 수행이 이렇게 숫자로 계량화가 가능한 건지 모르겠어요. 요양보호사들이 열악한 환경을 견디고, 시설에 있는 노인 모두가 같은 식사를 하고 같은 시간에 대소변을 보고 혹시라도 개별적인 행동을 하려고 할 때 손발이 묶이는 상황을 가정하면 돌봄 시간은 하루 3.7시간으로 충분할 수 있어요. 하지만 돌봄의 문제는 그렇게 숫자에 구겨 넣는다고 해결되지 않아요. 데이터에 삶이 묻히면 안 되는 거죠.

홍│ 좀 조심스럽지만 돌봄이라는 게 본디 그런 특수성도 있다고 생각해요. 고통을 숫자로 표현하기 어려운 거죠. 돌봄노동의 가치라는 게 참 측정하기 어려운 면도 있고요.

원론적인 이야기지만 법이나 제도를 통한 개선, 인력 확충이 굉장히 중요한 부분이긴 한데, 이것만 해결된다고 좋아지지 않는 부분도 분명히 있을 거예요. 어떻게 보면 법-제도를 잘 마련하기 위해서도 말씀하신 대로 현장의 복잡다단한 그런 이해관계와 상황들을 잘 세밀하게 고려하는 것이 필요하겠다고 생각해요. 그렇게 되기를 바라고요.

조│ 노인장기요양보험법은 목적에서부터 '가족의 부담을 덜어

줌으로써 국민의 삶의 질을 향상하도록 함'이라고 적어두었어요. 계속 돌봐줄 배우자나 자녀가 있을 거라는 전제가 있는 거죠. 그게 서비스 시간이 충분하게 제공되지 않는 원인 중 하나인데 그 전제 자체를 고민해볼 필요가 있어요.

그리고 저는 하루에 필요한 서비스 시간은 더 많은 논의와 사회적 합의가 필요한 문제일 수 있지만, 서비스를 받을 수 있는 날은 매일매일이여야 한다고 생각해요. 한 달 내내, 1년 365일 돌봄 서비스를 받을 수 있어야 하죠. 하지만 지금 제도에서는 높은 요양등급을 받아도 한 달 내내 서비스를 받을 수 없어요. 보통 요양 등급별로 주어지는 급여가 상정되고, 그 급여를 쓰는 방식으로 여러 서비스를 고를 수 있어요. 만약에 1등급이나 2등급의 높은 등급을 받았다고 하면 방문요양서비스는 하루 4시간까지 받을 수 있는데, 각각 월 최대 서비스 일수는 27일, 24일이에요. 그 외 나머지 시간은 돌봄 공백 상태죠. 등급이 아래로 내려갈수록 당연히 월 최대 서비스 일수가 줄어들어요. 가장 낮은 등급인 인지지원등급에서는 요양보호사가 방문하는 서비스를 받지 못하고, 주야간보호센터만 갈 수 있어요. 그나마도 월 15일밖에 이용 못해요. 한 달 중 나머지 절반은 돌봄 공백 상태인 거죠. 누군가 돌봐준다는 가정이 없으면 이렇게 긴 시간을 공백으로 두지 않았을 거예요. 오로지 돌봄이 필요한 개인에게 맞춰서 서비스 일수를 365일 줄 수는 없을까요? 저는 이게 우리가 가장 빠르게 합의하고 이뤄내야 하는 지점이 아닌가 생각해요. 이 부분을 마지막으로 꼭 말씀드리고 싶어요.

'돌봄의 시간'으로 '돌봄의 가치'를 돌아보다

김 | 이번에도 역시 '정상가족'을 전제로 한 생애주기의 문제점부터 법-제도적 접근과 관계에 중심을 둔 접근 중 무엇이 더 유효한지 등등 다양한 이야기가 나왔습니다.

'우리에게 언제 돌봄이 필요한가'라는 처음의 질문으로 돌아가면 '늘'이라고 대답할 수밖에 없을 거예요. 인생이라는 장기적인 관점에서도, 매일의 일상이라는 단기적인 관점에서도 돌봄이 늘 필요한데, 그게 안 되고 있죠. 그렇게 돌봄의 공백이 차곡차곡 쌓이다가 어느 순간 재난처럼 엄습하고, 그때는 감당이 안 되니까 돌봄의 무게에 짓눌리게 되고요. 그처럼 '돌봄의 시간'이 부족해서 생기는 문제에 대해 생애주기와 24시간 돌봄이라는 측면에서 주로 이야기해봤습니다. 마지막에 당장 시급하게 논의하고 해결해야 할 과제로서 서비스 일수 문제도 짚었고요.

동시에 시간 문제를 단순히 계량화된 수치의 문제, 양을 늘리는 문제로만 보지 않고, 우리가 그 시간에 어떻게 개입할 것인지, 그 안에서 어떻게 좋은 관계를 만들어갈 것인지도 같이 고민할 필요가 있다는 점도 강조하셨어요. 절대적인 양을 늘리는 것도 중요하지만, 확보한 시간을 무엇으로 어떻게 채울 거냐는 문제도 마찬가지로 중요한 거죠.

　결국 '돌봄의 시간'이 부족한 것은 조기현 작가님이 말씀하셨던 생산과 재생산의 위계, 돌봄의 가치를 낮게 평가하면서 돌봄에 시간을 쓰지 않아도 된다는 인식 때문일 텐데요. 그런 점에서 '우리에게 언제 돌봄이 필요한가'라는 질문이 돌봄의 가치를 높게 평가하는 사회, 돌봄을 중심으로 새롭게 구성된 대안 사회에 대한 논의로까지 확장될 수 있겠네요. 이 대담이 그런 세계에 대한 고민과 상상력을 펼치는 장이 되기를 희망해 봅니다.

3장

동료들과

_누구(Who)와

돌봄의

관계 맺기

김 │ 오늘로 세 번째 대담인데요. 오늘의 주제는 '누구'입니다. 돌봄을 받는 과정, 혹은 돌봄을 수행하는 과정은 요양보호사·장애인 활동지원사 같은 돌봄노동자, 의사, 공무원, 가족 등등 다양한 사람들과 관계를 맺는 과정이기도 하죠. 이 다양한 사람들과 어떻게 좋은 '돌봄의 관계'를 맺을 수 있을지를 같이 이야기해보려고 해요.

홍 │ 저는 돌봄노동자에 대한 이야기로 시작하고 싶은데, 누군가를 돌보는 일은 선뜻 나서서 내가 하겠다고 마음먹기 어려운 일이에요. 현장에서 요양보호사, 장애인 활동지원사, 사회복지사 같은 분들을 만나면 너무 감사한 사람들이라는 생각밖에 안 들어요. 돌보는 일의 가치를 생각하면 이런 분들에게 우리 사회가 빚지고 있는 거죠. 제가 고맙다고 생각한다고 달라지는 건 아니라 슬프지만요.

　그런데 현장에서 보면 이런 돌봄노동자를 심부름하는 사람 내지는 허드렛일, 집안일 도와주는 사람으로 생각하시는 분이 많아요. 장 봐주고, 설거지해주고, 김장하고, 대소변 치우고 이런 것들을 시키죠. 하지만 돌봄노동자들에게 비용을 지불한다고 해서 당연히 허드렛일을 해야 하는 건 아니잖아요. 생존과 결부된 중요한 일인데 그 특성 때문에 하찮은 일이라고 생각하는 경우가 많아요.

그런 점에서 돌봄노동자와 관계 맺기는 앞으로 새로 배워야 할 영역이죠. 국가가 해주는 일, 돈 주고 일을 시키는 관계를 넘어서 돌봄의 가치를 담은 돌보는 관계를 함께 맺어야 한다는 생각이 들어요.

물론 그게 쉽지는 않겠지만, 불가능한 일도 아니에요. 노인장기요양보험, 장애인 활동지원제도가 생기기까지도 많은 사람들의 투쟁과 노력이 있었죠. 그런 걸 공부할 필요가 있다고 봐요. 그런 배움의 과정이 돌봄이라는 경험을 하면서 나는 타인과 어떻게 관계 맺고 있는가를 돌아볼 수 있는 계기도 될 수 있을 거예요.

김 | 장보기나 설거지는 원래 업무상 요양보호사가 해야 하는 일인가요? 아니면 그렇지는 않은데 '온 김에 이것도 해라' 이런 느낌으로 시키는 건가요?

홍 | 요양보호사의 업무 매뉴얼이 있긴 한데, 현장에서 그대로 적용하기에는 애매한 부분이 있어요. 매뉴얼에 없더라도 거동이

어려운 대상자의 식사를 위해 장을 볼 수 있잖아요. 그런데 그게 심부름 대행으로 보이기도 하고.

한편으로는 고용 관계 안에서 부탁을 거절하기 어렵죠. 돌봄노동자 입장에서는 언제든 일자리를 잃고 다른 사람으로 대체될 수 있다는 고용의 불안정성이 있어요. 이용자가 마음이 바뀔 수도 있고요. 그런 점 때문에 이 관계가 유동적이고, 업무의 경계가 불명확해져요. 반대의 입장도 마찬가지예요. 이용자는 어떤 부분에서 도움을 받고 싶은데 돌봄노동자가 자신의 영역이 아니라고 판단할 수 있어요. 이런 식으로 불명확한 역할 분담이 발생할 수밖에 없죠.

'돌봄의 윤리'를 고민하는 공적 테이블

조 │ 사실 저는 제도가 그런 정확한 역할 분담을 애초에 고려하지 않는 것 같기도 해요. 사회서비스 바우처제도(노인, 장애인, 산모, 아동 등의 계층이 다양한 사회보장서비스를 이용할 수 있도록 서비스를 지원하는 제도) 중에서 가사서비스를 받을 수 있는 가사간병지원제도가 있는데, 장기요양등급을 받으면 이 지원을 못 받아요. 중복지원이라는 거죠. 근데 생각해보면 노인이 아프더라도 자기가 살던 곳에서 계속 살려면 가사서비스도 필요하고 요양서비스도 필요하잖아요. 그런데도 제도는 둘 중 하나만 선택하게 강제하는 거죠. 애초에 요양보호사가 가사서비스까지 다 한다는 암묵적인 룰이 있는 거죠.

그리고 여성들이 대부분 돌봄노동을 하다 보니까 성추행, 욕설, 폭력 등을 당하는 문제가 있어요. 그런 이용자에 대한 일종의 교육을 어떤 식으로 할 것인지도 중요한 문제죠.

이런 일도 있어요. 주간보호센터에서 어떤 할아버지가 여성들에게 계속 추파를 던지고 성적인 어필을 하는데, 이게 도를 넘어요. 교류하는 수준을 넘어서 추행으로도 볼 수 있을 정도로 '집에 와서 밥해 달라' '같이 있어 달라'고 하는데, 센터가 계속 그 갈등을 해결 못 해요. 제지하면 화내고, 다른 간병인도 나가게 만들고 하니까 아예 내쫓아버렸다고 하더라고요. 그런데 이분은 독거노인이셨어요. 그럼 이제 이분을 누가 돌볼 것인가 하는 문제가 생기죠.

한번은 주간보호센터 기관장들을 만나서 이야기를 나눴는데, 성폭력으로 갈등이 벌어지는 경우가 적지 않더라고요. 실제 현장에 계신 분들이랑 소통하면서 일단 성폭력을 하게 되는 맥락을 살펴본대요. 다른 이유가 있는데 성폭력으로 표현될 수도 있다는 거죠. 그래도 해결이 안 되면 퇴소 조치를 해요. 하지만 이런 대응이 곧바로 돌봄 공백으로 이어지잖아요. 주간보호센터가 대부분 민간이니까 그 할아버지처럼 피해를 주는 사람을 더 이상 못 나오게 한 뒤에는 어디 연결해주지 않아요. 그럴 의무가 없으니까요. 그러니까 주간보호센터 다니다가 문제행동을 해서 쫓기고 나면 대부분 집에 있대요. 혼자 사는 데다 밥도 못 하고 인지 저하도 심해지는데 어디 갈 곳이 없는 거죠. 또 그런 분들이 집에 돌봄을 받는다고 해도 요양보호사들을 위험하게 만드는 집이 되는 거잖아요. 그래서 고민이 많이 되더라고요.

일단 지금은 이런 문제행동이 벌어졌을 때 문제 해결의 단위를 센터 하나만이 아니라 좀 더 폭넓게 사고할 필요가 있다는 생각이 들어요. 저는 우리한테 없는 게 돌봄받는 것에 대한 윤리라고 생각해요. 나에게 돌봄을 주는 사람을 허드렛일하는 사람으로 인식하고 하대하는 건, 그 돌봄 과정에서 발생하는 관계 맺음에 대한 윤리가 공백 상태에 있다는 거잖아요.《아파도 미안하지 않습니다》의 저자이자 '다른몸들' 대표인 조한진희 작가님이 얘기하는 '역방향 돌봄'이 저에게 굉장히 큰 인사이트를 줬어요. 사실은 돌봄받는 사람도 돌봄을 줘야 한다는 거예요. 둘이 같이 호흡을 맞춰야 되고, 돌봄노동자가 어떻게 하면 좀 덜 힘들지도 고민해야 되고, 이 사람이 무조건 내가 요구하는 대로 따라야만 하는 존재가 아니라는 것도 알아야 한다는 거죠.

이런 부분은 돌봄노동자의 목소리로 매뉴얼을 만들어갈 수 있을 거예요. 직접 경험한 사례들을 통해 최소한의 돌봄받을 윤리 매뉴얼을 만들면 이용자뿐만 아니라 가족돌봄자도 그걸 보고, 내가 어떤 윤리적 태도로 관계를 맺을 수 있느냐는 고민을 할 수 있겠죠. 최소한의 윤리적 기준점은 있어야 되잖아요.

물론 매뉴얼만 있다고 윤리적인 태도가 만들어지는 것은 아니에요. 서로가 합의해 가며, 조정하고, 상대의 입장에 서봄으로써 윤리적인 태도를 배우며 형성하는 과정이 필요하죠. 어떤 돌봄을 할 것이냐를 공적 테이블에 올려놓고 얘기하는 자리가 많아야 해요. 돌봄을 받는 사람, 돌봄노동자, 일상적으로 돌봄하는 가족, 혹은 의료인까지 모여서 어떤 게 더 좋은 돌봄일지를 논의해야죠. 느리더라도 이 방식이 지속가능성을 높이는 방식이지 않을까 싶어요.

돌봄서비스를 매칭하기 전에 단 한 시간이라도 이렇게 공적으로 이야기를 할 수 있다면, 어떤 것이 좋은 돌봄이고, 어떻게 역할 분담할지를 이야기할 수 있다면 모두에게 좋은 경험일 거예요. 이런 과정을 통해 각자 내가 뭘 원하는지, 내가 얼마만큼 품을 더 낼 수 있는지를 고민할 수 있고, 요양보호사로서의 내 과업이 무엇인지도 정확하게 인지할 수 있겠죠. 그동안 우리는 위기에 대처하듯 돌봄 상황이 닥치면 그냥 주어진 상황에 대처하는 데 급급했어요. 어떤 상황이 발생하기 전에 평등하게 모두가 논의한 경험이 우리 모두에게 전무하죠.

어떻게 보면 돌봄 윤리 공백을 메우기 위한 실천은 의외로 간단할 수 있어요. '요양등급 받은 다음 센터 찾아서 신청하고 매칭되기 전에 이해관계자들이 모여서 30분 정도 대화하는 게 필수다' 정도의 지침이라도 공단에서 내리면 어떨까요? '이해 관계자는 가족이든 이웃 사람이든 와서 얘기해야 된다'라는 그 정도 지침만 내려줘도 해볼 수 있는 거죠. 그리고 일종의 돌봄 문화를 기획하는 일로 이용자의 윤리 체크리스트도 만들어보고요.

가족 보호자 입장에서 돌봄노동자, 요양보호사와 어떤 관계를 맺어야 되느냐에 대한 고민도 있어요. 가족 보호자 중에서는 일종의 소비자 정체성으로 돌봄노동자를 대하는 분들이 더러 있어요. 요양보호사나 간병인을 감시해야 하는 대상으로 봐요. 그 개인으로서는 돌봄 비용으로 어마어마한 돈이 들어가니까 그런 마음이 들 수 있지만, 사실 우리는 잘 돌보기 위해서 협력하는 건데 왜 내가 돈을 줘서 사고 다 맡긴다고 생각하는 걸까요? 우리가 협력적인 관계라는 인식, 함께 해내고 있다는 그런 관계 맺음이 필요한데 대부분의 가족 보호자가 그러지 않죠. 가족 보호자들을 만나면 돌봄노동자가 과도한 걸 요구한다, 제대로 하지 않는 것 같다, 폭행한 것 같다, 이런 불만을 자주 얘기해요.

이런 불만이 계속 있으니까 돌봄노동자가 잘 노동할 수 있는 처우나 여건을 고민하는 것과 더불어 돌봄의 가치를 어떻게 인정할 거냐는 고민이 생겨요. 우리 가족 내에서 당연히 하던 돌봄이 아무런 인정을 받지 못하니까 그 연장선상으로 사회에서 하는 돌봄도 인정하지 못한다는 거죠. 저는 가족돌봄자도 '내가 사회적으로 가치 있는 일 하고 있어'라고 스스로 생각 안 하면서 '돌봄노동은 사회적으로 가치 있는 일이야'라고 말하는 건 모순일 수 있다고 생각해요. 우리가 일상적으로 주고받는 돌봄에 대한 가치 평가와 돌봄이 임금으로 가치화되는 것은 연결되어 있어요. 그러니까 돌봄노동자의 처우가 개선되고 임금이 올라가는 건 단순히 우리가 더 좋은 돌봄을 받을 수 있다는 걸 넘어서는 거예요. 우리가 일상에서 하는 돌봄의 가치도 올라가는 거죠. 홍종원 작가님 얘기 들으면서 계속 이런 고민들이 떠올랐어요. 저도 진짜 어떻게 해결해야 될까, 똑같은 고민을 하는데 이게 너무 비극적인 거죠. 눈앞에서 계속 싸움과 갈등이 계속 일어나니까.

김 ┃ 지난 대담에서 잠깐 말씀하셨던 돌봄에 대한 공적 테이블의 의미를 잘 설명해주셨네요. 우리가 돌봄이란 과업을 함께 수행하는 파트너라는 인식을 갖고, 좋은 돌봄을 위해 소통하는 게 얼마나 중요한지 새삼 생각하게 됩니다.

가족 보호자 이야기가 나왔는데, 여성운동가 김영옥과 인권운동가 류은숙이 함께 쓴 《돌봄과 인권》에서 나온 사례를 공유하고 싶어요. 요양시설에 가족을 보낸 분들은 죄책감 때문에 자주 방문하지 않는 경우가 많대요. 그러다 오랜만에 시설에 왔는데 그분들이 보기에는 내가 알던 어머니가 아니고 상태가 너무 나빠져 있는 거죠. 자연스럽게 이건 시설에서 뭔가 잘못했다, 혹은 학대했다고 생각하게 돼요.

그런데 질환의 종류에 따라 차이는 있겠지만 예를 들어 치매에 걸리면 원래 하루가 다르게 사람이 변한단 말이에요. 사실은 평소 자주 시설에 있는 가족을 방문해서 함께 돌봤다면 그게 병이 진행되면서 자연스럽게 발생하는 증상이라는 걸 알 수 있었을 거예요. 돌봄노동자들이 어떻게 일하는지도 보면서 조금 더 그 상황을 이해할 수 있었을 거고요. 죄책감이 돌봄에 부정적인 영향을 미치는 사례기도 한데, 그런 면에서도 돌봄에 연관된 사람들이 서로 소통하고, 관계 맺는 게 중요하다는 사실을 다시 강조하고 싶어요.

돌봄노동자들이 겪는 성추행, 욕설, 폭력 등에 대한 얘기가 나왔는데 실태가 어떻고, 그런 일이 생겼을 때는 정신적인 상처를 어떻게 케어하는지도 궁금하네요.

조 | 케어가 전무한 거 같아요. 정신적 스트레스도 그렇고, 오랫동안 돌보던 사람이 죽었을 때 느끼는 상실도 모두 혼자 감내하는 상황이에요. 성폭력이나 욕설, 폭력 사실이 파견기관에 알려지면 대부분 매칭을 끊는데, 그게 요양보호사 입장에서는 일자리를 잃는 거잖아요.

김 | 분리만 하는 거군요.

조 | 돌봄노동자들을 지원하는 중간 지원조직들이 있긴 해요. 직무에 필요한 배움이나 노동 과정에서 필요한 정보를 교육하기도 하고, 건강 관리나 심리·정서 지원 같은 건강권을 보장하기 위한 프로그램도 진행해요. 쉼터 역할도 하고 처우 개선이나 권익 증진을 위해서 그분들의 이해를 대변하기도 하고요. 서울에는 '서울시어르신돌봄종사자종합지원센터'가 광역을 담당하는

중간 지원조직으로 있고 권역별로 센터들이 있어요. 가까운 동네에서 찾아갈 수 있도록요. 경기에서는 경기사회서비스원이 운영하는 '장기요양요원지원센터'가 있어요. 경상남도 쪽에는 권역별로 '돌봄노동자지원센터'가 있어요. 앞서 얘기한 어르신돌봄종사자종합지원센터나 장기요양요원지원센터랑은 지원 대상을 다루는 범주가 달라요. 앞서 언급한 두 센터는 노인장기요양보험 안에 있는 노동자, 요양보호사는 물론이고, 사회복지사, 간호사, 간호조무사, 물리치료사, 더 나아가 기관운영자 등이 대상이 될 텐데요. 돌봄노동자지원센터는 요양보호사, 아이돌보미, 산모와 신생아 건강관리사, 노인맞춤돌봄생활지원사, 장애인 활동지원사, 사회서비스 제공자 등 지원 대상의 폭이 아주 넓어요. 모든 돌봄노동자가 겪는 문제를 종합적으로 다뤄보려는 시도인 거죠. 이런 시도들이 있지만 여전히 모든 돌봄노동자가 겪는 문제에는 대응 못 하니까 분리만 하고 실직하는 경우가 많죠.

홍 ｜ 저는 요양보호사를 돌봄 전문가라고 생각해요. 실제로 어르신이 그분들을 전문가로 여기고 의지하는 걸 자주 봐요. 단순히 살펴주는 걸 넘어서 삶을 돌보는 거죠. 가족은 안 돌봐주고, 어르신 상황을 전혀 모르는데 요양보호사는 매일 서너 시간씩 계속 오니까 가족 이상의 그런 끈끈한 관계가 되죠.

사실 그런 가까운 관계가 좋기만 한 건 아니에요. 어르신이 약하고 요양보호사가 상대적으로 힘이 세면 다소 폭력적인 상황이

　　　　　　　　　　우리의 관계를 돌봄이라 부를 때

벌어질 수 있어요. 그 반대도 가능하고요. 서로가 인간에 대한 예의를 지킬 수 있도록 상호 교육이 필요해요.

상호작용으로서의 돌봄을 위하여

조 | 저도 돌봄이 상호작용이라는 점이 굉장히 중요하고, 그러려면 지금처럼 돌봄을 수행하는 쪽만 과도한 윤리적 책임을 지는 것에 대한 문제의식이 있어야 된다고 봐요. 이용자에게도 윤리적 책임을 지우자는 건 '폭력이나 피해를 방지하자'는 차원을 넘어서 이용자를 서비스 수혜자가 아니라 주체로 보는 거예요. 의존하는 사람은 주체가 아니라는 관점을 벗어나야 하는 거죠. 그래야 상호작용이 가능하잖아요. 이용자를 단순히 수혜자가 아니라 뭔가 할 수 있는 주체로 상정하고 서로 간에 진짜 상호작용이 가능하도록 정책적 관점이 바뀌어야 되는 거죠. 그래야 돌봄도 가능해져요.

또 하나 말씀드리고 싶은 건 홍종원 작가님이 부모를 자식이 안 돌보고 타인이 돌본다고 하셨는데, 자식이 안 돌보는 이유도 분명히 있을 거예요. 가족과 엮인 거대한 감정의 덩어리들, 여러 사연에 담긴 감정의 무게를 생각하면 가족 아닌 타인이 돌봐주는 게 제일 좋은 사람, 그런 관계도 분명히 있을 거예요. 나한테도 내 부모가 아닌 타인을 돌보는 게 더 효과적으로 관계 맺는 더 좋은 돌봄일 수도 있고.

지난번에도 가족돌봄 이야기하면서 나왔던 말이지만, 우리 사회는 아직까지도 내가 타인, 내 부모가 아닌 누군가에게 돌봄을 할 때 '아, 내 부모한테도 이렇게 안 했는데'라는 말을 하는 사회 잖아요.

가족돌봄 자체에 근본적 변화가 있어야 해요. 저를 예로 들면 저에게 아버지 돌봄은 아버지라는 타인을 이해하는 과정이었어요. 돌봄 자체가 하나의 거대한 계기였고 사건이었죠. 제가 만약 아버지를 돌보지 않았다면 '엄청 무능했던 사람' '맨날 술만 그렇게 먹었었지' '엄마한테 못 했었지' 이렇게 생각할 수도 있었는데, 오히려 돌봄을 하면서 아버지의 행동을 더 곱씹고, 더 이해하게 되고, 지난날에 겪었던 것들에 대해서 다시 바라보면서 다시 해석하게 됐어요. 가족이지만 진짜 다시 만났다는 느낌을 받았고, 돌봄을 그런 만남을 가능케 하는 하나의 계기로 인식할 수 있었어요. 그런데 그저 '가족이니까'만 강화된다면 돌봄 과정에서 얻을 수 있는 이런 성찰이 박탈되는 거 같아요. 너무 당연한 것이 되니까.

김 | 듣다 보니까 궁금한 건데, 저는 최소한 '요양보호사에게 돌봄을 받는 당사자가 성추행을 하면 안 된다'는 정도의 합의는 있어야 된다고 생각해요. 그런데 돌봄받는 분 중에는 정신적으로 질병이나 장애가 있는 분들도 많을 거고요. 물론 그런 분들도 다

양하니까 다 교육이 안 된다고 일반화해서 말할 수는 없는데, 그런 분들에게 어떻게 교육을 할 수 있을까 싶기도 하고, 이게 결코 간단한 문제는 아니겠다는 생각이 드네요.

홍 | 말씀하신 것처럼 정신질환도 발현되는 양상이 다양하고, 일방적인 교육으로 해결될 문제는 아니기 때문에 총체적인 관계 맺기에 대한 인식 변화가 필요해요. 제도적으로 가족, 대상자, 요양보호사들의 상호 교육 기법들을 고민하는 것도 필요할 것 같고요. 궁극적으로는 돌봄의 복잡한 관계들이 선순환될 수 있도록 해야 해요.

조 | 결국은 돌봄의 관계를 맺는 것 자체가 굉장히 총체적인 전환이 필요하다는 걸 인정해야 해요. 그런 큰 전환은 일상에서 어떤 모습으로 나타날까요? 저는 그 시작이 요양보호사를 2명씩 파견 보내는 것일 수 있다고 봐요. 실질적으로 요양보호사가 피해를 보는 게 대부분 한 명이 집에 파견돼서 그런 거잖아요. 만약 그런 전환이 있다면, 2인이 1조가 돼서 방문한다면 혼자서 감당해야 했던 문제들이 많이 해결될 거예요. 더불어서 남성 요양보호사가 늘어나는 것도 중요해요. 성폭력이 실질적으로 많이 줄어들겠죠. 하지만 동시에 여성이기 때문에 겪게 되는 폭력 자체에 대한 대응이 핵심적으로 필요해요. 이런 성폭력을 노동자가 겪는 산업재해로 인식하고 그에 대한 안전망을 제대로 만들 필요가

있어요. 이것도 다 아까 얘기했던 일의 가치를 어떻게 바꿀 건지와 굉장히 밀접하게 관련돼 있어요. 요양보호사들이 지금 겪는 피해가 사라진다는 건 돌봄노동을 어떻게 인정하느냐의 문제이기도 한 거죠.

치료자가 아닌 돌봄의 동료 되기

김 | 돌봄이라는 일이 얼마나 복잡하고 유기적인 관계 속에서 이뤄지고 있는지에 대해서 새삼 생각하게 되네요. 요양보호사 외에도 다양한 사람들이 돌봄과 연관되어 있는데, 의사도 거기서 빠질 수 없겠죠. 특히 홍종원 작가님께서 하실 말씀이 많을 것 같은데요.

홍 | 어떻게 보면 가장 돌봄과 동떨어진 존재가 의사이긴 하죠. 돌봄과 치료가 다른 영역인 듯한 오해 혹은 인식이 우리 사회에 많아요.

물론 치료의 영역은 분명히 있어요. 뇌졸중과 같은 질환 이후 마비로 거동이 어려울 때 집중적인 재활 치료를 통해 어느 정도 회복이 가능하죠. 그런데 치료 이후에 돌봄의 영역으로 넘어갔을 때는 의사도, 환자도, 가족도 치료에 대한 강한 신뢰를 어느 정도 내려놓고, 욕심을 줄여야 한다고 생각해요.

치료를 위해 노력은 하겠지만 의사도 신과 같은 능력을 갖춘 사람은 아니잖아요. 분명히 환자들을 만나다 보면 치료 불가능한 순간을 마주해요. 가령 노화를 치료할 수는 없잖아요. 물론 노화를 늦추거나 기능을 개선하는 방향으로 노력할 수 있지만 인간이 아프고, 늙고, 약해지는 존재라는 사실 자체를 바꿀 수 없어요. 의사, 돌봄노동자, 환자, 가족이 평행해지는 순간이 오는 거죠. 물론 완벽한 평행은 아니지만 그 순간에는 의사라는 역할도 위계 없이 돌봄의 동료가 되죠. 이런 상황에서 의사한테 치료를 요구하는 건 상황에 맞지 않은 요구일 수 있어요.

의사도 판단을 잘해야 돼요. 의사는 치료하는 존재이긴 하지만 돌봄의 조력자로서 의료인의 역할을 정립해나가야 될 필요도 있어요. 의사가 치료자에 머물면 돌보는 일에서 의외로 할 수 있는 게 없다고 생각하게 되는데, 의사도 돌봄을 돕는 역할에 대해 이해해야 해요.

물론 간호의 역할이 돌봄에 가깝기도 하지만, 저는 역할을 나눈다기보다는 돌보는 의료를 의사, 간호사가 함께 수행해 갈 수 있다고 생각해요. 돌봄환경이 좋아질 때 의사도 돌봄에 기여할 수 있고, 마찬가지로 환자나 가족의 입장에서도 의료인에게 치료만을 요구할 것이 아니라 돌봄을 돕는 존재로서 의사와의 관계 맺기를 새롭게 할 수 있을 거예요.

미래의 돌봄 현장에서는 의료인도 환자도 수평적인 관계일 거라고 생각해요. 의사도 그 안에서 본연의 역할을 찾을 수 있고 환자도 제대로 도움받을 수 있죠. 의료인과 환자, 가족, 요양보호사 간의 관계는 상호작용이라는 생각도 들어요. 의료인이 위계적으로 높은 위치에 있지 않아도 되죠. 질병의 어느 순간에는 의사가 치료의 중심에 있기도 하지만, 그게 아닐 때도 있어요. 의학이라는 학문에 대한 과도한 집착이나 신격화는 줄여야 될 수도 있다고 봐요.

조 | 어쨌든 치료에 대한 강한 신뢰가 의학의 권위를 만드는 거기도 하잖아요. 그 신뢰를 만드는 건 뭘까요? 통증을 완화하기 위해서? 아니면 만성적인 고통을 치료한다는 어떤 건강에 대한 열망?

홍 | 의학 기술의 권위가 도움을 줄 때가 있죠. 어떤 면에서 의사가 가진 지식과 권위를 이용할 수도 있어요. 다만 돌봄의 현장에서는 위계가 조금 기울어질 필요가 있는 거죠. 그래야만 돌봄의 현장에서 버틸 수도 있어요. 균형 있게 이해하는 게 중요해요. 의사가 대단한 치료를 해줄 거라는 잘못된 오해가 집착으로 이어지는 경우도 있는 것 같고요.

아까도 말했지만, 사실은 말기 질환 같은 상황에서 병원이 의외로 무능력할 때도 있거든요. 어떤 아픔을 대하고 치료할 때 병원이 가진 시스템과 기술들이 무용한 경우도 분명히 있어요. 말하기 참 조심스러운 영역이고 제가 치료를 포기하자고 하는 건 아닌데요. 예를 들어 때로는 가족과 돌봄의 시간을 확보하는 것이 병원에서 검사하고 치료하는 것보다 우선순위일 수도 있을 텐데, 치료에 대한 너무 강한 신뢰를 가지면 사실상 효과도 없으면서 환자에게도 그런 중요한 시간을 뺏을 수도 있어요.

제가 자주 받는 질문들이 있는데, 그중에 '119 불러야 될까요?' '병원 입원해야 될까요?' 이런 질문도 있어요. 제가 보기에는 '집에 계시면서 잘 돌보면 괜찮을 것 같다'는 생각이 들 때도 있고요. 치료를 포기하자는 건 절대 아니지만, 치료의 권위에 너무 의존하지 않는 것도 돌봄 현장에서 필요할 때가 있는 것 같아요.

또 이런 사례도 있어요. 요양시설 같은 데서는 환자의 존엄보다는 관리의 용이성을 위해 굳이 먹지 않아도 될 많은 약들을 의학의 권위를 빌려서 복용시키는 경우가 있어요. 그렇게 돌봄의 현장에서 의료와 약물이 남용되는 것을 굉장히 많이 보죠. 그래서 평등한 관계를 만드는 것이 돌봄환경을 전체적으로 개선하는 데 중요하고, 그것이 의료인한테도 또 환자한테도 가족에게도 좋을 수 있다고 봐요.

'가족이니까'와 '가족 아니니까' 사이의 장벽

김 | 홍종원 작가님 이야기는 의료와 돌봄의 분리, 의료의 과도한 권위라는 평소 문제의식의 연장선상에 놓인 이야기네요. 조

기현 작가님 이야기와 연결해서 생각해보면, 돌봄을 위한 공적 테이블에 의사도 똑같은 한 명의 구성원으로 참여해서 논의할 수 있으면 좋겠다는 생각이 들어요. 그런 논의를 일회성이 아니라 지속해서 할 수 있으면 더 좋을 테고요. 병의 진행에 따라 치료가 중심이어야 할 때가 있고 돌봄이 중심이어야 할 때가 있다면, 적어도 그런 큰 변화가 일어나는 순간만이라도 다 같이 모여서 지금 상황에서 뭐가 더 필요하고 그걸 위해서 각자가 뭘 할 수 있는지를 이야기해볼 수 있다면 지금보다 나은 돌봄이 가능하겠죠.

공무원 이야기도 좀 해볼까요? 돌봄 과정에서 마주칠 수밖에 없는 사람이기도 하고, 조기현 작가님은 공무원 상대로 강연도 많이 다니시잖아요.

조ㅣ 근데 제가 돌봄 과정에서 자주 만났던 주민센터의 사회복지공무원들을 대상으로 얘기할 기회가 많지는 않아서, 강연보다는 제가 돌봄자로서 만났던 공무원들과 복지 시스템에 대해 이야기해볼게요.

기초생활보장제도의 지원을 받으려면 나이가 65세 이상, 즉 노인이 아닌 경우 근로능력평가를 받아야 해요. 한 가구 단위로 지원하니까 가구 안에 65세 미만의 사람들이 있다면 그 사람이 돌봄을 받는 사람이건, 돌봄을 하는 사람이건 근로능력평가를 받죠. 아프고 돌봄을 받아야 하는 상태지만 정확한 진단명이 안 나오면 이 평가에서는 '지원 대상이 아니다'라는 결론이 나올 수 있어요.

반대로 돌봄을 하는 사람 입장에서 보면 가구원 중 아픈 사람이 있어서 그 사람을 돌봐야 하는데, 근로능력이 있다는 이유로 생계가 곤란해도 지원을 못 받는 경우가 있죠. 아니면 조건부 수급이라고 해서 자활기업에 나가서 일을 해야 해요. 다시 말하면 가정 내 돌봄은 노동이 아닌 거죠. 이건 아픈 가족을 돌보는 상황뿐만 아니라, 아이를 키우는 한 부모의 입장도 마찬가지예요. 생계가 곤란한 상황에서 아이를 키우고 있는데 지원은 못 받고 나가서 일해야 하는 거죠. 근로능력이 있다면 수급을 못 하거나 조건부 수급만 가능하고, 근로능력 없음 판정을 받아야 수급자가 될 수 있어요. 여기서 근로능력평가는 신체적인 상태, 의료적 진단명으로 판정돼요.

사실 이것도 웃긴 거죠. 신체 상태만을 기준으로 일을 할 수 있다/없다를 판단했던 아주 오래된 산업화 시대의 노동의 어떤 규범이 계속 작동하고 있는 건데, 일을 할 수 있다/없다는 사실 한 사람의 신체 상태 외에도 많은 외부적 요인으로 결정이 되잖아요. 근로능력이 있다고 판정받아도 노동시장 상황에 따라 실업을 겪을 수도 있고, 아픈데 의료적으로 증명이 안 돼서 제도에서 요구하는 정도의 근로능력 없음을 증명하지 못할 수도 있어요. 돌보는 사람 입장에서는 내가 누군가를 지금 꼭 돌봐야 돼서 일을 못 하니까 동주민센터를 찾아왔는데 누군가 돌보고 있다는 것, 한 사람을 책임지고 있다는 것은 사실 동주민센터에서 인정하는 근로가 아닌 거예요.

그래서 그런 부분에 대한 얘기가 많았어요. 돌봄 상황에서 제도적 지원을 받으려고 동주민센터를 찾아갔는데 이 상황을 설명할 수 있는 언어가 없다는 거. 실제 그 빈곤을 둘러싼 외부적 환경들을 보여줄 방법이 없으니까 어떤 질병 코드명이나 비현실적인 어떤 소득이나 재산 산정 방식, 금융 정보 동의서 등으로 내가 얼마나 빈곤한지를 증명해야 하는 거.

그런데 노인장기요양보험에서는 이런 사례도 있어요. 민간요양기관에서 돌봄이 필요한 사람을 찾아서 건강보험공단에 대신 신청했는데, 이렇게 이야기했대요. '자녀 아니시죠?' 네가 자녀도 아닌데 왜 신청하려고 하냐는 거죠. 민간요양기관이 수익 올리려는 거 아니냐는 색안경 낀 시선도 덤으로 받고요. 이 '자녀 아니죠'라는 말이 정말 유의미한 게 한국의 돌봄서비스가 얼마나 시장화됐는지, 얼마나 민간 주도화됐는지를 공공이 스스로 폭로하는 것이면서 동시에 돌봄을 가족이 당연히 책임질 일로 보는 것과도 일맥상통하는 거죠.

기초생활수급을 신청할 때는 '너의 가족돌봄은 기초생활보장제도에서 염두에 두지 않아'라면서 '가족이니까 네가 돌봐' 하고 떠넘기고, 이번에는 '네가 가족도 아닌데 왜?'라고 하는 거예요. '가족이니까'와 '가족 아니니까' 사이에 높은 장벽이 있어요.

김 | 이런 문제를 어디서부터 풀 수 있을까요? 공무원들 입장에

서는 제도 자체가 그런 식으로 세팅이 돼 있으니까 공무원 개인
의 잘못이라고만 할 수는 없겠죠.

조 │   그렇죠. 공무원 개인의 문제로 보기에는 너무 만연한 사례
들이고, 해결책을 찾기 위해서는 개인을 넘어서서 고민할 필요가
있어요. 이를테면 홍종원 선생님이 집에 가서 상황을 보면서 그
사람을 느끼고 파악하듯이, 그런 소통을 할 수 있는 전문가가 다
리 역할을 하면 어떨까요? 사실은 빈곤하거나 돌봄이 필요한 당
사자가 공무원을 찾아가서 문제가 해결되지 않는 경우가 너무 많
잖아요. 자신의 필요를 정확하게 스스로 언어화하는 것도 쉽지
않고요. 이 둘의 매칭을 연결해줄 수 있는 다른 사람이 필요하다
고 생각해요. 그런 해석적인 소통 방식을 제도화하는 것, 이 사람
이 지금 어떤 상황인지를 소통하면서 제도에 연결해주는 역할을
누군가 하는 거죠. 홍종원 선생님이 말하는 돌봄의 동료 되기의
복지 버전인 거예요.

코로나 팬데믹 시기에 재난지원금, 긴급지원, 물품 지원, 안부 전
화, 취약계층 발굴 등 사회복지 공무원의 일상 업무도 많이 과중
하게 지워졌어요. 사회복지 공무원들이 더 많아지는 것도 중요할
테지만 그 중간에서 어떤 소통을 매칭해줄 수 있는, '이 사람이 무
슨 말을 하는가'만 보는 게 아니라 '그 말을 왜 하는가'라는 맥락을
같이 볼 수 있고 해결책을 찾아줄 수 있는 사람도 필요해요.

이를테면 일본의 케어매니저 같은 사람들이겠죠. '이 사람은

기초생활보장이 필요하겠다' '이 사람은 장기요양이 필요하겠다' 이런 걸 판단해서 전체 정책들을 관리해주는 사람이 있으면 단 하나의 정책을 찾아갔다가 소외된 경험으로 좌절하고 다시는 신청하지 않는 일이 벌어지지 않을 거예요.

김 | 케어매니저란 말이 낯선데, 구체적으로 어떤 일을 하는 분들인가요?

홍 | 돌봄이라든가 이런 제도에 진입하고자 할 때 환자나 보호자 입장에서는 어디서부터 어떻게 해야 될지를 보통 잘 모르죠. 일본에서는 케어매니저라는 직군의 사람들이 그것을 조정하고, 코디네이팅하는 거죠. 지역 포괄 케어 시스템 안에 그런 직군이 있고, 우리나라로 치면 통합사례관리사랑 좀 유사해요. 공공성을 띤 일종의 사회복지 담당자라고 봐야죠.

조 | 우리나라에도 비슷한 게 있긴 해요. 서울시의 돌봄SOS센터도 돌봄 매니저라는 이름을 쓰죠? 우선 돌봄SOS센터는 일시적인 돌봄 필요를 재빠르게 제공하는 서비스죠. 서비스 내용은 긴급하게 요양보호사가 집에 오는 것, 단기적으로 시설에 들어가는 것, 동행 지원, 주거 개선, 식사 지원 등이에요. 이런 서비스를 최대한 빠르게 연계해주는 게 이 사업의 특징이에요. 72시간 내로 돌봄 매니저가 집에 방문해서 어떤 서비스가 필요한지 상담하

죠. 돌봄 매니저라는 이름으로 활동하는 이들이 간호사하고 사회복지 공무원이죠?

홍 | 우리나라로 치면 사회복지 공무원도 그런 역할을 하죠. 찾아가는 동주민센터(65세 이상 어르신 및 건강취약계층을 대상으로 제공하는 방문 건강관리서비스), 찾동 안에 동복지사 같은 사람이 하는 경우도 있고. 그 사람이 민간 자원도 끌어오고 하면서 한 사람의 시간표를 짜주는 거죠.

우리가 돌봄을 생각할 때 보통은 아픈 사람과 돌보는 자 간의 관계, 방 안에서 벌어지는 상호작용을 먼저 생각해요. 그런데 사실은 요양보호사 한 명이 오려면 그 요양보호사를 파견하는 센터가 있어야 되고, 그 센터는 구에 신고해서 지정 허가를 받아야 되고, 그 센터를 만드는 사람은 사회복지사여야 돼요. 그렇게 한 명의 요양보호사가 파견되면 구에서 그 사람을 관리하고, 정해진 사회복지 예산 내에서 재가 센터들의 질 관리도 해야 돼요. 그런 점에서 돌봄은 일종의 제도이자 정책이고, 실제로 아픈 사람에게 이런 제도가 전달되려면 여러 관문을 거쳐야 한다는 거예요.

그리고 한편으로 제도는 언어인 거잖아요. 중간에서 행정의 용어를 당사자에게 통역해주고, 각종 서류 작성과 제출 같은 행정 절차를 해줄 사람이 필요한 거죠.

지금은 공무원이 직접 당사자에게 서비스를 전달하는 역할을 못 하는 것 같아요. 공무원은 예산을 다루거나 사업을 다루거나 민간기관들 전체를 다루는 식으로 더 높은 층위에서 일을 하는 거죠. 그러니까 사회서비스가 당사자에게 전달되는 게 쉽지 않은 거예요. 제도는 있는데 당사자는 자기가 제도의 수혜자임에도 불구하고 그 서비스를 제공받지 못하는 경우도 있는 거죠.

한편으로는 제도가 너무 복잡한 탓도 있어요. 복지서비스 안에도 노인을 대상으로 하는 기초연금이 있고, 국민연금 장애연금이 있고, 또 돌봄SOS센터가 있고 사회서비스원이 있죠. 이렇게 복잡해질 수밖에 없는 사정도 있지만, 결국 여전히 행정의 언어와 그 돌봄 현장 간에는 괴리가 있고 그것을 줄이는 노력이 필요한 거죠.

제도의 빈틈을 메우는 일상의 관계

조 | 저도 정말 늘 하던 고민인데 전달 체계나 정책 접근성 문제가 해소되지 않아 삶이 파국을 맞는 일이 너무 많잖아요? 제도가 있는데 못 받은 경우든, 제도 자체가 없어서 못 받는 경우든. 그리고 어떤 면에서는 사회서비스가 전달 안 되게 그냥 두는 것 같기도 해요. 단적으로 켄 로치의 영화 〈나, 다니엘 블레이크〉를 보면 주인공 다니엘이 실업급여를 받으려고 관공서를 찾지만, 반드시 인터넷으로만 신청해야 한다든가 하는 온갖 복잡하고 관료적인 절차 때문에 계속 좌절하잖아요. 이런 상황이 빠르게 개

선되지 않는 걸 보면 통치의 입장에서는 애초에 복지제도에 접근하지 못하게 만드는 게 재정을 아끼는 수단이자 효율적인 운영이 될 수도 있는 것 같다는 의심이 들어요.

실제 주민센터 현장에서도 문제가 있어요. 친구가 자활 일자리로 주민센터 복지 상담을 하고 있는데, 복지 상담하려고 온 분들을 다 잘 파악해서 복지를 제공하지 못한대요. 이를테면 주거비나 난방비 지원 같은 게 이슈화가 되면 몇 주 동안 하루에 100명씩 사람이 몰린대요. 그럴 때는 최대한 빠르게 복지 기준에 해당되는지, 안 되는지를 파악해야 하는데 결국 최대한 안 되는 쪽으로 판단을 내린다는 거예요. 친구가 보기에는 아슬아슬하게 될 거 같은 사람들도 사회복지 공무원이 그냥 돌려보낸대요. 모든 복지 상담과 신청을 공무원 1명이 담당하고 있으니까요. 그런데 막상 일이 없을 때는 일주일 동안 상담 몇 건밖에 없을 때도 있대요. 복지 수요가 일정하지 않은 거죠. 친구는 그럴 때 오히려 사람들을 찾아나서면 좋겠다고 하더라고요. 사회복지 인력을 더 늘려서 복지 신청이 밀려올 때는 세세하게 상담하고, 상담이 없을 때는 찾아나서자는 거죠.

가난하지만 공공부조를 받지 못하는 사람들을 '비수급 빈곤층'이라고 불러요. 특히 부양의무자가 기준 때문에 받지 못하는 경우가 많아요. 부양의무자 기준은 빈곤한 상황에 놓인 당사자뿐 아니라 그의 1촌 직계혈족, 그러니까 부모와 자녀까지 모두 소득과 재산 수준을 보는 거예요. 그래서 소득이나 재산이 높다고 파악되면 1촌 직계혈족이 부양할 것이라고 여기고 수급권을 주지 않는 거죠. 모든 가족이 서로 부양하고 돌본다는 전제로 만들어진 기준인 거예요. 기초생활보장 중에서 주거급여가 제일 먼저 부양의무자 기준이 폐지됐어요. 폐지된 이후 신규 수급 가구가 약 58만 가구로 예상이 됐는데 실제로 폐지 이후 9개월이 지난 2019년 6월 기준으로 주거 급여 수급 가구는 약 24만 가구만 증가했어요. 비수급 빈곤층이 100퍼센트 수급 가구로 전환되지 않는 거죠. 해외의 공공부조 수급률을 보아도 빈곤층의 70퍼센트 내외가 받거든요. 그런 요소가 정말 필요 없어서 안 받을 수도 있고, 공공부조에 대한 낙인 때문에 안 받을 수도 있지만, 접근성 문제를 빼놓고 생각할 수는 없을 거예요. 지금은 부양의무자 기준을 폐지하면 재정 부담이 우려된다는 주장에 대해 학계나 시민사회에서는 어차피 수급률 100퍼센트 전환이 안 될 거라서 재정 부담이 적을 수 있다고 반박하기도 해요. 이런 주장이 가능할 정도로 우리는 전달 체계 문제에 대해서 고민이 없는 거죠.

이걸 푸는 방법이 뭐가 있을지 생각해보면 일단은 원스톱 서비스처럼 한군데 다 모아놓고 내가 이런 상황이라고 말했을 때 착착착착 제공되는 그런 전달 체계를 만드는 게 하나 있을 거예요.

또 하나는 제도들도 사실은 경합의 장이잖아요. 주민센터가 다 수행할 수 없으니까 중간 지원조직 성격의 센터들이 생기는 거거든요? 주민센터도 제대로 할 수 없는 한계점이 분명히 있고, 그렇다면 사회제도들이 경합하면서 만들어내는 장 안에서 활력이 필요해요. 사회서비스원, 돌봄센터-이렇게 여러 가지 이름들을 단 기관들이 등장하려고 하는 것들이 제도의 근본적인 문제는 안 고치고 보충에 보충에 보충만 하는 것 같으면서도, 모든 걸 한번에 바꿀 수 없다면 그런 시도들이 경합하면서 가장 효과적인 대안을 만드는 과정으로 볼 수도 있을 듯해요. 그중에서 전달 체계 기능을 잘하는 것들과 하지 못하는 것들이 경합을 벌이는 거고 그중에 잘하는 것들이 다시 뭔가 하지 못하는 것을 대체하는, 이런 제도적 순환과 경합의 과정 자체에 주목하는 게 중요하다고 봐요.

누가 더 시민의 취약성에 잘 반응하는가? 이런 기준으로 제도들을 본다면 분명 더 나은 제도를 안착시키는 과정이 될 수 있을 거예요. 예를 들어 청년 분야에 서울시청년활동지원센터가 있는데, 센터 초기에 핵심적인 고민이 뭐였냐면 '주민센터가 전달체계 기능을 잘 하는가' 이게 하나 있었고, 그다음이 '주민센터에서 전달받을 때 당사자는 어떤가?'였어요. 당사자에게 어떤 모욕이나 낙인감을 주지 않고, 내가 여기 가면 심사받아야 된다는 느낌을 주지 않는 공간을 만드는 것이 하나의 목적이었죠. 그리고 동시에 동네 매니저라는 직함을 단 상근자들이 지역별로 여러 가지 청년 정책이나 일자리 정보들을 매니징해주면서 상시적으로 정보를 줄 수 있는 사람들을 둔단 말이죠. 청년뿐만 아니라 돌봄 센터가 이런 기능을 할 수 있는 거죠. 그리고 여러 과 간에, 행정 간에 분절돼 있기 때문에 공무원들도 제도가 있는데 모르는 경우가 많거든요. 그런 분리를 넘어 상호 교환하고 서로 협력할 수 있는 어떤 장을 만드는 것도 중요하고 센터를 독립적으로 만드는 것도 좀 더 신중하게 고민해볼 필요가 있어요. 여러 가지 전달 체계나 접근성 문제는 항상 고민이 돼요.

홍 | 근데 영국의 사회서비스 개혁을 이야기한 《래디컬 헬프》를 보면 영국도 비슷해요. 하도 여러 센터가 많으니까 다 쪼개져 있어요. 어떤 대상자한테 담당 공무원이 와서 딱 자기가 맡은 부분만 물어보고, 그것만 도와주자마자 간다는 거예요. 그럼 이따가 또 다른 사람, 다른 센터의 담당자가 와서 똑같이 하고.

저자가 봤을 때는 여러 사회서비스가 잘 짜여 있는데 너무 기능을 형식적으로 나눠서 분절적이고, 통합되지가 않더라는 거죠. 그렇게 여러 담당자를 채용하느라고 한 사람한테 들어가는 비용은 굉장히 큰데, 막상 수혜자는 그 많은 서비스들을 받으면서도 하나도 도움이 안 되고 있는 거예요. 다 관료적으로만 접근하고 있으니까.

저는 사실 행정이 만들어 낸 여러 혁신적이라는 센터들에 대해서도 좀 의구심을 갖고 있어요. 그런 센터들이 현장에서 제 기능을 하는지는 한번 두고 봐야 될 문제가 아닐까 싶은 거죠. 원론적이지만, 저는 항상 그런 생각을 해요. '결국 돌봄이란 타인을 돌보고자 하는 그 마음에서 시작해야 된다.'

조 | 그렇게 서로에게 내딛는 걸음이, 누군가에게 한 걸음 더 나아가려는 마음이 중요하죠.

홍 | 그런 마음을 어떻게 행정이 담보할지 생각해보면 사람을 늘린다고 다 되진 않을 거예요. 일단 기본적으로 양은 늘려야 될 필요가 있지만, 센터가 만들어진다고 해서 갑자기 사람을 돌보고자 하는 마음이 막 생기는 건 아니더라고요.

사실 공무원이 자기 의지에 따라서 이 서비스를 전달하거나 어떤 혜택을 줄 수 있는 부분도 많이 있는데, 그게 잘 안되는 면이 있어요. 공무원들을 제가 탓하는 건 아니고, 사실 그분들이 그런 마음을 가지면 일이 너무 힘들 거예요. 그렇지만 너무 관료적으로 접근을 해버리니까 공무원이 조금 더 신경 써서 도와줬으면 해결될 문제를 그 어르신은 응당 돌려받아야 될 돈조차도 받지 않겠다고 포기해버리는 그런 일이 많이 발생하거든요. 아까 이야기한 것처럼 어떻게든 수급 자격을 안 주려고 '가족이세요?' 이렇게 물어보기도 하고.

사실 이해는 돼요. 부정 수급자를 만들지 않는 게 공무원의 역할이니까. 결국 돌봄이 공공서비스화되면서 어쩔 수 없이 관료화되는 문제가 생기는데, 그걸 우리가 어떻게 잘 극복할 것인가. 그것조차도 국가에서 어떤 제도로 만들어 낼 것인지, 아니면 서로의 여러 관계망과 이심전심으로 돌보고자 하는 마음으로 해결할 것인지, 이런 것도 생각해봐야 될 지점이죠.

조 | 우리가 어떤 돌봄 공백 혹은 고립을 제도 중심으로만 상상
하면 제도적 아이디어, 생각, 실행들만 너무 비대해지니까 관계
라는 영역에 대해서 말할 틈이 많지 않은데, 사실은 여러 관계들
속에 제도가 있는 거거든요? 행정도 우리 일상을 가능케 하는 여
러 관계 중의 하나인 거죠.

　그러니까 행정이냐, 일상적 관계냐가 아니라 여러 관계들이 어
떻게 조화를 이루냐, 더 나아가 행정이 다른 일상적 관계를 얼마
나 촉진시키고 회복하게 할 수 있느냐를 고민해야 해요. 상호적
으로 계속 더 교류와 교환, 많은 흐름들을 만드는 것을 목적으로
삼는다면 우리가 얘기하는 행정, 제도와 관계가 대립되는 상황
이 아니라 같이 더 좋은 삶을 만들어가기 위한 두 축이 될 수 있
을 것 같다는 생각이 들어요.

　그리고 접근성 문제, 행정 용어를 모르거나 헤매는 문제는 노노
케어(노인들이 서로 돌보는 경우)에만 있는 게 아니라 영 케어러도 같
은 문제를 겪거든요. 어린 나이에 행정 용어에 익숙하지 않아서,
제도를 몰라서 복지 신청을 하지 못하는 거죠. 청소년, 청년들이
노인 정책을 잘 모르잖아요. 제일 중요한 건 보호자에게 맡기는
게 아니라 필요한 당사자를 위한 서비스를 충분하게 주고, 그게
잘 전달되도록 하는 거예요. 그런 상황이면 노인 케어러나 영 케어
러가 관련 제도나 절차를 모른다는 사실이 문제가 안 되죠.

홍 | 그런 걸 처음 접하면 너무 생소하죠. 갑자기 젊은 청년들이

그런 것들을 접했을 때, 알아내는 것도 쉬운 일은 아니에요. 사실은 저도 처음에는 그랬어요. 일단 이름도 이상해.(웃음) 노인장기요양보험도 지금은 너무 이제 익숙해져서 그렇지, 처음에 그런 단어들을 생각해보면 와닿지가 않더라고요.

조 ㅣ 저는 19살 때 공장에서 처음 4대 보험 들어가면서 월급을 받았어요. 그때 노인장기요양보험료가 건강보험 밑에 같이 나와 있더라고요. 그때 '내가 노인도 아닌데 이걸 왜 내지? 빼달라고 못하나?'라는 생각부터 들었어요. 그렇게 가까이서 그 제도의 존재를 볼 수 있었는데도 일상의 위기랑 연결해서 생각하지 못했죠.

홍 ㅣ 여전히 제도와 현실 간에 이런 분절이 있죠.

조 ㅣ 사실 이게 최대 이슈 같아요. 정책이 있어도 제대로 분배가 안 되니까.

김 ㅣ 공무원들 입장에서도 어려울 거예요. 통합적 관점이 없다는 문제도 있겠지만, 본인들도 다 알기에는 제도가 너무 복잡할테고.

홍 ㅣ 너무 복잡하죠. 실제로 공무원분들이 항상 하는 얘기가 '자기가 이 업무만 하는 게 아니라서요'예요. 공무원분들도 담당하는 업무들이 워낙 많은 거죠.

이게 참 어려운 문제인데, 이거는 사회가 복잡해지면서 나타나는 필연적 현상이라고 생각해요. 계속 제도를 보완하고 정책을 개발하고 사람을 더 뽑는 방식으로 접근해야 될 부분도 분명히 있지만, 한편으로는 우리의 마음가짐과 관계를 바꿈으로써 해결할 수 있는 부분을 계속 놓치는 것은 아닌지도 한번 생각해봐야 해요. 그건 지역 커뮤니티일 수도 있고, 그냥 사람들과의 관계성일 수도 있어요. 관계망을 어떻게 만드느냐에 따라 제도의 혜택을 받는 취약계층에 어떤 박탈감이나 낙인을 주는 게 아니라, 주도성을 줄 수도 있는 거거든요.

앞에서 공무원들을 비판했지만, 저는 사실 한국이 상당히 훌륭한 공공 체계를 갖고 있다고 봐요. 근데 공무원들이 너무 바쁘기도 하고 한 명 한 명의 취약계층을 관리하는 건 거의 불가능할 것 같고, 분명히 사각지대가 많이 존재한다는 말이에요. 어떤 면에서는 제도 자체가 취약한 사람들을 자연스럽게 탈락시키도록 하는 것 같기도 하고.

결국 제도라는 거는 빈틈이 생길 수밖에 없는데, 그 제도의 사각지대를 누가 메꿔야 하느냐. 저는 그게 사람이라고 생각해요. 그래서 우리가 서로를 어떻게 돌볼 것이냐, 타인과 어떻게 관계 맺을 것인가, 거기서부터 시작한다고 봐요.

돌봄 제공과 돌봄 수혜의 이분법을 넘어

김 │ 두 분 이야기를 들으니 어떤 제도가 있다고 해도 그게 실제로 필요한 사람에게 가닿는 건 굉장히 어려운 일이란 생각이 새삼 드네요. 행정의 언어가 현장의 언어와 괴리가 있다는 이야기가 나왔는데, 사실 저도 대담에서 나오는 용어 중에 낯선 말이 상당히 많아요. 나름대로 이런 문제에 관심이 있는 저도 다 따라가기 어려운데 교육 수준이 낮은 분들, 스마트폰을 잘 활용할 줄 모르는 노인들이 이런 말을 다 이해하고, 자기에게 필요한 서비스를 찾아서 활용할 수 있을까⋯. 불가능할 것 같고, 그런 점에서 조기현 작가님이 말씀하신 것처럼 중간에서 해석적인 소통을 해줄 케어매니저 같은 존재가 중요하다는 생각이 들어요. 한국 상황에 맞는 구체적인 역할이나 방식은 좀 더 고민할 필요가 있겠지만요.

　이미 너무 비대하고 복잡해진 제도 때문에 생긴 문제를 또 제도로 풀 게 아니라 우리가 그동안 놓쳐온 관계라는 측면에서 접근할 필요가 있다는 말씀에도 공감이 가요. 영국의 저널리스트 매들린 번팅이 쓴 《사랑의 노동》에 어느 자폐 아동의 부모가 '장애인생활수당 신청서는 50쪽이나 돼서 처음에는 혼자서 신청서를 작성할 수 없었다'고 말하는 대목이 있어요. 영국은 '복지국가의 청사진'이라 불리는 《베버리지 보고서》가 나온 나라기도 하고, 제도나 행정력 측면에서 한국보다 앞선 부분이 많을 텐데도 그런 상황인 거죠. 어쩌면 제도나 행정이 너무 발달해서 복잡해진 면도 있을 거예요. 그럼 이 문제를 정말 제도나 행정의 혁신으로 풀 수 있을까, 이 부분은 진지하게 고민해볼 문제죠.

아까 돌봄받을 윤리에 대한 이야기를 잠깐 나눴는데, 그 이야기를 더 이어가고 싶어요. 우리는 왜 이제까지 돌봄받을 윤리를 고민하지 못했는가, 돌봄받을 윤리가 정립되면 이 돌봄의 관계가 어떻게 변할 수 있을까…. 이런 질문을 던져볼게요.

조ㅣ 돌봄 윤리에 대한 논의에서 돌봄하는 윤리뿐 아니라 돌봄받는 윤리도 대단히 중요해요. 돌봄이 이론적 차원에서도 처음에는 여성의 도덕, 모성의 윤리 등 기존의 남성 중심의 도덕과 윤리와 대비되는 측면을 연구하다가, 그런 돌봄 윤리가 여성뿐 아니라 인간 모두의 보편적인 것으로 확대되고, 의존이 우리 모두에게 필연이기에 정상적인 것이라고 말하며 돌봄의 사회적 책임을 강조하는 흐름이 나타났죠. 거기서 더 나아가서 돌봄을 권리이자 의무로 파악하며 정치적으로 사고하는 돌봄 민주주의 논의도 있죠. 적극적으로 돌봄의 역할을 어떻게 분배할 것인가, 어떻게 민주화할 것인가에 대한 기준을 세우자는 거죠.

하지만 그런 논의들이 말로는 모두가 돌봄 수혜자라는 전제를 공유하지만 논의하는 이들이 돌봄 제공자로 제한될 우려가 있어요. 결국 돌봄 제공자가 조금 더 건강한 신체, 또렷한 인지를 가지고 있으니까요. 당장에 우리만 해도 돌봄을 말할 때는 돌봄 제공자 입장에서 얼마나 힘든지부터 논의하잖아요. 그렇게 말해야 돌봄의 사회적 책임을 더 강조할 수 있지만, 그게 가진 근본적인 아이러니 또한 넘어서야 해요. 사실 우리 일상에서 돌봄을 주는 쪽도, 돌봄을 하는 쪽도 모두 돌봄을 하고 있어요. 전적으로 다 돌봄을 받고, 다 돌봄을 주지 않는 경우가 더 많아요. 돌봄을 받는 이들이 돌봄하는 이들에게 정서적인 위안이 되기도 하고, 돌봄 부담을 덜어주려고 배려하는 경우도 있잖아요.

서로 돌봄을 주고받으면서 평등이 가능하냐는 질문을 나눠보고 싶어요. 무엇보다 중요한 건 돌봄에 대해 논의할 때 돌봄을 하는 쪽과 받는 쪽, 되도록 돌봄서비스를 제공하는 쪽까지 폭넓게 대화를 나누고 다양한 측면의 이야기를 들어보는 거예요. 한쪽으로 치우쳐져서 논의가 이어지지 않도록 말이에요. 돌봄 논의의 불평등을 응시하고, 그 불평등을 해소하려는 고민들이 필요해요. 돌봄에 속한 모두가 평등해질 수 있을까요? 사회, 정치, 경제, 문화적으로는 그렇지 못하게 하잖아요. 세상은 돌봄을 제공하는 것을 무시해요. 또 의존하는 것을 혐오하기도 하고요. 돌봄을 하는 쪽도, 돌봄을 받는 쪽도 사회적으로 가시화되기 쉽지 않은 상태이기에, 돌봄 제공과 수혜의 불평등은 주변적인 문제 취급을 받으면서 논의되지 않아요.

돌봄이 필요한 상태에 있는 취약한 사람들이 돌보는 경우들이 분명히 있어요. 아까 말한 노노케어죠. 그보다 더 심할 때는 인인케어라고 해서 인지저하인 사람들이 서로 돌보기도 해요. 이런 현실을 봤을 때 돌보는 사람과 돌봄받는 사람의 이분법을 넘어서는 관점에 주목해야 될 필요가 있어요. 제공과 수혜의 경계가 없어지는 것에 가까워지는 거죠.

예전에 아픈 청년과 돌봄청년들이 모여서 대담을 했어요. 사실 아픔과 돌봄을 우리가 같이 다뤄야 된다는 건 알지만, 잘 안 다뤄지잖아요. 지난 대담에서 했던 이야기와도 연결되는데, 청년이라면 뭔가 건강하고 생산적인 일을 해야 한다고 여겨지지만, 아픈 청년과 돌봄청년 모두 그런 청년상을 뒤집는 면이 있죠. 흔히 청년은 도전, 투자, 생산가능인구 등으로 생애에서 가장 활발한 시기로 여겨져요. 하지만 아픔과 돌봄을 중심으로 청년이 시장에서 생산적인 일만 하는 게 아니라, 일상에서 아플 수 있고 돌봄을 할 수 있다는 점에 주목하는 데서 지금의 생산 중심의 청년상을 전복할 수 있는 어떤 지점을 찾을 수 있을 거예요.

돌봄 제공과 돌봄 수혜의 이분화가 아니라, 둘이 공유하고 있는 지반을 더듬더듬 확인해나가는 게 중요하다고 봐요. 근본적으로 돌봄받는 것과 하는 것의 경계 자체를 허무는 게 아픔과 돌봄을 우리가 같이 사유해야 되는 이유이자 어떤 핵심적인 지점이지 않나 싶어요. 결국에는 관계의 질적인 성격을 어떻게 바꾸느냐의 문제니까.

홍 | 저도 공감해요. 어떤 사람은 의존적이기만 해서 무조건 돌봄을 받아야만 하는 경우는 없죠. 사실 돌봄은 상호관계를 기반

으로 한 상호작용이어야 하는데, 제도 안에서는 돌봄을 제공하는 자와 받는 자를 나눠서 서비스화하다 보니, 돌봄에 대한 이해를 조금 왜곡시키는 부분도 있다고 생각해요. 그러니까 우리가 100퍼센트 돌봄을 받는 사람도 없고 100퍼센트 돌봄을 하기만 하는 사람도 없는 관계를 만들어가야죠.

조 │ 한쪽이 100퍼센트가 되지 않는 관계를 만들 수 있고, 이미 그래왔고, 그렇게 해나갈 수 있다는 걸 인지하는 게 필요해요. 무엇보다 내가 누군가에게 의존하고 있고, 누군가에게 돌봄을 받고 있다는 걸 인지하는 것이 시작이라고 봐요. 돌봄을 인지하는 게 쉽지 않죠. 공기 같은 거니까. 그래서 내가 어떤 상황에 위안을 받고 있거나 어떤 것에 의존했던 순간들을 생각해보는 게 중요해요.

'돌보는 나'를 돌보지 않을 때

김 │ 지난 대담에서 자기돌봄에 대한 이야기를 한번 나누긴 했는데, '누구' 이야기를 하는 김에 다시 한번 여쭤볼게요. 자기돌봄에서 가장 중요한 건 무엇이고, 돌보는 사람은 누가 돌봐야 할까요?

조 │ 저는 자신을 잃지 않기 위한 '거리감'을 말하고 싶어요. 계속 돌봄이 필요한 사람의 상태를 살피는 게 중심이 되니까 돌봄에 집중하다 보면 계속 나를 계속 잃는 경우가 많아요. 근데 '내가 너무 사라지는 것 같다'라고 말씀하시는 분은 대부분 여성 돌봄자인 것 같아요. 분명 적극적인 돌봄이 필요한 시기가 있지만, 어느 정도 안정이 되면 돌봄자가 심리적인 거리감을 둘 필요가 있어요.

앞서도 이야기했지만, 죄책감을 마주하는 것도 돌봄자의 자기돌봄에 굉장히 중요한 부분이죠. 육아도 마찬가지예요. 많은 엄마가 아이를 낳은 뒤부터 자기 욕망을 가지는 것 자체에 대한 죄책감을 품게 돼요. 문화센터 잠깐 가서 배움의 욕망을 채우는 일도 스트레스가 되었다는 말도 들었어요. 간병에서도 여성들에게 특히 두드러지게 보이는 감정인 거 같아요. 부모가 아프고, 남편이 아프고, 자식이 아프면 스트레스가 쌓여도 그걸 적극적으로 해소하면서 웃고 떠들 수가 없는 거예요. 사람들이 욕할 것 같고 스스로도 받아들이지 못하고요.

하지만 돌봄에서는 돌보는 사람이 자신의 욕망을 갖는 게 굉장히 중요해요. 돌보는 사람이 잘 쉬어야 돌봄이 지속되기도 하고, 그래야 돌봄이 나르시시즘적으로 흐르지 않을 수 있어요. 자기 자신이 지워지는 돌봄은 결국 공의존이 되고, 돌보는 사람이 돌봄받는 사람과 자신을 과도하게 동일시하는 경향으로 흐를 수 있어요.

이를테면 이런 거예요. 자신이 하는 돌봄은 자신이 정한 돌봄

우리의 관계를 돌봄이라 부를 때

인데, 그걸 계속 돌봄받는 사람에게 좋은 거라고 착각해요. 그건 자신의 욕망이라는 걸 인정할 필요가 있어요. 그러지 않으면 자기 자신이 지쳐요. 다 좋으라고 해주는데 왜 말을 잘 안 듣느냐는 식으로 지쳐가는 거죠. 실제로 돌봄이 원하는 대로 제대로 되지 않을 때 스트레스가 상당해요.

어쨌든 나를 돌보는 일 자체가 이 돌봄을 지속 가능하게 만든다는 사실을 알고, 어떤 선택을 할 때 그게 가장 중요한 기준점이 돼야 해요. 어떤 선택지가 놓일 때마다 최종적으로 나를 위한 선택은 무엇인지 스스로 물어야 해요. 가장 중요한 건 현실이 그렇다고 해도, '나밖에 없어'라는 생각을 가지면 안 된다는 거예요. 그런 책임감이 돌봄을 유지하게 할 수도 있지만, 돌봄을 더 큰 파국으로 밀어 넣기도 해요.

간병 살인 사건이나 장애인 자녀 살인 사건에서 가해자가 된 가족 보호자의 마음도 그랬을 거예요. 결국 나밖에 없는데 내가 지쳐버렸고 앞으로 더 할 수 있을지 모른다는 마음. 돌봄이 계속 이어질 수 있으려면 내가 무너지지 않아야 한다는 것을 알고, 항상 내 욕구, 내 욕망, 자기 존중이 얼마나 돌봄에서 중요한지를 인식해야 돼요. 이걸 각자의 마음속에 합의할 필요가 있는데, 그걸 저해하는 요소가 죄책감이죠. 내가 즐거운 일을 하고 있을 때 내가 돌보는 사람은 그러지 못한다는 거. 초반에 돌봄할 때 여기 적응하는 게 진짜 시간이 오래 걸리는 경우가 많죠.

김 | '내가 지금 이렇게 즐거워도 되나' 이런 생각들을 하는 분들이 많다는 거죠?

조 | 특히 중장년 돌봄자들 만나면 많이 얘기하죠. '내 가족이 아픈데 내가 이렇게 웃어도 되나?' 이런 것부터 시작해서 그냥 예능 보고 떠드는 것, 잠깐 휴식 취하는 것조차도 죄책감이 드는 거예요. 근데 그 거리를 적당하게 잘 두는 게 돌봄자의 어떤 자기 돌봄 혹은 자기 존중의 한 방식인 거고, 어떤 선택을 할 때 그게 중요한 기준이 되어야 해요.

 또 자기 존중을 못 하게 막는 것 중의 하나가, 돌봄 과정에서는 어쨌든 뭔가 벌어진 일들을 수습하는 데 급급해질 수밖에 없잖아요. 그러다 보니까 여러 일을 하면서도 스스로 '내가 필요하고 가치 있는 일을 하는 거야'라고 생각하지 않아요. 보통은 '그냥 하는 거죠' 이런 식이에요.

 그런데 자기가 하는 일에 대한 가치 평가를 잘하고 있는지 생각해볼 필요가 있어요. '그냥 닥치니까 하지'라고 말하지만, 그렇게 하는 일이 절대 쉬운 일이 아니에요. 비약이라고 느낄 수도 있지만, 사회적으로 아무리 돌봄 수행이 필수 노동이고 공동체를 유지하는 가치 있는 노동이라고 말해도, 스스로 제공하는 돌봄을 그렇게 느끼지 못한다면 그 말은 기만적으로 느껴지거나 나와는 무관한 말처럼 느껴질 거예요. 모두가 자기가 한 돌봄에 대해서 가치를 좀 풍부하게 생각한다면 사회적인 돌봄 인식 자체도 조금 더 좋아질 거예요.

　그리고 돌봄 인식에서 남녀 차이도 분명히 있어요. 최근에 서울의 한 자치구에서 마을활동가들이 돌봄에 대한 작은 공론장을 열었어요. 근데 거기서 남자의 돌봄하는 비율이 너무 큰 거예요. 아이러니하지 않아요? 진짜 이렇게까지 돌봄을 많이 하는가, 이런 질문이 생기는 거죠. 그런데 왜 그런지를 보니까 남성들은 모여서 속마음 이야기 나누는 거, 전화 한 통 해주는 거, 밥 사는 거를 다 돌봄이라고 했는데 여성들은 일상적으로 밥하고 빨래하고, 옆집 아이들이 돌봄 공백일 때 같이 돌봐주고 하면서도 딱히 돌봄이라고 생각을 안 했던 거예요. 그러다 보니까 남녀 돌봄하는 비율이 비등비등하게 나오는 거죠.

　'아, 서로 생각하는 돌봄이 이렇게 다르구나.' 그 모습을 보면서 그런 생각이 들었어요. 특히 여성 돌봄자들이 문화적으로 돌봄을 당연하게 인식하는 것에 대해서도 새삼 고민하게 됐죠.

김 | 흥미롭기도 하고, 중요한 지점이네요. 그게 자칫하면 돌봄을 회피하는 핑계로 작용할 우려도 있겠지만, 남성들이 이야기한 것처럼 밥 사주고, 전화해서 안부 묻는 것도 돌봄일 수 있잖아요. 근데 보통 그렇게 생각하지 않으니까 우리가 돌봄을 너무 멀게 생각하고 뭔가 노년에 닥칠 일, 아니면 몸이 아픈 사람들이 겪는 일로만 생각하는 경향이 있죠. 저한테도 이 대담을 하는 일이 그런 생각을 깨는 과정이고, 이 대담이 책으로 묶여 나왔을 때 독

자들도 돌봄이 나와는 떨어진 저 먼 곳에 있는 게 아니라는 사실을 느꼈으면 좋겠어요.

조 │ 그렇죠. 제가 지난번에 캐슬린 린치의 논의를 빌려 돌봄을 세 층위로 나눴듯이, 돌봄이라는 게 정말 여러 층위가 있어요. 가끔 전화해서 안부 묻는 일부터 정말 한 사람의 삶을 책임지겠다는 마음으로 24시간 수발을 들고, 각종 행정적 업무를 하는 것까지, 다 돌봄이라는 말이에요.

이것들이 다 같은 돌봄이지만, 각자 관계의 밀도나 노고, 투여하는 감정이나 에너지가 다르고, 그래서 분명 꺼려지는 돌봄 형태가 있을 수 있다는 점을 명심해야 해요. 주 돌봄자가 되는 일은 많은 이들이 원하지 않잖아요. 연대노동이랑 사랑노동이 같은 노동이라도 성격과 층위가 다른 거죠. 그걸 명확하게 한다면 우리는 모든 게 돌봄이라는 말을 더 정확하게 쓸 수 있을 거예요. 모든 게 돌봄이지만 그 안에서도 다양한 종류의 돌봄이 있는 셈이죠.

앞서 얘기한 돌봄 공론장은 흥미로운 자리였어요. 사실 돌봄만큼 탑다운이 안되는 것도 없잖아요. 너무 미세한 노동이니까요. 이걸 규율화하고 탑다운 방식으로 국가가 제공하는 게 아이러니할 때가 있어요. 근데 진짜 아래서부터 동네에서 공론장을 열어서 돌봄에 대한 다름과 같음을 쌓아가는 게 흥미롭고, 그걸 바탕으로 돌봄 선언문도 만들었더라고요.

우리는 항상 돌봄 속에서 살아왔다

홍 | 조기현 작가님 이야기를 들으면서 어떤 생각이 들었냐 하면, 우리가 돌봄의 가치를 새롭게 인식하고 돌봄을 재구성하려면 돌봄이 사실은 한시도 우리 곁을 떠난 적이 없었다는 것을 깨달아야 되는 것 같아요.

사실 우리는 항상 돌봄 속에 살았었죠. 돌봄 속에 산다는 얘기는 돌봄을 받기만 했던 게 아니라 돌봄을 하기도 했었고, 지금도 하고 있다는 말이기도 해요. 그런 것처럼 돌봄이라는 것이 사실은 인간이 살아가는 동안 한시도 우리 곁을 떠난 적이 없는 아주 가까운 것이었다는 것을 우리가 다시 생각해봐야 되고, 그것을 우리가 떠올릴 수 있다면 돌봄을 재구성하기 위한 약간의 실마리가 될 수 있겠다는 생각이 들어요.

'돌보는 사람은 누가 돌봐야 하는가'라는 질문을 듣고, 나를 돌볼 수 없으면 남을 돌볼 수 없다고 생각했어요. 사실은 그 반대도 맞아요. 남을 돌볼 수 없으면 나를 돌볼 수 없는 거거든요. 저는 그 두 가지가 같이 작동한다고 봐요.

개인적인 얘기를 하면 저는 남을 돌본다고 설치고 다녔던 것 같아요. 근데 저도 나를 돌보는 법은 잘 몰랐어요. 그걸 요새 많이 느끼거든요. 남을 돌보는 일을 한다고 설치지만 남도 잘 못 돌보는 것 같고, 나도 지치는 것 같고. 항상 남이 먼저여야 된다고 생각하면서 여러 가지 일들을 해왔던 것 같은데 사실은 나를 잘 돌보지 못하니까 제가 남을 돌보는 것도 잘 못 하겠고, 기계적으로 직업적으로 하면서도 뭔가 놓치는 게 자꾸 생기는 것 같은 생각이 들어요.

코로나 영향도 있어요. 저번에 이야기한 것처럼 코로나가 정말 관계의 단절로 많이 우리한테 다가왔단 말이죠. '사회적 거리 두기'란 말을 많이 했는데, 그 거리 두기를 다른 말로 하면 관계 단절이거든요. 조금 극단적인 표현일 수도 있지만, 실제로 그런 면이 있잖아요. 실제로 안 만나니까 살아가기가 쉽지 않은 거예요. 내가 나를 돌보는 게 어려워지는 거죠.

결국 돌봄을 절대로 누군가 일방적으로 주고 누군가 일방적으로 받는 것으로 생각하면 안 되는 거죠. 결국 나, 그리고 인간이라는 존재 자체가 돌봄 없이 절대 살아갈 수 없는 존재임을 잘 알아가는 것이 돌봄을 재구성하는 일이겠죠.

그런 면에서 내가 나를 돌보는 것도 절대로 개인적인 일이 아니라는 생각이 들어요. 내가 나를 돌보면 그게 완전히 일대일 관계 같지만 사실 애초에 나라는 존재가 이렇게 홀로 서 있는 존재가 아닌 거죠. 나라는 존재는 사회 속에서 구성돼 있고 가까이 있는 가족, 친구, 이웃에 둘러싸인 존재로서의 나기 때문에 나를 돌본다는 것 자체가 사실은 상호작용을 기반으로 한다는 말이죠.

조기현 작가님도 비슷한 말씀을 하셨지만, 나 스스로도 아프든 안 아프든 그런 것과는 무관하게 돌봄을 받아야 되는 사람, 나를 돌봐야 되는 사람은 나이기도 하다는 사실을 인지해야 된

우리의 관계를 돌봄이라 부를 때

다고 봐요. 이런 관계성을 알아가는 게 돌봄의 비밀을 이해하는 과정일 거예요. 근데 이거를 머리로 알 수 있냐고 하면, 그렇지가 않다는 거죠. 돌봄이 잘 이루어지는 사회는 내가 의식적으로 '돌봄을 줘야지, 받아야지' 하는 게 아니라 이런 게 자연스럽게 이루어지는 사회예요.

돌봄의 달인들은 그런 걸 잘하는 사람 같아요. 뭔가를 계산해서 '여기까지는 내가 널 돌보는 거고 저기부터는 네가 나를 돌보는 거야' 그런 게 아니라 그냥 몸으로 자연스럽게 상호돌봄을 하는 거죠. 그런 것들을 잘하는 사람들을 보면 저는 '아, 저 사람 진짜 대단하다'라고 생각해요. 제가 어떤 사람이 대단하다고 느끼는 게 사실 그런 부분이거든요. 똑똑해서, 머리가 좋아서가 아니라 그 상황 안에서 사람을 잘 배려하고 또 배려받는 분위기를 잘 만들어가는 것들. 어떻게 보면 그런 것은 오랫동안 돌봄을 체득한 관계 속에서 나오는 것 같기도 해요.

조 | 너무 공감도 되고, 인사이트를 많이 얻네요. 자기돌봄을 이야기할 때 가장 경계해야 되는 게 '자기돌봄 시간을 따로 마련해야 된다'는 생각에 빠지는 거라고 보거든요. 물론 그것도 필요한 기술일 수 있는데, 신자유주의적인 자기 경영의 한 방식이기도 하잖아요.

김 | 시간을 효율적으로 관리해서 딱딱 사용하는.

조 | 체제가 제일 원하는 자기돌봄 방식이에요, 그건. 돌봄은 소진이고, 휴식은 충전이라는 이분법이 강하게 있는 거죠.

홍 | 맞아요. 그게 분명히 필요할 수는 있고, 사실 정신과 의사들이나 심리 전문가들이 그런 얘기를 많이 하는데, 그런 방향으로만 가면 위험할 수 있어요.

감정을 넘어 정동으로

조 | 돌봄이 삶의 기반이라는 사실을 인식하고 그 삶의 기반의 달인, 즉 돌봄의 달인이 되려면 돌봄관계를 달리 볼 필요가 있어요. 돌봄의 관계를 감정 상태로 볼 거냐, 정동 상태로 볼 거냐가 엄청 결정적인 차이를 줘요. 일단 감정이라는 건 슬픔, 기쁨, 절망 이렇게 단일한 것으로 어떤 관계에서 그런 감정을 느꼈다고 생각하는 거죠. 정동이라는 건 이런 것도 있고 저런 것도 있다는 그 흐름 자체를 주목하는 거죠.

제가 돌봄에 대해서 말할 때 누군가는 제 이야기에 절망과 슬픔을 봐요. 또 누군가는 보람을 읽는 사람도 있어요. 사실 다 있거든요. 관계를 하나의 감정으로만 규정할 수 없어요. 연애할 때도 마찬가지고, 직장 다닐 때 상사나 동료와의 관계도 그렇잖아요. 그런 다양한 감정들이 나를 통해서 드러났음을 느낄 필요가 있어요.

이런 거예요. 바람이 불 때 바람이 나뭇가지를 만나면 좀 더 소란스럽게 흔들리는 거고, 묵직한 이불 빨래를 만나면 천천히 흔들리는 거잖아요. 바람이 흐름이고 에너지고 정동이라면 감정은 그게 발현된 여러 방식 중 하나인 거죠. 바람에 흔들리는 어떤 사물, 그러니까 그 발현된 형태 하나로 모든 걸 규정하면 안 돼요. 우리는 드러나는 방식에만 초점을 맞추고 있는데, 그렇게만 인식하면 돌봄의 달인은 못 되겠죠? 보이지 않는 그 흐름을 내 몸으로 느껴야 해요.

홍 | 요즘에 청년들의 마음을 돌봐야 한다고 하면서 정부나 서울시 같은 지자체에서 청년 마음 돌봄 사업을 많이 하는데, 조기현 작가님 말씀처럼 감정 쪽에만 너무 집중하는 것 같다는 생각이 들 때가 많아요. '저렇게 하면 정말 청년의 마음을 돌봐줄 수 있을까?' 싶기도 하고요.

조 | 보건복지부에서 접근하는 청년 정책은 마음 건강, 자신 형성, 자립준비청년 지원이에요. 그런데 사실 가장 중요한 건 마음을 힘들게 하는 환경 문제죠. 청년들 상담하면서 파고 들어가다 보면 고통의 근원에는 대부분 주거 문제, 취업 문제가 있다는 거예요. 부채 문제도 크고요. 마음을 아프게 하는 물적 조건이 아주 분명하죠. 정부 사업이 심리 상담으로만 때울 게 아니라 이런

물적 조건들을 바꿔나가는 데까지 나아가지 않으면 정말 감정 컨트롤만 하는 격이죠.

홍 | 제가 정신과 의사는 아니지만 그래도 의사로서 사람의 건강과 마음에 대해서 나름대로 고민을 많이 했는데, 저도 위험하다고 느끼는 부분이 있어요.

조기현 작가님 말씀처럼 근본적인 물적 조건을 건드리지 않는다는 문제도 있고, 감정 컨트롤을 상업화한다는 문제도 있거든요. 기존에 심리나 마음 건강 전문가들이 그 상업화된 감정 컨트롤을 건강 돌봄인 것처럼 포장하는 흐름이 있었는데, 그게 요즘에는 청년 마음 건강에도 그대로 들어온 느낌이에요. '청년들의 마음이 왜 아프지? 청년들처럼 몸 건강하고 활동력도 있는 사람들이 왜 아프지?' 이런 질문의 답을 찾아야 하는데, 극단적으로 말하면 그런 방식은 오히려 마음을 더 아프게 만드는 게 아닌가 싶어요. 감정을 잘 컨트롤해야 한다는 식으로 가르치면, 결국 그걸 못하면 낙오자가 되고 그걸 잘하면 사회적으로 성공할 수 있다는 식으로 갈 수 있다는 거죠.

조 | 저도 정동과 돌봄이 연결될 듯 말 듯 하면서 연결이 계속 안됐는데, 이야기하다 보니까 돌봄을 고민할 때 왜 정동이 중요한지 새롭게 알게 된 느낌이에요. 우리가 좋은 돌봄을 위해 분절화된 시간을 극복해야 한다는 이야기를 지난번에 했는데, 마찬가지로

우리의 관계를 돌봄이라 부를 때

분절화된 감정을 극복하지 않으면 좋은 돌봄 자체가 불가능하다는 거죠. 그런 세밀한 것까지 분절해서 쪼개는 게 우리가 서로 잘 돌보지 못하고, 잘 돌봄받지도 못하는 이유 중 하나 아닐까요?

김│ 저도 두 분 이야기를 듣다 보니까 분절화된 것들을 극복해야 된다는 게 돌봄에서 굉장히 중요한 포인트라는 게 확실히 느껴지네요.

조│ 그게 우리가 이 대담에서 찾아갈 수 있는 핵심이겠죠. '분절화된 것들을 어떻게 극복해야 하나? 결국은 관계에서 풀어야 한다'로 저도 많이 맞춰지네요.

김│ '인간은 모두 취약한 존재고, 서로 의존할 수밖에 없기에 서로를 돌봐야 한다.' 이게 돌봄 논의의 중요한 전제인데, 그래서 돌봄 이야기가 자연스럽게 분절화를 어떻게 극복할 것인가로 연결될 수 있을 것 같아요.

조│ 그렇죠. 우리가 관계라는 것을 분절화된 시간과 시간을 다시 관계 맺어주는 것, 분절화된 감정과 감정을 다시 관계 맺어주는 것으로 더 확대해서 볼 수도 있을 거예요.
　지금은 우리가 감정을 분절화해서 슬픔, 우울 같은 개별 감정들을 상품화하고 있죠. 시간도 계속 분절화해서 어떤 시간은 내가 생산력을 위해서 써야 되는 시간, 어떤 시간은 내가 누군가에게 돌봄을 주기만 하는 시간, 어떤 시간은 온전히 나를 위한 시간으로 나누고 있고요. 이게 분명 일상의 스트레스나 균형을 개선시키는 효과도 있지만, 그런 것들은 이미 주어진 상황에 효율적으로 대처하는 방법일 뿐이고 최종적으로 우리가 이런 삶을 살게 만드는 거에 대한 근본적인 질문을 하지 않게 만드는 거죠. 그래서 이렇게 우리의 감정과 시간이 분절화되고 개별화되고 있다는 걸 같이 인식할 필요가 있고, 그 개별화된 시간들을 어떻게 다시 연결할 건지, 감정들을 어떻게 다시 하나의 흐름으로 만들 건지는 우리가 이 대담을 통해서 찾아가야죠.

사실 그 답은 우리가 계속 얘기하고 있는 관계일 수밖에 없어요. 어떤 관계 안에서 상호작용하는 것을 어떤 식으로 받아들일 건지, 또 그것을 개인이 받아들이는 차원을 넘어서 어떻게 일상과 사회에 배치해나갈 것인지, 이게 핵심이에요.

청년 감정, 마음 건강에 대해서 이야기할 때, 자주 듣는 말이 있어요. '그때 어른이 알려줬더라면'이라는 말이에요. '어른'이 정확히 누군지는 모르지만 뭔가 자신보다는 더 시야가 넓은, 우위에 있는 존재를 상정하는 말이죠. 그런 존재를 상정하는 태도나 말을 많이 들었어요.

근데 그 말은 어른 없이 내가 살아온 시간, 어른이 알려주지 않았지만 스스로 그것을 알기까지의 여정이 갖는 의미는 계산하지 않겠다, 그 여정을 우리 삶에 더하지 않겠다는 거잖아요. 그러니

우리의 관계를 돌봄이라 부를 때

까 정동적인 여정, 지금 여기의 '나'가 될 때까지 그 흐름들이 우리를 만든 건데, 우리는 보통 '이 고통은 없어져야 되고, 이것에 대한 해결책을 주는 초월적인 누군가가 있었다면 해결됐을 일이야' 라고 생각해요. 그러면 결국 우리 삶의 어떤 부분을 계속 유실하는 건 아닐까 의구심이 들어요. 그것도 우리의 삶이다, 그 시간을 고군분투하면서 견딘 것도 잘하는 거다, 이렇게 말하고 싶어요. 그 여정에서 얻어진 한 뼘의 성취, 성장했거나 고통이 완화됐거나 하는 것들로만 가치를 매기고 그런 감정에만 집중하는 건 우리 삶을 저해하지 않나 하는 생각이 들어요. 내가 내가 될 수 있었던 정동적인 여정을 인식하는 것이 타인을 돌보는 것과도 유기적으로 연결되는 사유 방식 아닐까요?

관계의 바다에서 헤엄쳐라

홍 | 저도 비슷한 생각이에요. 물론 심리 상담 받는 것 자체가 나쁜 건 아니고 도움이 되는 부분도 있겠죠. 문제는 계속 좋고, 뭔가를 잘하는 심리 상태가 있어서 거기에 도달하는 방식으로만 자꾸 상담을 하다 보면 그 청년은 그동안 자기가 해왔던 게 잘못됐다는 식으로 생각할 위험이 있다는 거죠. 너는 상담 받는 사람, 나는 상담하는 사람, 이런 식으로 돌봄의 위계처럼 그런 위계들이 있는 것도 문제고요. 내담자가 주도적이어야 되는데 그렇지

못한 거예요.

사실 청년, 중년, 장년 자체도 그냥 인위적인 나눔이죠. 청년 마음 건강이 따로 있고 중년 마음 건강이 따로 있는 건 아니라고 생각해요. 청년이든 중년이든 노인이든 우리는 모두 자신의 지금을 살고 있어요. 그런데 마음 건강에 청년을 붙인 순간 뭔가 청년으로서의 자기 관리랄까, 정상성이라는 관념을 투영해서 '청년이니까 이래야지'라는 식으로 흐를 가능성이 굉장히 높아서 우려스럽죠.

그럼 어떻게 해야 하냐? 관계의 바다에 빠지는 수밖에 없다고 저는 생각하거든요. 마음 건강 돌봄은 이렇게 해야 된다는 정답은 없어요. 이렇게도 해보고 저렇게도 해보고, 방법이 세 가지면 세 가지, 네 가지면 네 가지를 다 해보면서 관계의 바다에서 마음을, 자신의 정동을 헤아려 가는 수밖에 없는 거죠.

구체적으로 말하면 모든 종류의 관계가 다 도움이 된다고 생각해요. 옛날 사람들이 그런 이야기를 많이 했잖아요. '대학 때 뭘 배워. 다 동아리하면서 선배들한테 배우는 거지.' 그 이야기는 그분들의 실제 과거 경험에서 나오는 이야기일 거란 말이에요. 그 말처럼, 결국은 어떤 사람을 둘러싼 가까운 관계들 속에서 인간은 성장하고 배울 수밖에 없는 거죠. 그런 관계들과 그 속에서 다양하게 변하는 마음의 흐름을 보지 않고 특정한 상태의 감정만을 갖고 마음 건강을 이야기할 수 있을까요? 저는 회의적이에요.

김 | 자기돌봄을 이야기하면서 '청년 마음 돌봄'이라는 취지로

진행되는 심리 상담의 문제까지 넘어왔네요.

오늘은 '누구와의 관계인가'라는 주제로 대담하면서 주로 돌봄 노동자·의사·공무원과의 관계, 그리고 자기돌봄 관계에서 드러 나는 돌봄노동에 대한 인식 부족, 돌봄에 대한 공적 테이블의 필 요성, 행정의 언어와 현장의 언어 사이의 괴리 등에 대한 이야기 들을 나눴습니다.

오늘 대담을 정리하면, 우리가 모두 이어져 있다는 연결의 감 각을 회복하는 것에 대한 이야기였던 것 같아요. 그런 감각이 너 무 많이 무너져 있어서 평소에 각자도생하다 보니 도저히 그럴 수 없는 순간, 돌봄을 외면하거나 회피할 수 없는 상황이 닥쳤을 때 모두 협력해서 같이 돌봄을 할 수가 없는 거죠. 돌봄 제공자는 '자기만이 돌볼 수 있다'는 과도한 책임감을 느끼면서 소진되거나 그걸 도저히 감당할 수 없을 때는 돌봄노동자에게 모든 걸 떠넘 긴 뒤에 감시하려고 하고, 의사나 공무원들은 저마다 자기의 의 학적 전문 지식, 현장과 괴리된 행정적인 절차를 앞세우다 보니 협업을 통한 좋은 돌봄이 거의 불가능한 상황이 우리가 맞이한 현실이라고 생각해요. 마지막에 나눈 감정과 정동에 대한 이야기 도 영역은 조금 다르겠지만, 역시 연결의 감각이 무너지면서 생긴 분절화의 문제로 볼 수 있을 것 같고요.

이렇게 무너져버린 연결의 감각을 회복하고, 타인과 관계 맺는 방식을 근본적으로 바꾸는 일이 좋은 돌봄의 시작일 수 있다, 이 런 화두를 던지면서 오늘 대담은 여기서 정리하겠습니다.

4장

집의

넘어서

_어디서(Where)

시설과 이분법을

김 | 벌써 네 번째 대담입니다. 오늘의 주제는 '어디서' 관계를 맺을 것인지입니다. 현실에서는 시설과 집 중 어디에 머물 거냐, 이런 문제로 많이 나타나고 있죠.

이 주제는 '이바쇼居場所'라는 단어로 시작하려고 해요. 일본의 사회운동에서 많이 다뤄지는 개념이라고 하는데, 이게 무슨 뜻이고 어떤 맥락에서 논의되고 있는지부터 이야기해보죠.

조 | 이바쇼라는 말은 일본에서 학교 밖 청소년들을 대상으로 활동가들이 어떤 활동을 해야 할지 고민하면서 사용한 개념이라고 해요. 직역하면 '거처 감각'인데, 개인이 물리적인 공간 안에서 어떤 장소성을 획득하는 방식에 초점을 맞추는 개념이라고 할 수 있어요. '이 공간 안에서 내 주체성이 있는가? 안정감을 느끼는가? 온전히 나일 수 있는가?'를 파악하려는 거죠. 장소 안에서 자신의 역할을 갖고 존중감을 느끼게 하는 것, 그를 통해 사회와 연결되는 힘을 얻게 하는 것이 이바쇼의 지향이라고 할 수 있어요.

그런 문제의식으로 만든 이바쇼라는 개념이 청소년부터 시작해서 노인, 장애인, 기초생활 수급자, 실업자, 여성 노동자, 홈리스 등 다양한 영역에서 활용됐죠. 한국에서도 최근에 젊은 사회복지 연구자들이 적극적으로 이 개념을 한국 상황에 맞게 수용해보려고 하더라고요. 특히 노인 분야에서 이바쇼를 파악할 수 있는 척도를 한번 써보자는 생각으로 거처 감각이라는 직역 대신 '장소안도감'이라고 의역하고 한국에 맞게 지표를 개발하고 수정하고 있어요. 그 결과물이 신수경, 김찬우, 고은정, 김현민, 서종건, 이쁜새 6명이 쓴 〈한국어판 '장소안도감' 척도의 타당화 연구〉라는 논문인데, 여기서는 크게 다섯 차원에서 각각 4가지 질문을 던지면서 장소안도감을 파악해요.

첫 번째는 '개인적' 차원의 장소안도감에 대한 질문입니다. 질문이 4가지인데 순서대로 '나에게 안정되고 안심되는 곳이다' '다른 사람의 시선을 신경 쓰지 않고 마음 편하게 있을 수 있는 곳이다' '편안하게 여유롭게 쉴 수 있는 곳이다' '안전하게 생활할 수 있는 곳이다'로 구성돼 있어요. 이런 질문으로 어떤 공간과 그 공간에 있는 개인이 심리·정서적으로 어떤 관계를 맺고 있는지 알 수 있죠.

다음은 '사회관계적' 차원의 장소안도감에 대한 질문이에요. '사람들과 만날 기회나 시간이 충분한 곳이다' '누군가와 말할 기회나 시간이 충분한 곳이다' '어려움에 대한 이야기를 듣거나 들어줄 수 있는 사람이 있는 곳이다' '내가 어떤 사람인지 알아주는 사람이 있는 곳이다' 이렇게 역시 4가지 질문이 있고요. 어떤 사람이 보호시설, 집, 병원 등 어느 공간에 있을 때 관계를 차단당하거나 혹은 고립되어 있는지를 파악할 수 있게 해주는 질문들이에요.

그다음에 '역할적' 차원을 다루는 질문도 4가지가 있어요. 공동체 내에서 어떤 효능감을 얻거나 소속감을 느끼는지를 알 수 있죠. 첫 번째 질문이 '부탁받은 일을 책임지고 할 수 있는 곳이다' 예요. 그리고 '내가 도움이 되는 사람이라고 생각되는 곳이다' '내가 무엇을 하면 좋을지, 나의 역할이 무엇인지를 알고 있는 곳이다' '다른 사람을 위해서 노력하는 것을 통해 자신감을 얻을 수 있는 곳이다' 등의 질문도 있어요. 무엇보다 이 척도의 의미는 현재 취약한 상태에 있는 사람을 위한 질문이지만, 그를 돌봄을 받기만 하는 존재로 상정하지 않는다는 거예요. 공동체에 기여하는 것도 어떤 측면에서는 자기돌봄이기도 하거든요. 책임감을 느끼고 도움을 주고 공동체 안에서 내 역할이 주어지고 그런 활동들로 관계망 안에 존재할 수 있는 거죠. 이 질문들을 통해 그런 주체성을 볼 수 있어요.

'자기 해방적' 차원의 척도도 있습니다. '함께 거주하는 사람들의 결정에 제약받지 않고 내가 좋아하는 일을 할 수 있는 곳이다' '내가 하고 싶은 일에 집중할 수 있는 곳이다' '내가 생각하고 자유로운 활동을 할 수 있는 곳이다' '내가 좋아하는 취미 활동을 할 수 있는 곳이다' 이런 질문들이 있어요.

마지막은 '자기 지시적' 차원이에요. 첫 번째 질문은 '과거의 일을 스스로 돌아볼 수 있는 곳이다'예요. 자기가 표백된 공간이 아니라 자기의 역사가 있고, 자기 서사를 부여할 수 있는 공간인지를 묻는 거죠. 나머지 3개는 '생활 방식에 대해 나름대로 생각하고 노력할 수 있는 곳이다' '나의 건강 상태를 고려하여 정한 생활 방식대로 살아갈 수 있는 곳이다' '하루 일과를 어떻게 보낼지 스스로 생각해서 결정할 수 있는 곳이다'예요.

이렇게 총 20개 항목이 한국식 이바쇼, 장소안도감 척도의 문항입니다. 다섯 가지 차원에서 살펴봄으로써 장소와 개인이 어떤 관계를 맺는지를 당사자 입장에서 섬세하게 파악하려고 노력했다는 느낌을 받았어요. 이것을 통해서 돌봄서비스기관의 활동을 바꿀 수도 있고, 커뮤니티 케어를 더 심화시킬 수 있겠단 생각도 들었어요.

김 | 거처 감각보다는 장소안도감이라는 말이 훨씬 이해가 잘 되네요.

조 | 의미를 잘 전달하는 말을 만들려고 고민한 흔적이 보여요. 그리고 이 개념을 한국적으로 변환해서 다양한 시설이나 커뮤니티 케어, 주거지에서 개인들이 느끼는 감정이나 감각을 파악할 수 있도록 많이 노력했던 것 같아요.

현재는 노인 돌봄 논의에서 집과 시설로 서비스가 이분화되어 있는 것 같은데, 둘 중 어떤 게 더 좋은지에 대한 논쟁보다는 어떤 당사자에게 좋은 장소가 무엇인지를 파악하려는 게 이 연구의 가장 큰 목적이었어요. 물리적인 공간뿐 아니라 심리·정서적인 안정 상태, 그 공간에서 파생되는 관계망, 스스로 주체성을 획득하는 과정 등을 중요하게 보고 설명하고자 한 거죠.

김 | 홍종원 작가님도 방문진료 의사로서 이 장소안도감이라는 개념에 대해서 하실 말씀이 많을 텐데요.

홍 | 공간이 가져다주는 안도감이란 게 분명히 있어요. 병원이나 요양병원, 요양원에 계시던 분이 환자 본인이나 가족의 의지로 집에 돌아오는 경우가 종종 있는데, 일반화해서 말하긴 어렵지만 인지가 떨어진 상태여도 오랫동안 지낸 집으로 돌아오면 상태가 안정되기도 해요. 객관적으로 상태가 좋지는 않은 말기 질환의 어르신 방문진료를 갔는데 집에 오신 뒤의 상태가 안정적이어서 놀란 경험이 있어요. 집은 24시간 간호사가 처치해줄 수도 없고 의사가 항상 있지도 않아서 불안할 법도 한데, 병원과 집이라는 공간의 차이 때문에 환자 본인이 안정감을 느끼는 걸로 보여요. 인지가 떨어져 있으니 정확히 어떤 느낌인지 확인하지는 못했지만, 차이가 분명히 있다는 걸 느꼈죠.

아무래도 집에서는 가족이 의료 전문가는 아닐지라도 세심히 돌보고 필요한 것들을 그때그때 챙길 수 있는데 요양병원의 경우

간병인의 노력 여하에 따라 돌봄의 질이 떨어지기도 해요.

또 한편으로는 집은 자신의 공간이라 편의에 맞게 공간 세팅을 할 수 있죠. 다른 사람의 시선을 신경 쓰지 않고 마음 편하게 있을 수 있다는, 집이 가진 자유로움이 장점이죠. 가족 곁에서 비교적 자유롭게 뭔가를 마음대로 할 수 있는 것과 병원에서 그런 간호사나 의료 인력의 통제를 받는 것이 삶의 질에 큰 영향을 줄 거예요. 집이냐 병원이냐 이분법적으로 나눠서 본다기보다 돌봄을 받아야 하는 상황에서 비교적 편하고 자유롭게 있을 수 있는지를 봐야겠죠.

방금 조기현 작가님이 말씀하신 '장소안도감'이라는 척도에 대해서 이야기하자면, 척도를 가지고 점수 매겨서 몇 점 이상은 합격이라고 판정하는 게 제가 선호하는 방식은 아니지만 질문을 던져보는 건 굉장히 의미가 있다고 생각해요.

방문진료하는 의사로서 '왜 이렇게 병원에 가기 싫어할까?'라는 의문이 들 때가 있어요. 인지가 떨어진 상황인데도 병원 가기 싫다는 의사 표시는 분명히 하는 환자, 죽는 것보다 병원 가기 싫어하는 환자, 별 차이가 없는 공간 같은데 집에 와야 안정적인 환자가 있거든요.

가끔은 '혹시 죽으러 돌아오나?'라는 생각이 드는 경우도 있어요. 말기 상황에서 집에 돌아와서 잠시 안정됐다가 결국은 임종을 하시는 분들을 보면 그런 생각이 들죠. 임종을 앞두고 죽음을 자신의 공간에서 맞이하고 싶었던 게 아닐까 하는.

김 ㅣ 진짜 그럴 수 있겠네요. 내가 살았던 나의 공간에서 뭔가를 마무리하고 싶은 마음이 아니었을지….

조 ㅣ 죽기 직전이면 저도 그럴 것 같아요. 안정감을 주는 곳에 있고 싶을 거 같아요.

홍 ㅣ 방문진료를 하며 말기 환자가 계신 집, 요양병원, 요양원 등을 다녀보니 우리나라 요양시설이 환자에게 안정감을 주는 면에서 낙제점이에요.

병원이라는 공간은 어쩔 수 없이 전문가 중심의 공간일 수밖에 없다고 생각하지만 말기질환 환자가 계신 곳이니 환자가 느끼는 안정감을 고려해볼 필요는 있다고 생각해요.

김 ㅣ 아무래도 병원은 치료에 좀 더 포커스가 맞춰질 수밖에 없겠죠.

아픈 이의 위치에 선다는 것

홍 ㅣ 그렇죠. 그런데 요양이라는 말이 들어가는 시설들은 이런 부분에 대한 고려가 진짜 없어요. 누가 만들어놨는지 참 감옥처럼 만들었다는 생각이 들어요. 그렇기 때문에 두 가지를 병행해야 돼요. 우선 집에서 지낼 수 있도록 돌봄의 체계를 잘 만들어야 하고, 요양시설도 장소안도감을 고려하도록 변해야죠. 집에서 돌보는 게 좋고 요양시설은 나쁘다고만 말한다고 현실이 바뀌진 않는다고 생각해요.

일전에 일본 의사 선생님과 방문진료와 돌봄에 관해 대담할 기회가 있었어요. 일본 의사 선생님께서 발표한 것 중에 기억에 남는 이야기가 있어요. 일본에 노인들을 위한 집과 요양원의 중간적인 시설이 많은데, 그중에 죽음을 앞둔 사람들이 와서 지내는 집이 있다고 해요. 그곳에서 간호사의 간단한 돌봄을 받으며 적극적인 처치를 하는 것이 아니라 자연스럽게 임종하시는 거죠. 내 집은 아니지만 시설도 아니고 집에 가까운 공간이죠. 죽음을 맞이하는 집이라는 생각이 들었어요.

저는 죽음을 죽음 그대로 받아들일 필요가 있다고 생각해요. 제가 말기 질환을 앓는 노인 환자들을 만나 보면 돌봄 종사자, 보호자들이 죽음에 대한 강한 거부감을 가진 경우가 많아요. 조금 아쉽다는 생각이 들죠. 죽음이 좋다, 괜찮다는 건 절대 아니지만 죽음을 막을 수 없는 순간, 죽음을 받아들여야 되는 순간도 분명히 있는데 그걸 거부하다 보니 죽어도 괜찮은 느낌이 드는 공간을 이야기하기 어렵죠. 죽음은 절대악이니까 말기 상황에서 장소안도감을 느끼는 게 중요한 것이 아니라 어떻게든 죽지 못하도록 감시하고 연명치료를 하는 환경을 만드는 걸 중요시하죠.

하지만 말기 질환의 어르신 입장에서 장소가 안도감이 있다는

우리의 관계를 돌봄이라 부를 때

말은 죽어도 괜찮다고 느껴지는 공간, 죽음 안도감이 있는 공간을 뜻할 수도 있어요. 오히려 안도감이 느껴지는 공간에서 말기 돌봄도 가능하고 안정을 찾거든요. 그저 죽음을 막아야 한다는 강박으로만 돌봄이 이루어져서는 안 되죠. 죽음에 대한 인식, 요양하는 공간에 대한 인식에 대한 폭넓은 토론이 필요하죠. 현재는 많이 부족해요.

조 │ 돌봄 종사자나 보호자가 죽음에 강한 거부감을 느낄 때가 있다는 말이 인상적이네요. 오랫동안 돌봄을 한 보호자 중에는 죽음을 아예 가정하지 않은 분들도 계신 거 같아요. 돌보는 분을 어떻게든 살려내려고 하시는 경우가 있어요. 여러 이유가 있겠지만, 어떨 때는 오히려 아픈 사람을 탓하면서 더 운동하고 더 걸으라고 요구하고 혼내는 경우도 있어요.

사람이 계속 노쇠해지는 모습을 받아들이지 못하는 과정이 쌓이다 보면 죽음도 부정하게 되는 것 같아요. 과거에 대한 미련이 계속 남아 있고, 항상 현재에 한발 늦게 도착하는 거죠. 그럴 경우 개인과 사회의 인식 변화도 필요하겠지만, 돌보는 사람과 돌봄받는 사람의 관계 변화도 꼭 필요하다고 봐요. 애착이 심하거나 동일시가 심하면 돌봄받는 사람은 아파도 제대로 아플 수 없고 잘 죽을 수도 없는 상황에 처하죠. 일종의 나르시시즘이죠. 돌봄이 관계 맺기가 아니라 자기 투영이 되어버리는 거예요. 그건 육아할 때도 마찬가지예요. 가장 문제적인 육아가 아이에게 자기 욕망을 투영하고 부모의 충족을 위하면서 아이를 위한다고 착각하는 거잖아요.

마찬가지로 아픈 이가 장소안도감을 느낄 수 있게 하려면 돌봄 종사자와 보호자의 관계 변화도 중요해요. 정서적인 분리가 잘 돼야 하고, 그 사람의 위치에 끊임없이 서봐야 해요. 그게 굉장히 힘들 때도 있어요. 답이 없다는 느낌이 올 때가 있어요. 아무리 그 위치에 서보려고 해도 현실적으로 요양원에서 어르신이 상처를 계속 뜯거나 하면 손을 묶기도 하고, 자꾸 통제하려고 하죠. 아픈 이의 위치에 서보는 것도 숙련이 필요하고 훈련 과정이 있어야 해요.

제가 요즘 주목하는 건 휴머니튜드 돌봄 기법이에요. 사람 중심 돌봄을 지향하는 기법인데, 치매 노인을 돌보는 것으로 연구되고 개발됐어요. 뭘 이런 기법까지 필요하냐고 할 수도 있는데, 사실 우리는 취약해졌을 때 어떻게 관계 맺어야 할지를 모르잖아요. 건강한 사람이 표준이 된 소통 방식과 관계 맺기는 아픈 이들과 관계 맺는 경험을 익히고 배울 기회를 없앤다고 생각해요. 그래서 이런 기법이 필요하죠. 말은 기법이지만 사회생활 방식 중 하나에 가깝다고 볼 수도 있어요. 사람과 어떻게 관계 맺고 말을 걸고 눈을 바라봐야 하는지가 주된 내용이거든요.

주요 내용은 4가지예요. 보다, 말하다, 만지다, 서다. '보다'와 '말하다'는 치매 당사자의 시야 안에 들어가서 그들의 눈높이에서 눈을 맞추고, 말을 걸라는 거예요. 시야가 좁아진 치매 당사자의 앞에 불쑥 나타나면 놀라고, 눈높이를 맞추지 않고 아래서 내려다보면 놀라죠. 공격적으로 반응할 수밖에 없어요. 그리고 '말하다'는 어떤 답을 요구하는 물음을 던지거나 대화가 오고 가는 걸 의미하지 않아요. 돌봄 종사자나 보호자가 어떤 행동을 할 때 그 행동을 지시해주는 말을 다시 한번 짚어주는 것에 가깝죠. 이를테면 "이제 몸 일으키려고 해요. 어르신 팔 잡고 당길게요" "이제 등에 비누칠해드리려고 해요" 이런 식으로요. 그런 식으로 안정감을 주는 데 말을 활용하는 거지요. '만지다'는 터치가 중요하다는 거예요. 터치도 막 물건을 옮기듯이 잡거나, 경찰이 범인을 체포하듯이 덥석 잡으면 안 돼요. 보이는 시야에서 살에 살을 얹듯이 해야 해요. 그 차이가 놀람과 안정감을 결정할 수도 있죠.

'서다'는 유일하게 돌보는 사람이 하는 게 아니라, 돌봄받는 사람이 하는 거예요. 몸에 힘이 없는 어르신을 넘어지거나 떨어질 위험이 있다는 이유로 스스로 걷지 못하게 하는 경우가 있어요. 정말 나쁜 경우에는 돌봄 인력이 없다는 이유로 요양원이나 요양병원에서 걸으려고 하는 어르신을 아예 묶어두죠. 하지만 몇 초라도 일어설 힘이 있다면 그 시간이라도 일어설 수 있게 하고 걷게 해야 한다는 게 '서다'가 지향하는 바에요. 사람이 자기 몸에 대한 주체성과 통제력을 가질 때 드는 안도감을 무시해서는 안 돼요.

한번은 어느 보호자가 어머니가 일어선다고 해서 안 된다고 안 된다고 하다가 '그래, 일어서라. 난 모르겠다' 이렇게 포기하듯이 일어서게 하셨어요. 지치신 거죠. 결국 어머니가 걷다가 크게 넘어졌어요. 보호자는 엄청나게 혼을 내죠. 그거 보면서 제가 예전에 아버지한테 똑같이 했던 게 생각나더라고요. 아버지는 꼭 한겨울에 나가자고 하면 반팔 입고 나갈 거라고 했어요. 제가 패딩이라도 입히려고 하면 막 난리를 쳐요. 그러면 저도 지치기도 하고 오기도 생기니까 포기하게 돼요. '어디 한번 나가서 덜덜 떨어봐야 정신 차리지!' 이러면서. 근데 제가 너무 미숙했어요. 그냥 제가 패딩을 들고 있고 아버지가 춥다고 하면 주면 되는 거잖아요.

저는 '서다'를 할 때 딱 이런 마음이 필요하다고 생각해요. 보호자가 지쳐서 응해주는 게 아니라, 응해주되 위험을 감지하고 세부적인 요소를 파악하는 거죠. 만약 어르신이 일어서겠다고 하면 10초 정도 걷게 하고 부축하고, 또 10초 정도 걷게 하고 부축할 수도 있겠죠. 여하튼 이런 4가지 요소를 각각 돌봄 상황마다 응용하고 변용할 수 있기도 해요. 무엇보다 이런 인간 중심적인, 당사자 중심의 돌봄이 실제로 신경 이완제 같은 약물 사용량을 현저하게 낮춘다는 거예요. 약물로 통제하고 관리하지 않을 수 있는 거죠.

이런 일상적인 노력이 잘 안되는 이유는 지금 간병 인력의 고용 안정 문제도 커요. 실제로 휴머니튜드 기법을 활용하는 요양병원에서 일하는 간호사들은 훈련을 받지만 일용직에 가까운 간병인은 훈련을 할 의무도 없고 계속 대체되기 때문에 할 수도 없죠. 아픈 이의 가장 가까이 있는 사람이 간병인인데 말이죠. 그리고 살아 있어야 요양원, 요양병원에 수익이 되는 문제도 무시

못 하고요. 한 명당 남는 돈이 확실하니까 계속 살려두는 게 이득이죠.

저는 시설에서 좀 더 나은 돌봄을 하려면 요양원이나 요양병원이 더 열려 있어야 된다고 생각해요. 지역사회도 마찬가지고요. 열린다는 말은 책임을 질 수 있는 사람이 더 많아진다는 것이기도 해요. 이를테면 치매 당사자의 배회 문제를 생각해볼까요? 만약 치매 당사자가 배회하면 많이 다칠 수도 있고 보호자들은 힘들겠죠. 그렇다고 배회를 아예 못 하게 통제하는 방법이 최선은 아닐 거예요. 배회해도 괜찮은 환경에 대해 고민해볼 수 있죠. 도시나 농촌 환경 전체를 고민하면 너무 아득하겠지만 당장 책임을 질 수 있는 사람들이 많아지는 것도 중요할 듯해요. 치매 당사자의 안전을 위해서 다 제약하는 게 아니라 설 수 있게 하고 걷게 하면서 혹시나 있을 위험을 같이 나눠 지자는 거죠. 그러려면 보호자와 시설장, 종사자의 관계가 협력적인 관계가 되어야겠죠. 보호자가 돌봄을 그냥 '맡겨' 버리는 게 아니라, 소비자의 위치에 머무르는 게 아니라.

사실은 대단히 힘든 문제고 어려운 문제예요. 지금처럼 노인 인권이 심각하게 침해되는 이유 중 하나는 노인의 행동과 그에 따른 결과를 아무도 같이 책임져주지 않기 때문이에요. 책임을 져주지 않으니까 배회가 증상이 되는 거고 질병이 되는 거예요. 곁에 누군가 있다면 그저 돌아다니다가 올 수도 있는 건데.

지금은 요양원에서 다치면 간병인이 잘못한 거 아니냐, 간병인

업체에 보험을 들었느냐, 이런 걸로 싸우는데 어떻게 보면 이런 책임의 문제가 좀 더 가시화돼서 조금 더 많은 사람이 참여하는 열린 요양이 가능하면, 우리가 실제로 자율성을 보장하는 부분까지 연결될 수 있다고 생각해요.

또 하나 드는 생각은, 장애인복지시설은 인권 강사가 계속 파견이 된다고 들었어요. 2020년에는 국가인권위원회에서 요양병원의 노인 인권 침해가 심각하니 인권 교육을 실시하라는 권고를 했어요. 의료법에서 인권 교육 근거를 신설하라는 거죠.

우리는 모두 늙고 결국 돌봄을 받을 텐데 주간보호센터, 요양원, 요양병원이 그런 인권 학습의 장이 되면 어떨까 싶어요. 지금처럼 늙음을 혐오하고 돌봄을 부정하는 공간이 아니라요. 열린 요양이 가능하다는 건 여러 주체가 책임을 나눠진다는 거고, 돌봄과 인권을 학습할 수 있는 장이 된다는 거예요. 의지만 있다면 그 안에서 모두가 인권감수성을 기르고, 책임의 문제도 같이 논의해볼 수 있지 않을까 하는 생각도 드네요.

김 | '휴머니튜드 돌봄 기법'은 단지 치매 당사자와의 관계에만 적용되는 이야기가 아니라 우리가 타인과 관계 맺는 일 전반에 여러 생각거리를 던져주네요. 타인의 처지를 고려해서 그가 편안함을 느낄 수 있는 방식으로 접근하는 일은 모든 관계에서 필요할 텐데, 현실에서는 내 입장만 생각하다 보니 상대방 입장을 배려하지 못하거나 내가 편하려고 남을 통제 혹은 관리하려 할 때

도 많죠. 그런 점에서 우리가 나누는 이 대담이 사회적 약자로 규정되는 특수한 타자와의 관계에 대한 이야기를 넘어 모든 타자와의 관계 맺기에도 적용 가능한 이야기라고 생각해요.

열려 있는 건 책임질 수 있는 사람이 더 많아지는 거란 말씀도 인상적이네요. 돌봄이 재난이 되는 건 모두가 책임을 회피하고 가장 약한 사람에게 돌봄의 책임을 전가하기 때문일 텐데, 여러 사람이 그 책임을 나눠서 질 수 있다면 훨씬 부담이 줄어들겠죠.

책임responsibility을 응답response하는 능력ability이라고 풀이하기도 하는데, 우리에게 의지가 있다면 시설을 돌봄이 필요한 타자의 목소리에 귀 기울이고 응답하는 장으로 만드는 것도 상상해볼 수 있지 않을까요?

'좋은 죽음'이 가능한 공간을 상상하다

조 | 앞에서 소개한 장소안도감에 대해서 하나 제안하고 싶은 게 있는데, 서울시에 좋은 돌봄 인증제가 있어요. 주간보호센터나 요양원의 서비스 수준, 일자리 안정성, 기관 운영의 건전성 등을 평가해 일정한 기준을 충족하면 '좋은 돌봄' 인증을 해주고 또 지원도 해주는 제도죠. 시설장의 교육도 진행하고요. 그렇게 좋은 돌봄 인증제의 기준을 지키려고 하는 돌봄기관부터 장소안도감 지표를 활용해서 지원하면 어떨까 싶어요.

핵심은 그거잖아요. 우리가 장소라는 말을 쓸 때는 어떤 물리적인 공간 배치만 의미하는 게 아니라 어떤 사람에게 주는 영향을 구체적으로 고려하고 그 사람이 사회적 관계를 획득할 수 있는 공간으로서의 장소를 말하는 거잖아요. 그렇다고 하면 사실은 죽음이 그저 삶과 동떨어진 어떤 대상이 아닐 수 있죠. 죽음조차도 사회적 관계 안에서 어떻게 배치되느냐에 따라서 '좋은 죽음'이라는 게 생기는 거니까. 그러면 이런 질문을 할 수 있죠. 어떤 장소에서 죽는 게 우리에게 필요한가? 다시 말하면 어떤 관계 속에서 죽는 게 우리에게 필요한가? 그런 의미에서 장소안도감이라는 이 개념이 의미가 있다고 봐요.

장소안도감이란 말을 처음 봤을 때 신체적 상태만으로 뭔가를 판단하지 않는다는 게 참 좋았어요. 신체적·정신적 질병이 없어도 만약에 이 사람이 관계에서 위축되고 사회적 관계 속에서의 자기 역할이 없다면 뭔가 문제 상황에 있는 건데, 우리는 그걸 문제 상황으로 생각하지 않잖아요.

예를 들어 노인장기요양보험 인정조사표에 이런 장소안도감과 관련된 부분을 넣을 수도 있는 거거든요? 이 사람이 너무 관계가 위축돼 있다는 걸 알기 위해 '인사를 하는 사람이 있습니까?' 이런 거를 좀 더 구체적으로 조사할 수 있겠죠.

김 ｜ 어떤 항목이 들어가야 할까요? 일주일에 몇 번이나 사람들과 대화하냐, 이런 거?

조 | 그거는 노인장기요양보험 인정조사표 뒤쪽에 들어가 있는데, 사실은 일주일에 인사 세 번 한다고 달라지는 건 없잖아요. 장소안도감이라는 개념이 정말 디테일하게 관계가 이렇게 무너지고 취약한 상황은 뭔가 대처가 필요하다는 사실을 우리가 알 수 있게 해준다고 봐요. 우리는 지금 신체적·정신적 질병이 있는지 판단할 때 '칫솔을 들 수 있는가?' '변기 뚜껑 올리고 내리고 대변을 보는가?' 이렇게만 묻잖아요. 그런 것에 벗어난 어떤 관점을 제시해주는 게 저한테는 엄청나게 컸어요. 이런 관점이 보편화된다면 구태여 노인이나 장애인이 아니더라도 돌봄이 필요하다는 게 당연하게 되는 거죠. 장소와 관계로 취약함을 바라보는 게 그런 의미에서 굉장히 중요해요.

김 | 앞서 죽음에 대한 이야기가 잠깐 나왔다가 장소안도감에 대한 이야기로 돌아왔는데, 죽음과 장소에 대한 이야기를 조금 더 이어가 보죠.

한국의 경우 2021년 기준으로 10명 중 7명이 병원 등의 의료기관에서 죽는다고 하는데(보건복지부 보도자료 〈우리나라 보건의료질, 지속적인 개선 및 향상〉), 그래도 여전히 집에서 죽는 게 좋은 죽음이라는 관념은 존재해요. 홍종원 작가님이 말씀하셨듯이 정말 임종을 맞으러 돌아오는 것 같은 분들도 있고, 가족들도 환자를 시설로 보내면서 '내가 책임을 다 못하고 있는 건 아닌가?'라는 죄책감을 느끼는 분들이 있죠. 그래서 이런 상황을 어떻게 봐야 될까, 사람이 집에서 죽는다는 게 대체 어떤 일인지를 더 이야기해보죠.

홍 | 그 부분에 대해서는 요양시설 전반에 문제가 있다고 생각해요. 우리나라 요양시설은 현실적인 필요에 따라 생긴 부분이 크죠. 청년·중년 세대는 일을 해야 돼서 노인을 돌볼 수가 없으니 아픈 노인을 효율적으로 관리·감시하는 시설을 만들어낼 필요가 있었죠. 사람을 잘 돌본다기보다는 죽지 않도록 잘 관리하고 감시하는 거예요. 그러니까 자녀들은 요양시설에 부모를 보내면 죄책감을 느껴요.

노동 생산성과 환자 돌봄의 현실적인 여건 때문에 요양시설이 필요했지만 시설이 돌봄이라는 본연의 목적을 수행할 수도 있다고 생각해요. 자녀가 죄책감을 느끼고 끝날 문제는 분명 아니에요. 현실적인 효율성도 고려해야겠지만, 공간의 목적을 다시 떠올리고 함께 바꿔나가려고 시도해야죠.

물론 지금은 집에서 돌보는 게 어려운 일이긴 해요. 지역사회 돌봄의 현실도 요양시설 못지않게 처참하고, 특히 죽음까지 생각하면 죽음을 효과적으로 관리할 수 있는 공간인 병원이나 요양시설에서 마지막 생을 보낼 수밖에 없죠. 가정 내 임종에 대한 법적·윤리적 절차가 명확하지도 않아요.

단적으로 집에서 임종하면 학대나 사고는 없었는지를 조사해야 하죠. 사망 선고는 의사가 하는데 집에서 사망 선고를 하는 게

우리의 관계를 돌봄이라 부를 때

현실적으로 어려우니, 병원에서 죽는 게 좋고 나쁘고를 따질 것 없이 현재로서는 병원에서 죽을 수밖에 없는 상황이에요. 실제로 집에서 임종하면 경찰 조사 같은 걸 받아요. 저도 그런 얘기를 많이 들었어요. 사람이 집에서 죽으면 먼저 119에 전화하잖아요. 119가 왔는데 임종 상황이면 112에 전화해야 돼요. 형식적인 조사로 끝나지만 유족들 입장에서는 불쾌한 경험이죠.

사실 지금도 가정호스피스제도를 통해 가정 내 임종이 가능하긴 해요. 그런데 호스피스제도는 말기 암, 만성 폐질환, HIV 감염 등의 상황에 한정되어 있고, 말기 암이 대부분이에요. 물론 암 환자가 많기는 하지만 사람이 암으로만 죽는 건 아니잖아요.

그런 의미에서 한국 사회는 집에서 죽을 수 있는 환경이 조성되지 않았어요. 방문진료를 하며 가정 내 임종을 하는 경험을 하는데 쉽지는 않아요. 보호자의 굳은 의지가 있어야 되고 또 저 같은 의사도 준비가 돼 있어야 돼요. 그래서 우리가 집에서 죽는 걸로 합의 볼 수도 없어요. 왜냐하면 의사는 사람을 살려야 하는 사람이지, 죽게 내버려두는 사람은 아니잖아요. 그렇기 때문에 지금 제가 봤을 때는 이 부분이 공백 상태고, 냉정히 말하면 지금은 집에서 죽는 게 아니라 병원에서 죽는 게 여러모로 더 나아요.

조 | 복잡하지 않죠.

홍 | 사실은 깔끔해요. 너무 깔끔하고 행정 처리가 편리한, 외면

된 죽음이죠.

사건이 되고, 실패가 된 죽음

조 │ 그럼 요양원에서 임종이 벌어질 경우에는 어떤가요? 응급
실로 가나요?

홍 │ 그런 경우도 있긴 한데 요양원에서 사망하시는 경우가 많아
서 자연스레 장례식장으로 바로 안내하죠. 그런데 요양원 입장
에서는 임종 시에 책임 소재가 문제가 될 수 있기 때문에 임종이
가까우면 병원에 가시라고 안내하죠. 보호자와 요양원 측에서
임종해도 어쩔 수 없다는 상의가 미리 이루어지면 자연스레 임종
하시고 바로 장례를 하더라고요. 저와도 어떻게 할지 상의하죠.
병원에 가서 치료받아야 할지, 아니면 치료를 받아도 가망이 없
을지에 대해서요.

김 │ 요양원은 엄밀히 따지면 병원이 아니라 거주 시설이잖아요.
근데 사망 선고를 의사가 해야 하면 요양원에 의사들이 상주를
하나요?

홍 │ 아뇨. 요양원에는 의료인이 상주하지 않아요. 의사가 촉탁

의사, 최근에는 계약 의사라는 이름으로 월 2회 찾아뵙고 회진 돌고 약 처방 등을 해요. 저도 5년 이상 관계 맺은 요양원에서는 사망 선고도 부탁하셔서 때때로 해드렸어요. 코로나 팬데믹 시기에 꽤 많은 분이 요양원에서 임종하셨고 저도 가끔 찾아뵈었죠.

김 ┃ 홍종원 작가님은 요양원에서도 자연스러운 사망이 가능해야 한다는 거죠? 사망 선고도 그런 일환이고.

홍 ┃ 네, 저는 자연스러운 상황이고 필요하다고 생각해요. 의료비를 줄이고 불필요한 의료 이용을 줄일 수 있으니까요. 물론 치료가 필요한 상황이라면 하루라도 빨리 병원으로 옮기는 게 좋고요. 살아 계실 때 최선을 다해 돌보고 임종을 미리 함께 준비하고 받아들인다면 슬픈 일이지만 의미를 찾을 수 있다고 생각해요.

김 ┃ 그러면 요양원에서 사망할 경우에도 사망 선고 관련해서 딱히 문제가 될 건 없는 거네요?

홍 ┃ 사실은 조금 문제가 있어요. 그런데 문제가 없게 진행이 돼요.

조 ┃ 그러면 집에서 임종할 경우에만 경찰 조사를 받아요? 요양시설도 거주시설인데 요양원은 경찰 조사가 안 이뤄지나요?

홍 | 요양원도 조사는 해요. 임종했는데 집이든 요양원이든 119에서 오면 상태를 확인하고 사망 시에 경찰에서 또 찾아와요. 미리 왕진의사나 구청 등에서 임종을 앞두고 있다고 이야기를 한 상황이라면 대체로 임종을 자연스럽게 받아들일 수 있겠지만, 혹여 다른 원인이나 사고가 있을 수 있잖아요. 보호자도 물론 임종임을 잘 모르면 119에 전화할 수밖에 없죠. 만약 살아 있다면 응급실로 이송하겠지만, 응급대원이 사망을 확인하면 사망 원인을 조사하기 위해 경찰이 오더라고요. 필요한 절차이긴 한데 자연사를 자연스럽게 받아들이지 못하는 분위기가 반영되었다고 봐요. 사망이라는 것이 일종의 실패로 여겨지는 거예요. 아무래도 응급대원도 경찰도 의료인은 아니다 보니 의사의 정확한 진단이 필요하기도 하죠.

조 | 그런데 '그런 것이 다 왜 필요할까?' 이런 생각도 드네요. 집이 아니라 병원에서 죽기 시작한 지 얼마 안 된 거잖아요. 과거에는 집에서 임종했을 때 경찰조사 과정이 어땠나 싶어요. 결국 병원에서 죽는 게 표준이 되고, 집에서 죽는 게 예외가 되니까 이런 공백 지대가 생기는 게 아닐까요?

김 | 사실은 1990년대만 해도 오히려 집에서 죽는 게 보편적이었죠. 통계청 인구통계과 박경애의 논문 〈한국인의 사망원인 구조, 1983~1993〉을 보면, 1992년 사망자 23만여 명 중 병원에서 임종

한 사람은 4만여 명에 불과했다고 하니까요.

홍 | 저는 지병이나 노쇠로 인한 자연사를 자연스럽게 받아들이는 사회 분위기를 만들 필요가 있다고 생각해요. 살아 있을 때 최선을 다해 치료하고 성심껏 돌보고 불필요한 연명에 너무 힘쓰지 않을 필요도 있죠. 제 경험상 사람이 죽는 일은 결국엔 받아들여야만 하는 불가항력이더라고요. 의학의 발전은 눈부신 성취를 이루었지만 못지않게 생명과 죽음 사이의 간격을 크게 넓혀 놓았어요. 윤리적인 판단 또한 중요하죠. 단순히 말했지만 죽음의 경계와 말기 돌봄에 대해서 깊은 토론이 필요하죠. 죽음을 어떤 사건, 때로는 실패로 받아들이는 분위기를 바꿀 필요가 있다고 봐요.

김 | 아주 거칠게 얘기하면 원래 환자가 중증 질환을 앓았다는 사실은 병원 진료기록이 있을 테니 증명할 수 있겠죠. 그럼 사망 후에 시신을 의사 몇 명이 동시에 확인해서 다 '이거는 타살의 가능성이 없다'라고 하면 경찰 조사를 안 받고 넘어갈 수도 있을 텐데 죽음을 너무 큰, 어떤 사건으로 생각하니까 '타살의 가능성이 있다'고 보는 건 아닐까요?

홍 | 그런 죽음은 병원에서만 가능해요. 죽지 못하게 하는 곳도 병원이지만 죽음을 결정하고 죽음을 가능케 하는 공간도 병원이에요. 역설이죠. 사망을 선언하는 사람은 의사고 의사는 병원에

서 일해요. 그래서 사람들이 병원에서 죽죠. 사실은 인위적이지만 자연스러운 죽음을 판단하는 사람도 의사예요.

저는 의사의 판단을 통해서 죽음이 자연스럽게 느껴지기보다는 죽음 그 자체의 자연스러움을 느낄 필요가 있다고 생각해요. 물론 의사의 판단이 필요 없다고 말하는 건 아니에요. 하지만 우리 모두가 죽음 자체를 의사가 판단해줘야 된다고 생각하다 보니 삶의 문제에서도 의사의 역할이 비대해졌죠. 병원의 권위가 애초에 죽음을 판단하는, 동시에 생명을 판단하는 역할에서 오죠. 같이 맞물려 가는 거죠.

조 | 다른 나라는 어떨지 궁금하네요.

홍 | 저도 되게 궁금해요.(웃음)

조 | 죽음의 판단과 책임의 문제….

김 | 사망 선고에 대해서 이렇게까지 생각해본 적이 없는데, 고민해볼 지점이 많네요.

홍 | 솔직히 저도 생각해본 적이 없었어요.(웃음) 방문진료하면서 집에서 임종하는 환자를 만나면서 조금씩 알게 됐고, 그전에는 사망과 관련해서 직접적으로 생각해볼 기회는 적었거든요.

정리하면 죽음을 받아들일 필요가 있어요. 사실 죽음은 우리가 받아들일지 말지 결정할 수 없죠. 평등하게 찾아오는 현실이죠. 실제로는 죽음 이전에 아픔, 질병을 받아들여야 해요. 수동적으로 받아들이기만 하는 것이 아니라 약함, 아픔, 질병으로 인한 돌봄 필요를 충분히 사유하고 현실의 삶으로 만들어가야 해요. 아픔과 질병, 장애를 다름으로 받아들이고 생의 과정으로 생각해볼 필요가 있어요. 자연스레 죽음까지 연결되죠.

'생명이 소중하다'와 '나는 안락사할 거야' 사이

조 │ 한편으로는 '개똥밭에 굴러도 이승이 낫다'라는 관념이 사고로 인한 위험을 감수하지 않는 것, 최대한 다치지 않는 것, 죽음을 최대한 멀리하는 것을 지향하게 하는 면도 있다고 생각해요. 오히려 죽음이라는 게 우리한테 가능하고 삶과 대립하는 게 아니라고 받아들일 수 있어야겠어요.

홍 │ 우리 사회가 생명을 다루는 방식을 잘 드러내는 사례예요. 그걸 생명정치라고 할 수도 있을 텐데, 생명이 소중하다니 존중해야 한다고 주입하는 식이죠. 이걸 믿지 않는 사람들이 더 많아지고 있는 것 같긴 한데, 밑도 끝도 없이 생명이 소중하다는 강요가 죽음을 악으로 규정하면서 살아 있는 생명의 생동마저 잠식

해버렸어요. 그게 아까 말했듯이 "요양원에 돌봄이 없는" 현실로 나타나요. 신체 중심의 협소한 생명관이 돌봄의 가치를 격하시키고 돌봄 그 자체의 확장을 가로막는 게 아닐까 생각해요.

조 ㅣ 맞아요. 돌봄이 살아만 있게 해주는 게 아닌데 말씀하신 대로 신체 중심의 협소한 생명관이 그렇게 축소시키는 느낌이에요. 복지 문제도 마찬가지라고 생각해요. 특히 기초생활보장의 근로능력평가가 딱 그래요. 신체 상태로만 사람의 복지 필요를 파악하고, 거기서 요구하는 기준에 미달하면 일을 해야 하죠. 겨우 살게만 해주거나 신체 중심으로만 판단해서 복지의 수급권을 부여하는 것에서도 우리 사회가 생명을 다루는 방식이 극명하게 드러나요.

홍 ㅣ '개똥밭에 굴러도 이승이 낫다'는 말을 하셨는데, 그럴 수 있어요. 그런데 그건 누구한테 물어보느냐에 따라서 대답이 달라질 거예요. 정말 죽고 싶어 하는 사람도 있잖아요. 통증, 장애, 손상, 말기 암 등등 여러 이유로요. 의사 표현을 못 하시는 분도 많고요. 무엇이 맞고, 틀렸다고 정하기 어려워요.

김 ㅣ 그 '생명이 소중하다'라는 관념은 안락사, 연명치료 등과도 연결되는 부분이라서 그런 생각이 돌봄을 어떻게 왜곡하고 있는지에 대해 조금 더 이야기를 나눠 보죠.

조ㅣ 저는 지금 한국에서는 '생명은 소중한 것이다'와 '나는 안락사할 거야'라는 양극단밖에 없다고 봐요. 이런 상황에서 돌봄을 얘기한다는 게 진퇴양난 같은 거죠. 의료인류학자 송병기 선생님이 얘기하는 것처럼 콧줄을 끼고 요양병원의 수익을 위해서 계속 연명하면서 10년, 20년 같은 상태로 사는 것을 두고 과연 생명이 소중하다고 말할 수 있는가 고민하게 돼요.

사람들과 이런 질문을 많이 나눠요. '어떤 돌봄을 받고 싶으세요?' 그렇게 물으면 '온전하게 잘 보존된 1인 병실에서 연명치료를 받지 않고, 폐 끼치지 않고 잘 죽고 싶다' 혹은 '내 집에서 죽고 싶다'라고 대답한단 말이죠. 근데 그런 것들이 너무 지난하잖아요. 많은 돌봄을 받아야 되고 사실은 내가 신체적인 돌봄을 받기 전까지는 돌봄을 받는 것도 잘 상상이 가지 않죠. 그리고 돌봄을 받는다는 것이 일종의 수치, 폐를 끼치는 것이 되기도 하죠.

한번은 어떤 강의에서 조한진희 작가님이 이런 사례를 들더라고요. '왜 우리가 어떤 장관한테 무릎 꿇고 우산 씌워주거나 장관이 의전 받는 건 대단하다고 하면서 아픈 사람이 돌봄받는 건 왜 수치스러운 거냐' 하는 질문을 했는데, 정말 그래요. 의전도 돌봄이라는 행위와 참 유사하잖아요? 한 사람의 방향을 체크해주고 먼저 움직임을 가늠하고 대처해주죠. 마치 아픈 사람처럼. 권력을 가진 사람은 아픈 사람도 아니지만 마치 아픈 사람처럼 그렇게 해주면서 우리는 왜 아플 때 돌봄받는 걸 수치스럽게 생각할까요?

이 질문의 지난함은 사람들에게 기승전-안락사로 자주 귀결
돼요. 특히 또래들이랑 얘기할 때 더욱 그런 경향을 느껴요. '나
는 2000만 원 모아서 스웨덴 가서 안락사하려고 한다'고 진지하
게 말하죠. 안락사는 제도적이고 구조적인 부분, 관념적인 부분
까지 다 점검해야 하는 질문들에 답하지 않을 수 있는 방법 중 하
나인 듯해요. '생명은 소중한 것'이라는 말과 '나는 안락사할래'
사이에 여러 질문들을 채우는 게 돌봄을 사회의 중심에 두기 위
한 중요한 과정이라는 생각이 들죠.

홍 │ 치료를 할 수 없는 상황이 있어요. 말기 암, 말기 질환 아니
면 혹은 그냥 노화. 현대 의학은 말기 암에 대해서도 나름의 치료
방법을 가지고 있지만, 모든 말기 암을 치료할 수는 없죠.

그런데 손 쓸 수 없는 말기 암 환자는 어떻게 할까요? 치료를
포기해요. 그런데 그렇다고 바로 죽음이 찾아오지 않아요. 환자
도 보호자도 막막한 상태로 내버려져요. 호스피스, 완화의료가
활성화되어 있지 않으니 '이제 죽음을 기다리세요'라는 이야기를
듣고 집에 계시는 분도 있어요.

그런데 방문진료를 하는 제 입장에서 그분들께 어떤 이야기
를 해야 할까요? "지금 포기할 때가 아닙니다!" "어떻게든, 미국
에 있는 논문을 찾아서라도, 수십억이 들더라도 치료제를 찾아
치료받읍시다!"라고 말하는 게 아니라 이때는 발상의 전환을 해
야 해요. 발상의 전환이 아니라 사실 어쩔 수 없는 선택이죠. 마지

막을 어떻게 함께 보낼지 고민해보자고 말해요. 그게 일종의 호스피스 완화의료이긴 한데 제도가 활성화되어 있지 않아 접근성이 떨어져요. 앞서 말씀드렸듯이 말기 암이랑 HIV라든가 특정 몇 가지 질환만 서비스받을 수 있고, 심지어 공급하는 기관이 많지 않기 때문에 호스피스 대상자가 되더라도 그 서비스를 받으려면 대기를 해야 되는 경우가 많아서 호스피스 병상에서 서비스를 받기는 어렵죠. 그래서 저도 고민이 되는 거예요. 사실 암이 아니라 파킨슨, 치매나 노쇠 등으로 말기 상황인 경우는 더 흔하죠. 그 순간 의사로서 집에 있는 환자에게 어떤 치료를 해야 하는가?

처음 진료하는 100세 환자분이 있었어요. 음식을 잘 못 드시더라고요. 그런데 인지가 또렷하시고 본인도 아무 치료도 하지 말라고 해요. 그래서 제가 보호자한테 말했어요. "아무래도 더 이상 살아계시기 어려울 것 같아요." 문제가 있으면 저한테 연락을 달라고 하고 나왔죠. 딱 일주일 지나고 나서 돌아가셨어요. 제가 그때 가서 사망 선고나 이런 걸 하려고 그랬는데 너무 멀리 있어서 전화로 말씀드렸어요. 지금은 장례식장으로 바로 가시는 게 좋다고. 마지막 통화에서 아드님이 저한테 고맙다면서 흐느끼시더라고요.

생명이 소중하지만 생명이라는 것은 또 다함이 있어요. 저는 연명치료가 무의미하다기보다는, 생명이 소중한 것까지는 참 좋은데 너무 큰 미련을 가지면 당사자도 힘들고 그 곁에 있는 사람들도 좀 힘들어질 수 있기 때문에 우리가 이 생명의 다함을 겸허히 받아들일 수 있어야 한다고 생각해요. 그걸 뭐라고 해야 될지는 모르겠어요. 절대 포기는 아니고, 수용이랄까?

조 | 뭔가 다른 단계로 진입하는 느낌이네요.

홍 | 영적인 부분이나 종교적 신념이 아니더라도 죽음이라는 것은 받아들여야 해요. 현대 의학이 해결할 수 없는 죽음은 받아들일 수도 있어야 된다고 생각해요. 연명치료는 말 그대로 연명치료니까요. 최근에는 '연명치료 안 하는 것도 좋겠어요'라고 말하는 보호자, 자녀분들도 좀 계시더라고요. 저는 어떤 면에서 사회적 인식이 변하는 부분이라고 생각해요.

생명이 소중하지만 우리가 돌봄을 하며 생명의 다함에 대해서도 폭넓게 고려해야 해요. 돌보는 이의 사회·경제적 상황도 고려해야 하고요. 비용 문제도 있죠. 앞서 말했듯 어떤 가난한 보호자는 90대 어르신을 병원 모시고 갔다가 600만 원을 내서 너무 힘들었다고 하시더라고요. 때로 생명이 소중하다는 관념이 우리를 너무 힘들게 할 때가 있더라고요.

저는 노년의 환자를 만날 때 때때로 순리대로 가면 된다고 생각해요. 어떤 집은 꽤 부유한 가정이었어요. 소개를 받아 진료했는데 아무래도 임종을 앞둔 것 같았어요. 차분히 진료하고 나왔죠. 그 이후에 저에게 자꾸 전화해요. 이런 치료를 하면 어떨지, 저런 치료를 하면 어떨지. 결국에는 병원에 입원했어요. 제가 아마도 돌아가실 가능성이 있으니 병원에서 임종을 맞을지 집에서 보내실지도 생각해보시라고 말씀드렸어요. 그런데 어떻게 설명해도 임종, 생명의 다함을 받아들이지 못하시더라고요. 결국에는 얼마 안 가 병원 1인실에 잠깐 계시다 돌아가셨다고 해요. 제가 잘했다 그랬어요. 잘하셨고 그래도 다행히 1인실이어서 가족들을 만날 수 있으면 되게 좋으신 거라고요.

그 문제로 보호자님과 많이 상의하죠. 임종에 대해서 저와 충분한 대화를 나누며 집에서 돌아가시는 경우도 있고, 죽음에 대한 두려움이랄까 그런 부분 때문에 병원을 고집하는 분들도 있어요. 제가 매우 에둘러서 말씀드려서 그런 부분도 있긴 해요. 그런데 직접적으로 말씀드리기는 어려운 처지니까요.

그러니까 우리가 평소에 생명이 소중하다고 말할 때와 말기 질환이나 노쇠한 순간에 하루하루를 어떻게 받아들일 거냐는 질문을 마주했을 때는 많이 다른 느낌이죠. 정답은 없지만 상황에 맞게 가족들끼리 때로는 의료인과 상의하고 직진하는 방법만 있는 것이 아니라 잠시 멈추는 선택도 괜찮은 방법일 수 있다고 생각해볼 필요가 있죠.

'생명이 소중하다'는 구호가 은폐한 죽음들

조 ｜ 근데 현장에서 보면 생명의 소중함을 말하는 분 중에 당사자보다 보호자들이 많아요?

홍 | 당사자는 인지가 떨어져서 보호자가 판단해야 할 때가 많죠. 돌봄과 생명에 대한 이해, 그걸 윤리라고 말할 수 있을 텐데 충분한 고민이 필요해요. 대중적인 학습일 수도 있고요.

조 | 돌봄도 학습의 기회나 대화 한번 없이 어느 날 갑자기 돌봄을 받거나 돌봄을 하게 되잖아요. 죽음도 마찬가지로 학습의 기회나 대화 한번 없이 맞게 돼요. 그랬을 때 그 죽음을 어떻게 해석해야 할지 몰라서 우왕좌왕하게 돼요. 그게 죄책감으로 남는 경우도 있지요. 제 책 《새파란 돌봄》에도 다룬 사례인데, 한 여성이 중학생 때부터 12년 동안 아버지를 돌봤어요. 근데 아버지가 어느 날 갑자기 못 걷게 돼서 병원 여기저기 다녀왔는데, 아무 이상 없다고 해요. 그래서 다시 집에 돌아왔어요. 계속 다리도 주물러주고 수발할 수밖에 없었죠. 그러다 욕창이 생겨서 방문 간호를 신청했어요. 근데 예약한 날짜를 하루 남기고 아버지가 돌아가셨거든요. 12년 돌봄의 끝이 죄책감이었다고 해요. 구태여 자신을 몰아세우는 게 아닌데도 죄책감이 먼저 드는 거죠.

홍 | 아….(한숨) 그건 죄책감 가질 일이 아닌데 안타깝네요.

조 | 맞아요. 죄책감 가질 일이 아닌데, 사실 돌봄의 책임을 진

사람이 죽음의 책임까지도 짊어지게 되고, 죽음 앞에서 자신의 지난 행동들을 되짚게 되는 거죠. 그런 죄책감의 원인 중 하나가 돌봄의 가족 책임이에요. 내가 해야 하는데 못했다는 마음. 돌봄 책임이 나눠지면 죽음에 대한 책임감도 나눠질 수 있을 거예요.

홍│ 당사자로 어느 정도 자책은 할 수 있지만, 죄책감을 가질 일은 아니라고 생각해요. 최근에 만나고 있는 가정에서 보호자가 인지저하가 심한 와상 상태의 90대 중반 어르신을 1년째 돌보고 있는데 가장 후회되는 일이 잠깐 상태가 안 좋아졌을 때 어르신을 요양병원에 보낸 거라고 하시더라고요.(한숨) 돌보는 일이 어려워서 힘들어하시지만 1년 정도 돌보며 후회하는 마음이 조금 사라졌다고 하세요. 사실 병원이 엄청나게 잘 돌보는 것도 아니에요. 병원에서 욕창 증상이 심해지는 경우도 많아요.

조│ 저도 병원에 보낸 걸 후회하는 돌봄자들을 많이 봤어요. 가서 악화되고 왔다고.

홍│ 분명히 그런 분들이 있어요. 그런데 보호자님은 후회하시지만 그 당시에는 병원에 보낼 수밖에 없었을 거라고 저는 생각해요. 집에서 돌보는 것도 현실적인 여건상 어려운 일이니까요. 정답이 없는 선택의 문제라서 공론화하고 다양한 상황을 토론해 보는 게 중요할 거예요. 조기현 작가님이 영 케어러들을 만나서

작업하는 과정도 돌봄 경험을 공론화해 가는 과정이라고 생각
해요.

김 ㅣ 두 분 말씀을 듣다 보니 '생명이 소중하다'는 게 틀린 말은
아닌데 너무 구호화됐다는 생각이 드네요. 그래서 정작 왜 소중
한지는 묻지 않는 느낌? 사실 생명의 가치도 병세나 각자의 상황
에 따라서 굉장히 다르게 느낄 수 있는 건데, 그런 부분에 대한
고민은 없이 그냥 생명이 소중하다는 구호만 남은 것 같다는 느
낌이에요.

홍 ㅣ 맞아요. 저도 딱 그런 느낌이에요.

조 ㅣ 애도의 문제도 중요하죠. 죽음 이후에 어떻게 죽음을 받아
들이고 어떻게 애도할 수 있는지의 문제. 우리가 죽은 이를 애도
하지 못해서 힘들어하는 경우가 많아요.
　그런데 지크문트 프로이트는 우울과 애도를 구분해요. 우울은
죽음을 받아들이지 못하고 슬픔에 매몰된 것이라면, 애도는 죽
음을 인정하고 받아들인 뒤 슬픔이 아니라 다른 곳에 에너지를
쓰는 거죠. 그렇게 잘 단절하는 애도가 있는가 하면, 아예 단절하
지 않고 끊임없이 떠나간 사람을 곱씹는 경우도 있어요. 우울과
슬픔에 빠지지 않으면서도 그 사람을 떠올리는 거예요. 그런 경
우에는 죽은 이후 그 사람과 다시 관계 맺은 것에 가깝다고 생각

해요. 살아 있을 때의 관계가 아니라, 떠나간 이와 다시 관계 맺고 그 사람의 자리에서 세상을 다시 보는 과정이 있더라고요.

우리에게 애도가 좀 일상화된다면 어떨까요? 오랫동안 돌봐 온 가족이 죽었을 때는 물론이고, 홍종원 선생님 같은 의사들이 코로나 시국에 가까이서 몇 번 봤던 환자가 갑자기 죽었을 때도 긴 애도의 시간이 필요할 수 있잖아요. 우리가 마주하는 그 모든 상실감을 놓치지 않고 애도할 수는 없을까 그런 생각이 들어요.

이런 애도를 권리로 볼 필요가 있어요. 단지 혼자 감내한다고 애도가 되는 게 아니에요. 온전히 감정들과 마주할 수 있는 시간, 공간, 지지하는 관계가 주어지면 어떨까 생각이 드네요. 죽음에 대해서 얘기하면서 결국엔 잘 애도할 수 있다면 생명에 집착하지 않을 수도 있을 것 같아요. 근데 애도하는 방법을 모르니까, 그 다음 단계에 있는 걸 모르니까 생명만이 있다고 생각하니까 그러는 게 아닐까, 하는 생각이 가장 크게 들어요.

김 | 시설 문제에서도 잘 볼 수 있듯이 한국 사회가 계속 질병, 죽음 같은 것들을 눈에 안 보이는 곳으로 치워버리고 있잖아요. 2022년 1월에 《한겨레》에 실린 〈위령비로 가는 길〉이라는 칼럼에 이런 내용이 있어요. 1994년에 성수대교가 무너진 뒤, 유족분들은 사고 현장이 잘 보이는 곳에 위령비가 들어서길 원했대요. 이런 사고가 나서 사람이 죽었다는 게 한국 사회의 공적 기억이 되길 바란 거죠. 그래서 위령비를 세우긴 했는데 2005년에 강변

북로 진·출입 램프가 설치됐고, 지금은 '강변북로 구간 보행자 통행금지'라는 도로표지판이 서 있대요. 사실상 위령비로 가는 길이 거의 끊어져 있는 거예요.

조 | 일상화된 공간으로 하려고 그랬는데, 결국은 안 보이는 데로 치워버린 거네요.

김 | 이런 생각도 해봤어요. 한국 사회에 산업재해가 많은데, 그중에서도 건설업이 산업재해 사망자가 많은 업종이거든요. 고용노동부 통계에 따르면 2022년에 건설업의 산업재해 사망자가 402명이래요(고용노동부, 〈2022년 유족급여 승인 기준 사고사망 현황〉). 이런 죽음들이 수십 년간 누적됐다면 이제껏 수만 명이 건물을 짓다가 죽었을 거고, 이런 죽음들에 모두 기념비를 세웠다면 전국 곳곳에 수만 개의 비석이 세워졌을 텐데, 저는 이제껏 건물 앞에 '이 건물을 짓다가 돌아가신 이들을 기린다'는 비석을 본 적이 없어요. 이 도시가, 한국 사회가 얼마나 많은 죽음을 우리 눈에 보이지 않는 곳으로 치우고, 은폐하고 있는가를 잘 보여주는 사례라고 생각해요.

그렇게 계속 안 보이는 데로 치워버리기만 하니까 죽음의 의미나 맥락을 생각할 수 있는 기회가 없어지고, 맹목적으로 '생명은 소중하다'만 남아버린 거 아닐까요?

우리의 관계를 돌봄이라 부를 때

홍 | 이런 죽음들을 은폐하고 모르는 척할 것이 아니라 죽음을 기념하는 공원을 만들고 사람들이 찾아와서 성찰해보도록 하는 게 필요하다고 봐요. 근대화나 산업화 과정에서 산업재해 등으로 희생된 생명들에 대해서는 기억하지도 않고 추모하지도 않으면서 생명을 위대하고 소중하다고 말하는 건 위선적이죠. 카타르 월드컵을 보면서도 경기장을 짓기 위해 많은 노동자의 희생이 있었다는 부분이 씁쓸하더라고요. 사실 건설업에서 이런 사고들은 최근에도 계속 반복되고 있죠.

조 | 건설 현장에서 누구 한 명 죽으면 '에휴…. 또 죽어가지고 3일 쉬게 생겼네' 이런 이야기를 들어요. 애도고 뭐고 없죠. 사고를 점검하는 시간 동안 일을 못 하니까, 누군가의 죽음이 당장의 밥벌이를 위협한다는 걸 극명하게 보여주는 말들을 현장에서 많이 들었어요. 죽음을 아무것도 아닌 것처럼 여겨야 내가 다음날 일할 수 있고, 실제로 죽음이 아무것도 아닌 것처럼 다가오니까요.

제가 며칠 전에 대방역 근처의 어떤 건물에서 '이 건물을 지어주신 건설 노동자분들에게 감사드립니다'라고 크게 써놓은 걸 봤어요. 작은 기념비예요. 그런데 뭔가 형식적이고, 약간 새삼스러운 느낌이 들었어요. '이런 말을?' 하는 생각이 들더라고요. 그래서 그런 기념비를 진짜 이 전국에 다 세운다면 얼마나 많은 사람의 이름이 쓰일까 하는 생각이 들어요.

돌봄 시설에 돌봄이 없다

김 | 사망 선고 이야기를 하다가 한국 사회가 '생명이 소중하다'라고 말하면서 죽음을 자꾸만 보이지 않는 곳으로 치우고 은폐하는 일에 대한 이야기까지 나왔네요. 우리가 죽음을 똑바로 쳐다보지 않고 외면하는 것과 생명의 소중함을 구호처럼 외치는 게 동전의 양면이라는 생각이 듭니다.

다시 원래 주제였던 장소로 돌아와서 집에서 돌보는 일에 대해 좀 더 이야기해보죠. 먼저 경제적인 비용에 대해 짚고 싶은데, 두 분도 참여하신 《죽는 게 참 어렵습니다》란 책을 보면 집에서 돌보는 게 시설보다 비싸다는 이야기도 있더라고요. 간병인을 고용해야 하고 집도 웬만큼 시설이 갖춰져 있어야 되기 때문에 결코 집이 싼 게 아니라고. 실제로는 어떤가요?

홍 | '어디서 돌보느냐'라는 문제도 있지만, 어느 정도 수준으로 돌보느냐에 따라 차이가 날 수 있어요. 방문요양서비스를 받고 나머지 시간을 집에서 가족이 돌보면 비용은 줄죠. 요양병원에서는 본인부담금과 간병비 등 비급여 비용이 들 수 있어요. 물론 집에서 돌볼 때도 보호자가 노동을 하니 비용을 단순히 비교하기는 어렵고, 집에서 돌볼 수 있는 환경을 만들었다는 것 자체가 집의 물리적 환경이 일정한 수준을 갖췄다는 말이기 때문에 주거비 부담이 클 수 있어요. 각자의 처지와 환경에 따라 달라져서 딱

이렇다고 말하기는 어려워요.

김 | 그러니까 집이 더 싸다는 게 간병인을 안 두고 가족끼리 돌아가면서 돌봄을 하는 경우를 말하는 건가요? 집에서 좋은 돌봄을 하려면 비용이 많이 들겠지만 싸게 하려면 싸게 할 수 있다, 이렇게 이해하면 될까요?

홍 | 집에서 싸게 돌볼 수 있긴 한데, 그건 사실 보호자가 희생하는 방식이에요. 집에서 말기 질환의 노인을 돌보기로 한 이상 본인이 힘들 각오를 해야 돼요. 간병인의 도움을 받으려고 하면 비용이 들고요. 그게 아니라면 실질적 도움은 짧은 요양보호 시간뿐이고 가족들이 여유를 내서 돌봐야 되는 거죠.
  사실 지금 가장 큰 문제는 장소에 대한 선택권이 제한적이라는 점이라고 봐요.

조 | 저는 선택권이 없는 게 중요한 거라기보다는 선택권의 맥락이 중요하다고 생각해요. 이를테면 어머니들이 아플 때 요양원을 선택할 수밖에 없잖아요. 아프면 자신이 하던 가사노동에 공백이 생기는데, 그 상황에서 자식들이 가사노동을 하고 자기까지 돌봐준다는 기대를 하기 어려우니까 대부분 요양원을 선택한단 말이죠. 요양원에 있으면 삼시 세끼 다 챙겨주고, 자기는 그냥 누워 있으면 되니까요. 그러니까 이 선택권 자체가 어떻게 구성돼

있는지까지 물어야 된다고 봐요.

김 | 장애인 탈시설 같은 문제도 비슷하다고 생각해요. 본인은 안 원하는데 가족들이 도저히 감당이 안 돼서 그럴 수도 있고, 혹은 다른 어떤 이유로 시설로 보내는 경우들이 많잖아요. 발달 장애인 같은 분들은 온전한 자기 발언권을 갖기 힘드니까 더 그럴 테고요. 저는 기본적으로는 어느 쪽이든 당사자와 보호자가 협의해서 자유롭게 선택할 수 있으면 좋다고 생각하는데 조기현 작가님 말씀처럼 선택권이 사회적으로 어떤 식으로 구성돼 있는 지가 중요하겠네요.

홍 | 요양원이나 장애인 시설은 돌본다는 관점이 빠진 듯해요. 효율적으로 관리하려는 목적이 너무 크니까, 사람을 돌본다는 느낌이 아니라 과하게 말하면 사람을 사육하는 느낌마저 들어요.

돌봄을 담당하는 시설인데 어르신들을 돌본다기보다는 사고가 나지 않도록, 죽지 않도록 관리·감시하고 있어요. 인간과 인간의 관계로 돌보지 않죠. 인지가 온전하지 않고 거동이 어려운 분들이 많아 어쩔 수 없는 부분도 있지만, 그렇지 않은 곳들도 분명히 있거든요.

일본의 노인 시설을 탐방해보니 기능별로 종류도 다양하고 인간적인 면모를 갖추려 한 모습이 눈에 띄더라고요. 물론 일본의 노인들은 구매력이 있기 때문에 시설이 좋을 수 있는 것도 사실

우리의 관계를 돌봄이라 부를 때

이에요. 우리나라는 가난한 노인들이 요양시설로 모셔지는 경우가 여전히 많고요. 일본 사람들이 특별히 착해서라기보다는 사회·경제적 여건이 돌봄의 질을 결정하죠. 노인 빈곤이 심한 우리나라 현실을 고려할 필요는 있어요.

그래서 중요하게 봐야 하는 건 빈부 격차에 따라 돌봄의 질이 달라지고 장소가 달라진 점이죠. 대규모 요양원들이 경기도 외곽지역에 들어서는데 아무래도 서울 시내는 부동산 비용이 크기 때문에 최소한의 기준으로 최소의 공간을 점유할 수밖에 없죠. 장소의 문제 역시 고민해야 할 문제예요.

조ㅣ 그런 고민이 반드시 필요하긴 한데, 사실 그 문제가 너무 압도적이란 느낌을 받아요.

홍ㅣ 결국 좋은 공간은 비싼데, 국가든 가족이든 누군가 비용을 지불해야 하죠.

조ㅣ 부동산과 좋은 돌봄의 관계를 설명해내는 것도 시급한 과제겠네요.

홍ㅣ 특히 큰 범위의 돌봄에서는 공간의 질이 굉장히 중요해요. 물론 비싼 곳에 살면 다 좋다는 식으로 단순하게 이야기할 수 있는 것은 아니에요. 쪽방, 반지하 등의 취약한 집에 살면서도 '난 여기가 편해'라고 하는 노인들을 만난 적이 있어요. 자기가 살아온 공간이고, 익숙한 곳이니까.

그렇긴 해도 돌봄을 이야기할 때 부동산 문제도 함께 고민해볼 필요가 있죠. 비용이 얼마나 드는가, 누가 비용을 지불할 것인가에 따라 공간의 수준이 결정되고 안정감을 느낄 수도 있다는 점도 충분히 고려해야 하죠.

그래서 집이 꼭 시설보다 좋다고 말하기가 어려운 경우도 종종 봐요. 주거지가 취약한 노인들은 요양원에서 지내는 게 좋을 수도 있어요. 실제로 쪽방 거주민 중 몇몇 분은 노인장기요양보험제도를 통해 요양원으로 입소하는 경우도 봤어요. 물론 아까 말씀드린 것처럼 어떤 분들은 임대주택을 제공받았는데 쪽방으로 돌아오기도 해요.

조ㅣ 일본 노인들이 좋은 시설에 거주할 수 있던 것은 일본의 베이비부머 세대가 그나마 연금이 있었기 때문인데, 문제는 다음 세대죠. 잃어버린 10년의 세대, 청년기에 불황을 겪고 중장년이 된 이들, 소위 히키코모리라고 불리는 이들에게는 그게 불가능하잖아요.

일본은 몇 년 전부터 그 베이비부머들에게 돌봄이 필요해지면서 '대간병의 시대'라는 말이 나왔어요. 연금이 있는 부모에게 의존해서 살다가 부모가 죽은 후에는 자립할 수도, 돌봄을 주거나 받을 수도 없는 이들을 '가족 난민'이라고 부르기도 하고, 비슷한 맥락에서 '형제 부양'의 문제도 등장했죠. 형제 부양은 부모에게 의존하며 살다가 부모가 죽은 이후 형제가 자립도 못 하고 수급자도 되지 못해서 부양을 해야 하는 상황을 지칭하는 거예요. 일본도 돌봄 문제에서 이전과는 다른 차원의 전환기를 맞는 상황으로 보여요.

부동산 이야기도 했지만 일본의 노인 세대는 다들 집을 소유하고 있는데, 그런 부동산을 소유하는 것, 공간을 점유하는 것 자체가 우리의 재생산 혹은 죽음과 어떻게 연관돼 있는지 우리 사회는 좀처럼 얘기를 안 해봤죠.

김 | 돌봄 문제를 이야기하다가 부동산 문제에 대한 이야기까지 나왔는데, 돌봄이 얼마나 다양한 영역과 얽힌 문제인지를 새삼 느끼게 되네요.

국토연구원이 2022년 7월에 문화·보건·보육시설을 중심으로 지역 간 삶의 질 격차를 조사해서 발표했는데(《균형발전 모니터링 & 이슈》 10호), 예상하시겠지만 서울은 다양한 시설이 잘 갖춰진 반면 지역은 상대적으로 이런 시설들이 적어요. 도서관을 예로 들면 서울은 걸어서 14분이면 갈 수 있는데, 2위인 부산만 해도 거리가 2배 이상 떨어져 있어서 32분을 걸어야 한단 말이에요. 보건시설을 봐도 서울이 압도적으로 의료 접근성이 높고, 특히 산부인과, 소아청소년과는 서울에 편중된 걸로 나오고요.

그런데 거의 유일한 예외가 요양병원이에요. 서울이 가장 적어

요. 노인인구 10만 명당 요양병원 수가 서울이 7.8개인데, 경기만
해도 2배 이상인 17개거든요. 서울에 요양병원만 유독 적은 건
아마 방금 말씀하신 부동산 문제와 관계가 있을 거고, 우리가 계
속 이야기해 왔던 효율성이나 경제 논리 때문에 돌봄이 가치를
인정받지 못하는 상황이 반영된 것이겠죠.

현장의 목소리에 더 많은 마이크를

조│ 근데 시설에 머무르려고 하는 노인 중에 여자가 많나요, 남
자가 많나요?

홍│ 둘 다 봤는데, 남녀에 따른 차이도 있겠네요.

조│ 제가 김달님 작가의 책 《작별 인사는 아직이에요》에서 읽
은 이야기인데요. 김달님 작가는 조부모에게 길러진 젊은 보호자
인데, 조부모님이 노쇠해지고 인지저하도 생기면서 결국 두 분 다
요양원에 입소해요. 그런데 두 분의 생각이 달라요. 할아버지는
계속 집에 가고 싶어 하는데, 할머니는 요양원이 나쁘지 않은 거
예요. 그래서 나중에는 할머니가 '나 제발 여기서 있게 해줘. 나
중에 같이 퇴원하자'라고 하는데, 할아버지는 그 말에 배신감을
느끼는 거죠.

김 | 아까 말씀하신 젠더에 따른 차이, 여성 노인들은 집에 있으면 가사노동을 해야 하니까 시설에 있는 걸 선호하는 경우도 있다는 맥락인 거죠?

조 | 그렇죠. 집이라는 곳이 성별 분업에 기초한 대표적인 재생산의 공간이잖아요. 생계부양자였던 할아버지는 은퇴 후 더 이상 일을 하지 않아도 되지만, 할머니는 죽을 때까지 가사와 돌봄을 해야 돼요. 그러니까 누군가는 집에 머물고 싶어 하지만, 누군가는 시설에 가는 게 해방이 될 수도 있는 거죠. 그걸 보면서 젠더에 따라 장소의 선택권이 다르게 구성될 수 있다는 걸 느꼈어요.

살림의원에서 일하시는 추혜인 의사가 2021년 9월 8일 《경향신문》에 쓴 칼럼 〈한국 할아버지와 치매 지표〉를 보면 그런 이야기도 나와요. 할머니들은 인지저하가 생기면 빨리 파악할 수 있대요. 원래 하던 가사 노동을 못 하게 되니까. 근데 할아버지는 캐치하기 힘들다고 해요. 뭘 못하면 인지가 저하돼서 못 하는 건지….

김 | 아니면 원래 못 하는 건지.(웃음)

조 | 농담 같지만, 정말로 그래요. 그걸 알 수 없어서 인지저하를 파악하기가 더 힘들다는 거예요. 성별 분업을 벗어나서 가사 노동을 고르게 맡아야 인지저하도 제대로 파악할 수 있는 셈이죠.

물론 그 외에도 혼자 사는 노인인지 누구랑 같이 사는 노인인지, 혹은 그 안에서 가사나 돌봄노동을 수행해 왔는지 등도 장소의 선택권을 구성하는 요소겠죠.

홍 | 말씀하신 것처럼 집이냐, 요양시설이냐는 이분법을 넘어서 장소의 선택권이 어떻게 구성되는지를 봐야 장소안도감, 내가 안정감을 느끼면서 나로 존재할 수 있는지에 대해 논의할 수 있을 거라고 봐요.

그런데 사실 방문진료 의사로서 시설에서 일하는 분들을 봤을 때, 그렇게 나쁜 사람들이라고 생각하지는 않거든요. 저도 예전에는 사실 시설에 굉장한 거부감이 있었고, '진짜 나쁜 사람들인가?' 하는 생각도 했었어요. 그런데 막상 가보면 너무 고충도 있고 안 됐더라고요.

치매가 심한 어르신의 경우 인간적으로 돌본다는 게 뭔지를 이야기하기 어려울 정도로 돌보는 일 자체가 어렵죠. 저도 요양원 진료를 하며 고충이 많이 이해되더라고요. 요양보호사, 사회복지사, 간호사 다들 열심히 일하고, 인권에 대한 의식이 높아져서 다들 적정한 수준을 지키려고 노력도 해요. 하지만 보호자들 눈치도 봐야 하고, 관리 당국에서 요청하는 사항도 많으니까 쉽지가 않아요.

결국 탈시설을 해나가는 과정에서도 돌봄 현장의 고충에 대한 충분한 검토와 구체적인 실천, 전략이 필요해요. 탁상공론식으로 처리하면 안 될 일이죠.

조 | 더 나은 돌봄을 만들어가는 일은 현장에 있는 사람들한테 공적 마이크를 주고 듣는 게 전부가 아니라, 사실 그 들리는 경험으로 대안을 재구성해야 하는 거잖아요. 엄청난 노력과 노동이 필요한 일이죠. 저도 가족돌봄자들과 영 케어러들을 만나면서 많이 느껴요. 목소리를 대안으로 재구성하기 위해서 여러 질문과 정보가 필요하다는 걸. 그럼에도 그 말의 힘을 믿는 거죠. 그러니까 공적 마이크를 계속 주는 습관이 이 사회에 필요해요. 습관이 돼야 그만큼 경험도 쌓이는 거죠.

홍 | 현장의 목소리에 공적 마이크를 잘 안 주다 보니까, 실제 현장과 정책이 잘 연결되지 않는다는 느낌을 받아요. 외국의 현장을 탐방하고 좋은 정책을 받아와도 한국의 현실에서 적용이 되지 않죠. 사각지대도 생기고요. 돌봄의 현장이야말로 하향식 정책 효과를 기대할 것이 아니라 관계에 더욱 집중할 필요가 있어요. 환자, 보호자, 종사자 등 관계자 각각의 이해관계를 이해하고 그 사이에 관계를 잘 설정해나가는 게 중요해요.

지금은 빨리할 수 있지만 큰 효과는 없는 정책에 집중하는 경향이 있는데, 거창한 담론보다는 할 수 있는 일을 해나가는 것이 중요해요. 서로가 서로를 돌보자는 마음가짐이 커졌으면 해요. 동화 같은 이야기로 들릴지도 모르지만, 뭔가 획기적인 정책이 나와서 바뀔 거라는 기대는 들지 않아요. '우리 서로를 잘 돌보자. 서로를 잘 돌보는 일이 우리 모두가 살아가는 길이다.' 이런 동화 같은 마음이 더 커졌으면 좋겠어요.

조 | 드라마 〈인간 실격〉에서 류준열 배우가 맡은 강재라는 등장인물이 극 중에 이런 말을 했어요. 대한민국에서 제일 큰 문제가 세 가지라고. 첫 번째는 불평등, 두 번째는 기후위기, 세 번째는 인간관계. 앞의 두 가지는 인간이 쉽게 해결할 수 없다, 하지만 인간관계는 다르다는 거예요. 드라마가 인간관계를 대행해주는 내용이고, 류준열이 그 일을 하는 인물을 연기하면서 그 말을 하는 거죠.

홍 | 오, 맞는 말인데요?

조 | 그런 인간관계를 대행하는 서비스 중 가장 대표적인 게 돌봄서비스잖아요. 돌봄서비스가 공급자와 수요자의 관계로 나뉘게 되지만, 그럼에도 대행적인 관계가 되지 않는 방법을 고민하게 돼요.
　한번은 주간보호센터와 요양원 시설장들을 대상으로 강의를 했어요. 다들 좋은 기관을 만들려고 노력하는 분들이었어요. 강의 제목은 '돌봄가족과 돌봄기관은 좋은 돌봄을 위해서 어떻게 동료 시민으로 협력할 수 있을까?'였어요. 돌봄가족은 대개 돌봄을 맡기고 감시하고 요구하는 사람이잖아요. 소비자가 되는 거죠. 때때로 갑질을 하기도 하고요. 홍종원 선생님 말처럼 요양기관에 돌봄이 없고 돌봄노동자들의 처우도 안 좋으니 제대로 돌봄이 이뤄지지 않기도 해요. 이런 양적인 문제를 해결하면서도 동시에 어떻게 하면 질적인 문제도 같이 고민할 수 있을까 하는 고민에서 한 강의였어요.

가족들이 자꾸 감시하고 요구하는 식으로 나오니까 몇몇 기관들은 애초에 기를 눌러버리기도 한다고 들었어요. 처음에 딱 오자마자 보호자에게 '너무 힘든 사람인데 우리가 받아준다'고 하면서 보호자 기를 팍 죽인대요. 아무 말도 못 하게 하는 거죠. 여기저기서 그런 이야기를 들으니까 그렇게 시간을 보내느니, 차라리 둘러앉아서 어떻게 돌볼지에 대해 이야기 나누면 어떨까, 어디까지는 되고 어디까지는 안 되는지 확인하면 어떨까 싶었어요. 의사도, 간호사도, 사회복지사도, 당사자도, 보호자도 모두 일단은 둘러앉는 거죠. 이 사람에게 어떤 문제가 있었는지 돌봄의 이력을 확인하고, 어떤 생을 살았냐를 이야기할 수 있는 자리가 주어진다면 협력적인 관계가 구축될 수 있는 가능성이 생기는 거잖아요. 서로 감시하고 견제하려는 건 진짜 지옥도예요, 지옥도. 그래서 이거를 극복하는 게 진짜 중요하다는 생각이 들어요.

홍 | 그걸 어떻게 극복할 수 있을까요?

조 | 일단 대화를 시작해보자는 거죠. '우리는 소비자도 아니고, 여기도 서로의 죄를 찾는 공간이 아니다. 돌봄이 잘 이뤄지기 위한 공간이다. 우리는 그러기 위해 협력하는 동료 시민이다.' 이런 전제를 공유하면서 어떻게 해야 잘 돌볼 수 있을지를 같이 고민하자는 거예요. 그러다가 해법이 나올 수도 있고, 서로가 개선되는 점도 있을 수 있고요.

일단 저는 노인시설은 내가 살던 동네 안에 있어서 보호자나 친구들이 마음껏 드나들 수 있고, 프라이버시가 보장되는 곳이면 좋겠단 생각을 해요. 요양원에 입소해도 친구들이 출퇴근하면서 두세 시간 편하게 머물 수 있는 곳. 그런 관계를 오히려 촉진하는 광장이 된다면 어떨지 상상해보는 거죠. 그러려면 6인실이 아니라 1인실이어야 할 테고, 문화도 많이 바뀌어야겠죠. 지금처럼 입소하면 적응해야 하니까 아무도 오지 못하게 하면 안 될 테고요. 보호라는 이름으로 사생활을 부정하는 게 아니라, 오히려 사생활을 보호하고 보장하는 요양원이 있다면 어떨까요?

홍 | 영국 요양원 이야기를 다룬 〈데릭〉이란 드라마가 생각나네요. 일종의 페이크 다큐인데, 지금 말씀하신 그런 모습이 나와요. 데릭이라고 요양센터의 직원인지 아닌지는 모르겠는데, 어쨌든 어르신을 돌보는데 약간 지능이 떨어지는 사람이 주인공이에요. 그런데 그 요양센터가 사람들이 막 오가는 곳이거든요. 저는 조기현 작가님 말씀에 굉장히 동의하는데 '이게 한국 사회에서 어

디까지 가능할까?' 이런 고민은 있어요.

탈시설이라는 난제

김 | 아까 잠깐 장애인 탈시설에 대한 이야기가 나왔는데, 참 민감하고 말하기 조심스러운 문제이긴 하지만 워낙 중요한 문제라서 한번 짚고 가죠.

주로 장애운동 쪽에서 탈시설을 많이 주장하고 정부도 그런 문제 제기를 일정하게 수용해서 2021년 8월에 '탈시설 자립 지원 20년 로드맵'을 내놓았는데요. 핵심 내용은 2025년부터 해마다 740여 명의 장애인에 대한 지역사회 정착을 지원해 2041년까지 지역사회 전환을 마무리하고 이를 위해 장애인편의시설이 설치된 공공임대주택, 임대 계약 등 주택 관리나 금전 관리 등 일상생활을 지원하는 주거유지서비스, 장애인 일거리 확충 등을 지원한다는 거고요.

사실 탈시설에 대해서는 장애인이 있는 가정 안에서도 이견 혹은 반대도 있어요. 지금도 하고 있는지는 모르겠지만 2021년 7월부터 국회 앞에서 로드맵 재검토를 요구하는 장애인 부모들이 1인 시위를 벌이기도 했어요.

조 | 장애인 탈시설 관련해서는 동료 시민으로서 가지는 지지와

반대하는 부모님의 심경 사이에서 혼란스러운 느낌이에요. 홍종원 선생님은 주변에서 탈시설에 대해 많이 이야기하세요?

홍 ㅣ 본격적으로 논의할 기회는 없었어요. 다만 가끔 탈시설한 당사자분들이 지내고 있는 자립주택에서 진료를 해요. 정기적으로 찾아뵙고 때때로 전화로 의료적인 상담을 해요. 짧게는 2년에서 길게는 5년 동안 자립주택 진료를 했죠. 그 과정에서 이미 자립주택, 자립지원주택을 통해서 당사자분들이 지역사회에서 살아가고 있다는 것을 느꼈어요.

 물론 그걸 보면서 결코 지역사회에서 살아가는 게 쉽지 않다는 점도 매번 느껴요. 사실 탈시설이 갑자기 실현되진 않을 거예요. 쉽지는 않지만 지역사회에서 충분히 살아갈 수 있다고 생각하고 그 방향으로 가야 한다고 생각해요. 탈시설과 지역사회 정착을 지향하며 진행해나가면 좋겠다고 생각해요.

김 ㅣ 홍종원 작가님은 직접 보셨으니까, 자립지원주택이 어떻게 운영되는지 좀 설명해주세요.

홍 ㅣ 장애인자립생활센터나 장애인복지관에서 자립지원주택을 운영하고, 임대해요. 제도에 따라 다른데 보통은 7년, 길게는 20년 동안 자립지원센터나 복지관에서 주택을 임대하면서 자립을 훈련할 수 있도록 하는 거죠. 지금도 많이 하고 있어요. 그 기간이 끝나면 다시 자기 조건에 따라 임대 아파트 같은 곳으로 가고, 진짜 자립을 해요.

김 | 저도 탈시설 후에 장애인들이 어떻게 자립하는지 잘 몰랐는데, 홍종원 작가님께서 현장의 생생한 이야기를 잘 들려주셨네요. 그런데 앞서도 이야기했듯이 사실 장애인 가족을 둔 분 중에도 탈시설에 반대하는 분들이 계시거든요.

발달장애인 딸을 둔 손송하 님이 《한겨레》에 2021년 10월 13일에 기고하신 〈'장애인 탈시설', 정답 아니다〉란 글을 보면 자기한테는 딸이 시설에 가기 전의 삶이 지옥 같았다는 거예요. 딸이 베란다 창문에 몸을 부딪친다든가 하는 식으로 일종의 자해를 하고, 엘리베이터를 타면 놀이 기구인 줄 알고 뛰니까 이웃들이 따가운 시선으로 봐서 죄인이 된 기분으로 살았는데, 딸을 시설로 보내고 난 뒤에 이제 처음으로 이웃들의 따가운 눈초리를 받지 않아도 되고 넓은 공간에서 딸이 자유롭게 뛰어놀 수도 있게 됐다는 거죠. 그런데 지금 탈시설을 하면 내 딸은 어떻게 되는 거냐, 지금 같은 식으로 탈시설화 논의를 하는 건 옳지 않다, 이런 이야기를 하셨죠.

홍 | 이 이야기는 저도 조심스럽긴 한데, 이거는 우리 사회에 살아가는 다양한 사람들이 다름을 이해하는 방식과도 연결된다고 생각해요. 이것도 일종의 돌봄감수성이라고 생각하는데, 발달장

애인의 다름이 비장애인끼리의 다름하고 크게 다른 걸까요?

어쩌면 이것도 너무 이상적인 말일 수도 있지만, 우리가 다르다고 생각했던 존재들을 자주 보고 같이 살면서 체득하고 체험하는 게 있어요. 그런 것들을 같이 겪어내지 않고서 되는 문제는 아니겠죠. 사실 당사자나 부모 입장에서는 이런 이야기도 동의하기 힘든 이야기일 수 있겠지만요.

김 | 그분들 입장에서는 과거에 굉장히 고통스러웠던 경험과 맥락이 있으니까, 반대하는 것도 이해 못 할 부분은 아니죠.

조 | 발달장애인 아들을 둔 류승연 작가님이 2021년 11월 18일 《한겨레21》에 쓴 칼럼 〈나는 잘 죽고 자식은 잘 살리고 싶은 마음〉에서 부모로서 그런 고통을 가중하는 게 탈시설이 아님을 강조하신 게 생각이 나요. 시설에서 탈시설이라는 패러다임으로 전환하는 데 중요한 것 중 하나가 앞서 홍종원 선생님이 말씀해주신 대로 시설에서 나와서 끝이 아니라는 거죠. 지역사회에서 새로운 삶의 장소를 만들자는 거잖아요. 커뮤니티 케어인 거예요. 시설이나 병원 중심의 서비스 전달체계를 지역사회 기반으로 재편하는 거예요.

전달체계의 재편과 함께 중요한 건 당사자를 통제 대상이 아닌 자율적인 주체로 보는 관점이에요. 앞서 언급한 칼럼에서 류승연 작가님도 강조하는 점인데, 발달장애 당사자를 어떻게 인식하냐에 따라 결정적인 차이가 생기는 거죠.

그래도 이런 생각이 들 수 있어요. 통제 대상이어도, 시설 안에서 짜여진 프로그램에 따라 살더라도 행복하기만 하면 되지, 왜 굳이 시설을 폐쇄하냐고요. 시설 밖에서 돌봄을 감당했던 가족들에게는 분명 그때의 어려움이 압도적이었을 거예요. 이웃들과의 마찰, 자녀가 자해를 하거나 시도하는 것을 막지 못했던 경험들에 거리감을 갖는 게 쉽지 않을 거라고 생각해요.

그런 일들이 왜 벌어졌는지를 파악하고 함께 토론하려면 거리감이 필요할 거 같아요. 제 짧은 돌봄의 경험을 되돌아보더라도 스스로 압도감에 쩔쩔매고 컨트롤하지 못하는 상황에 주저앉는 경험들이 많았어요. 그럴 때마다 아버지를 자율적인 주체로 보는 게 쉽지 않았고, 통제하려고만 하게 됐죠.

시설사회에서 탈시설을 상상하다

김 | 방금 조기현 작가님께서 장애 당사자를 통제 대상으로 볼 거냐, 아니면 자율적인 주체로 볼 거냐가 중요한 지점이라는 말씀을 하셨어요. 저도 자율성을 존중해야 한다는 점에 동의하는데 '현실적으로 관리를 안 할 수 있을까?'라는 생각도 사실 들거든요.

다시 손송하 님 글을 인용하면 발달장애인인 딸이 거실에서 베란다 창문으로 달려가다 몸을 부딪치면서 유리가 깨져서 큰 사고가 날 뻔한 적도 있었다고 해요. '그러니까 감금해야 돼'로 가는 건 잘못이라고 생각하지만, 가족이나 시설에서 일하는 분들이 봤을 때 이걸 그냥 둘 수는 없지 않을까 싶기도 해요. 그러면 이런 경우에 어떻게 하는 게 좋은 건지, 자율성과 관리 혹은 감시 사이의 선이 어느 정도에서 그어져야 되는 건지, 이것도 한번 얘기를 해보죠. 제가 말하면서도 정말 어렵다는 생각이 드는데….

조 ㅣ 저 같은 경우는 아버지를 돌보는 동안 아버지의 자율성, 역량, 선택권이 중요하다고 생각하면서도 현실적인 조건 속에서는 늘 억압적이었던 것 같아요. 제가 하라는 대로만 하게 하고, 그렇게 안 하면 화를 내서라도 그렇게 하게 만들었어요. 그렇게 늘 자율성과 통제 사이에서 어찌할 바를 몰라 하면서 살아냈던 느낌이에요. 그래서 손송하 선생님 글에도 심정적으로 연결이 되고, 류승연 작가님 글에도 마음이 가닿아요. 하지만 손송하 선생님은 과거의 고통이 미래에도 반복되지 않길 바라는 마음이고, 류승연 작가님은 이제까지 없었던 새로운 미래를 제안하는 셈이죠.

김 ㅣ 저도 참 고민되는 부분인데, 사실 손송하 님 글을 보면 '그런 시설이 얼마나 있을까' 하는 의문이 들어요. 열악한 시설이 많은 건 현실이란 말이죠. 예를 들어 국가인권위원회가 2017년에 중증장애인 거주시설 45개, 정신요양시설 30개의 거주인 1500명을 대상으로 실시한 〈중증·정신장애인 시설생활인에 대한 실태조사〉을 보면 중증장애인 시설 거주인들이 언어폭력(18.4퍼센트), 신체폭력(14.0퍼센트), 감금(8.1퍼센트), 강제 투약 또는 치료(6.7퍼센트), 강제 노동(9.1퍼센트) 등의 인권침해를 당하고 있다고 해요.

그렇게 논리적으로는 반박할 수 있는데, 이분이 이제껏 살아온 삶의 맥락을 생각하면 이런 수치들로 이분을 설득할 수 있을까 싶어요. 탈시설을 현실에서 구현하려면 손송하 님 같은 분들을 설득해야 할 텐데, 어떤 논리로 설득할 수 있을지는 잘 모르겠다는 생각이 들어요.

조 │ 우리가 이런 고민을 하는 건 일종의 과도기에 있기 때문이라고 생각해요. 지금 우리는 어떤 장애가 있건 자율성을 보장할 수 있을지, 혹은 더 나아가 소위 '정상적 인지' '정상적 신체'라는 비장애 중심적인 규범을 어떻게 뒤흔들고 바꿀 수 있는지를 합의해나가는 과정인 거죠.

지인 중에 지역에서 발달장애인 아들과 둘이 사는 분이 있어요. 노년에 가까워지셨고, 이제 아들도 자립해야 하는 시점이 온 거예요. 근데 문제가 있어요. 자립할 수 있는 자원도 부족하지만, 더 큰 문제는 가끔 폭력적인 행동을 한다는 거예요. 아들이 대중교통 타고 여기저기 다니는 걸 좋아하는데, 간혹 불편하다고 느끼면 폭력으로 발현이 되는 거예요. 그런 폭력의 맥락을 전혀 모르는 사람들은 당연히 놀라고 피해를 받는 거죠. 그렇게 몇 번 가해자가 돼서 경찰서에 갔어요. 현행범으로 체포되기도 했고요. 발달장애인 피해자도 많지만, 그렇게 가해자가 되는 경우가 많더라고요. 범죄의 영역에서도 이런 고민들이 필요한 거죠. 이 사회는 발달장애인의 의도치 않은 범죄를 어떻게 다룰 것인가? 이런 게 탈시설 이후 우리가 실질적으로 부딪힐 문제인 거예요.

시설사회라는 개념이 있어요. 예를 들어 장애인은 시설에 가두어도 되는 존재로 규정하는 사회를 '시설사회'라고 하는데, 한국 사회가 그렇죠. 그렇듯 시설사회였기 때문에 시설 바깥에서 공백이어도 괜찮았던 지점들, 제대로 논의되지 못한 곳들 하나하나 이야기해나가야 하는 거예요. 이제까지 없었던 삶의 방식을 새롭게 만들어가야 하는 거죠. 자립주택만 해도 신념이 있는 코디네이터, 장애인 활동지원사, 장애인자립생활센터가 고군분투하고 있는데, 그걸 넘어서 모두가 고민하지 않으면 힘든 문제예요.

아까 말한 지인의 주변에서는 그러게 왜 문제가 생길 걸 뻔히 알면서도 발달장애가 있는 아들을 집 밖에 내보내느냐고 질타해요. 부모가 잘 관리했어야 한다고, 알면서도 그러는 건 책임 방기한 거라고.

시설은 실체이기도 하지만 관념이기도 하다는 걸 느꼈던 일이 있어요. 예전에 건축가를 만났는데, 심리학자와 협업해서 사람의 심리적 상태에 기반한 '심리 건축'을 하는 분이었어요. 공간과 심리가 주고받는 지대한 영향을 파악하기 위해 심리 검사를 하고 소재나 형태를 고르고 시공까지 하는 분들이었어요.

그런데 어느 날 한 건축주가 찾아와서 자해가 불가능한 방을 만들어달라고 했대요. '자식이 조현병이 있는데 자꾸 자해하니까 자해할 수 없는 방을 만들어 달라.' 그 이야기를 듣고 건축가는 섬뜩한 거예요. 언뜻 듣기에는 자해를 안 하는 게 좋겠지만, 물리적인 조건으로 신체를 통제하는 거잖아요. 심리적 안정을 돕기 위해서 만든 건축 방식을 오히려 집을 시설화하려는 방편으로 쓸 수도 있겠구나 싶은 거죠. 그런 이야기를 들으면 시설은 하나의 관념이라는 게 뚜렷하게 느껴져요.

아직 오지 않은 미래로 현재를 재구성하기

김 | 시설사회라는 말을 사회 자체가 시설의 논리에 따라 움직인다는 의미로도 해석할 수 있다고 생각해요. 관리와 통제를 기본으로 하는 게 시설인데, 사실은 시설뿐만 아니라 학교, 직장 등도 다 그런 식으로 돌아가잖아요. 관리와 통제의 논리가 가장 극단적으로 관철되는 곳이 시설이지만, 거칠게 말하면 시설 바깥도 사실은 더 큰 시설에 불과할 수 있죠.

그래서 더 많은 논의가 필요하다고 봐요. 현실적으로 우리는 좋든 싫든 시설사회에서 살아왔고 살고 있는데, 이전에는 없던 새로운 삶의 방식을 만들어내고 그 방향으로 전환한다는 게 정말 어려운 일이기도 하고, 결국은 저마다 경험한 삶의 맥락과 지금의 위치에 따라 생각이 다를 수밖에 없을 거예요. 그렇게 저마다의 절박함이 부딪힐 때 논리와 통계만으로 서로를 설득할 수 있을 것 같지는 않은데, 그렇다면 같이 이야기를 나눌 수밖에 없지 않을까요?

그리고 이 문제는 시설 자체의 차이도 고려해야 할 거예요. 장애운동 쪽에서 특히 탈시설 이야기를 많이 하는데, 그건 장애인들이 가는 시설이 다른 곳보다 더 열악해서 그런 부분도 있다고 보거든요.

조 | 최중증장애인을 관리하는 것에 초점을 맞춘 시설과 그렇지 않은 시설은 확실히 좀 다른 것 같아요. 그래서 그 둘은 좀 다르게 논의할 필요가 있다고 봐요. 여성운동가 김영옥과 인권운동가 류은숙 역시 '노인요양시설도 탈시설운동을 해야 할까'라는 질문에 "이에 대해서는 아직 명확한 입장을 세우기 어렵다"(《돌봄과 인권》 140쪽)고 이야기하죠. 노인요양시설을 1인실로 만들고 개개인이 자신의 물건을 갖다 놓고 잘 지내게 하자, 이런 부분은 크게 이견도 없고요.

노인병원인 게이유병원을 운영하는 의사와 아버지를 그 병원에 보낸 한 소설가의 대담집 《돌보는 힘》을 보면 그런 이야기가 나와요. 게이유병원은 고령자가 노년에 돌봄을 받고 임종할 때까지 삶의 적극적인 활동을 보장하려고 해요. 그중 하나가 먹는 즐거움을 보장하는 거예요. 병원 음식을 맛있게 만들려고 노력하고, 먹고 싶은 음식은 의료적으로 정말 문제 되지 않는 이상 되도록 먹을 수 있게 하죠. 이 의사분의 신조는 '잘 삼키지 못하는 사람도 좋아하는 음식은 목으로 잘 넘어가더라'예요. 경험적으로 그렇게 생각하게 된 거죠. 무언가를 먹고 싶어 하고 먹는 즐거움을 만끽하는 게 고령자의 생명력을 가늠하는 기준인 거예요. 콧줄이나 수액을 이용해서 먹지 못하는데 억지로 영양을 공급하지 않아요.

그것뿐만 아니라 병실에 자기 집에 있던 물품들, 도자기나 그림, 유리 등을 갖다 놓으라고 권유해요. 저는 아버지가 계셨던 여러 요양병원에 다니면서 자살 위험이 있다고 금지했던 물품들을 거기서는 적극적으로 가져오라고 하는 게 좋았어요. 애초에 자살하고 싶은 환경을 만들지 않으면 되니까요. 요양시설에서 냄새 나는 걸 차단하기 위해서 기저귀 케어도 바로바로, 양치질도 바로바로, 땀 흘리면 환복도 바로바로 하고, 무엇보다 자신을 꾸밀 수 있게 해준다고 해요. 여성 노인들은 화장을 하고 싶으면 간호사에게 요청해서 화장도 하고, 남성 노인들은 정장을 입을 수도 있게 해줘요. 자신의 지정 성별(태어나면서 병원 등에 의해 정해진 성별)이 아닌 다른 성별과 바꿔서 옷을 입는 드랙이 남성복/여성복을 입고 싶다고 하면 뭔가 이 요양병원은 마련해줄 거 같은 느낌이에요. 삶의 의욕을 빼앗는 공간이 아니라 삶의 의욕을 중시하고 북돋는 공간을 만들려고 노력한 거예요. 노인을 관리하는 게 아니라, 노인의 자율성을 더 확장하려는 공간. 치료라는 명목으로 생명을 유지하고 위험을 방지하는 게 아니라, 돌봄과 일상 생활을 우선시했기에 그런 공간이 가능했어요.

특수한 사례긴 하지만, 이런 사례가 우리가 가야 할 방향을 알려주잖아요. 이런 요양시설이라면 누구나 가고 싶을 거예요. 우리가 시설이라는 말 자체가 매몰될 필요는 없다고 봐요. 분명 노인 시설과 최중증장애인, 발달장애인 시설들은 다른 맥락과 결이 있는 것 같아요.

예전에 탈시설 관련한 국회 토론회를 보다가 장애인 탈시설을 시작으로 노인 탈시설까지 이뤄내자는 취지에 가까운 이야기를 들은 게 생각이 나요. 그런 이야기가 왜 나왔는지 이해가 가요. 유기하는 시설에 가까운 요양기관들이 있으니까요. 본인의 뜻에 거슬러서 입소하는 경우도 적지 않고요. 거기에 혼자 사는 노인보다 동거가족이 있는 노인이 오히려 입원 비율이 더 높아요. 본인 의사가 아니라 가족의 뜻에 따라서 입원하는 거죠. 2019년 자료를 보면 요양병원에 입원한 44만 명 중의 40퍼센트 정도가 사회적 입원이라고 해요. 병원에서 처치가 필요한 건 아닌데 돌봄을 받을 수 없어서 입원한 경우가 그 정도인 거예요. 장애 해방처럼 노인 해방이 필요하다는 말이 나오는 이유죠. 하지만 장애인거주시설과 노인요양시설의 문제를 같은 방식으로 풀기보다 문제를 풀어가는 방식이 다를 수 있다는 걸 전제하고, 접점을 찾다 보면 더 다양한 이야기들을 할 수 있겠죠.

홍 | 지금 우리 사회에서 시설이 맞다 탈시설이 맞다, 혹은 관리냐 자율이냐, 이런 식으로 질문하면 정말 답을 내기가 어렵다고 봐요. 그보다는 최중증장애인이건, 노인이건 돌봄받을 수 있는 심리적인 연대, 실제적인 연대, 돌봄지원서비스 같은 사회제도, 이런 것들을 어떻게 갖출 것인지를 물어야 한다고 봐요.

아까 이야기하신 발달장애인 딸이 안전한 공간을 어떻게 제공할 것이냐. 저는 그 공간이 어쩌면 집일 수도 있고, 시설일 수도 있다고 보거든요. 그런 식으로 논의를 좀 확장하거나 좀 다르게 바라봐야 할 거예요. 예를 들면 집에서 24시간에 가깝게 딸을 케어할 수 있다면 반드시 시설로 보내야 한다는 결론을 낼 필요는 없겠죠. 우리가 이런 상상을 더 많이 해볼 필요가 있다고 봐요. 손송하 님의 심정에 너무 공감되면서도 한편으로는 사회적 세팅에 따라 달라질 수 있는 부분이 분명히 있는 거죠. 정말 최중증장애인인데 옆에서 24시간에 가깝게 지원하는 분들이 있으면 지역사회에서 살아가는 게 가능하기도 하다는 말이에요.

그런데, 사실 그것도 너무 어려운 이야기죠. 그런 사람들이 더불어 살 수 있는 어떤 사회적인 세팅이라는 걸 만들 수 있냐. 지역사회나 공동체가 얼마나 무너져 있는지를 생각하면, 사실 지금 상황에서는 너무 어려운 일이죠.

김 | 그렇게 너무 쉽게 인정하시면 안 되지 않나요?(웃음)

조 | 손송하 님 예로 다시 돌아가면, 발달장애가 있는 딸을 표준으로 도시 환경을 세팅해야 되는 거죠. 24시간 돌봄은 필수고, 엘리베이터 사용에 문제가 생길 수 있으면 주거를 1층으로 지원해야겠고, 뛰놀 수 있는 공원이 집 가까이에 마련돼야 하고. 주거와 도시가 그렇게 장애 친화적인 공간이 되어야겠죠. 이를테면 엘리베이터도 누군가 방방 뛰어도 되는 방향으로 세팅해야 되는 거예요.

김 | 거기에다가 그렇게 엘리베이터에서 뛰어도 사람들이 이상하게 보지 않는 것까지 가야죠.

조 | 그렇죠. 그게 너무 멀어 보이는 이야기기도 하고, 저도 돌봄자로서 그렇게 얘기하려면 할 수 있는데, 손송하 님 앞에서 이런 얘기를 제가 꺼내기가 좀….

홍 | 당사자가 아니니까요. 저도 그래요. 이게 참… 그러네요.(웃음)

김 | 맞아요. 사실은 저도 그런 이야기하기가 참 어렵죠.

조 | 우리가 해야 될 일은 당장의 현실에서 준비가 안 됐다고 불가능하다고 말하기보다, 그런 미래에서 살고 있는 시점을 상상해보는 거예요. 무엇이 필요하다는 아이디어나 실질적 해법을 최대

한으로 확장해서 그 미래에서부터 지금을 보고, 지금 여기서 무엇부터 바꿔야 하는지 함께 논의해야 한다는 거. 내가 그리는 이상적인 시간에서 지금 나를 봐야 돼요. 그래야 현실에 파묻혀지지 않고, 현실에 압도되지 않고, 이런 얘기를 할 수 있죠. 어떤 '표준적인' 인간을 상정한 세계가 아니라 다양한 존재들이 가능한 세계 말이죠. 시설화됐기에 공백이었던 곳을 치열한 논의로 다시 채워 넣고, 도시의 기반 시설도 그렇게 돌봄 친화적이고 장애 친화적으로 만드는 방법을 고민하는 거죠. 거리에서 마주할 수 있는 누구나가 발달장애인일 수 있다는 가정이, 장애가 있고 취약할 수 있다는 전제가 우리가 관계 맺는 데 당연한 일이 되는 거. 그런 게 탈시설운동이 지향하는, 그리고 탈시설운동을 통해 우리가 나아가야 할 사회의 모습일 거예요.

김 | 네, 저도 그 말씀에 동의해요. 계속 현실만을 이야기하면서 '탈시설은 불가능하다. 현실을 받아들여라'라는 결론을 내리는 건 위험하다고 생각해요. 우리가 너무 당연한 것으로 인식해 온 시설이라는 현실을 새롭게 고민하게 만든다는 점에서 탈시설운동이 갖는 의미가 있고, 그게 지금의 현실에 균열을 내는 시작점일 수 있겠죠. 다만 당사자들 사이에서도 저마다의 상황과 입장, 이제껏 살아온 삶의 경험에 따라 생각이 다를 수 있고, 지금 우리의 현실을 생각하면 우려스러운 부분이 있는 것도 사실이기에 당위만으로 설득할 수 있는 문제는 아니라고 봐요. 결국은 여러

당사자, 그리고 비장애인까지 모여서 더 많이 논의해야 할 문제라는 거죠.

그리고 이 부분도 분명히 짚어야 할 것 같은데, 탈시설운동하시는 분들이 사회적 세팅을 바꾸는 문제에 무관심한 건 절대 아니에요. 시민을 볼모로 삼은 시위라고 비판도 많이 받았지만, 장애인 이동권 같은 문제에 대해서도 최전선에서 문제를 제기하면서 투쟁해 오셨고요. 사실은 저도 그분들의 활동이 없었다면 아마 이런 문제를 생각조차 안 해봤을 거예요. 문제는 그분들이 해왔던 이야기를 충분히 고민하고, 논의하지 않았던 한국 사회겠죠.

조 | 우리가 서 있는 위치에서 그분들의 고민을 이어서 고민한다고 생각해요. 그분들이 띄운 이슈를 동료 시민으로서 이어서 고민하고, 내가 선 위치에서 곱씹어보는 거죠. 오랫동안 들리지 않는 목소리를 외쳐왔고, 이제 본격적으로 탈시설 로드맵이 나왔으니까 한국 사회가 더 나서서 적극적으로 논의해야 되는데, 제가 노인 분야 말고 장애인 분야는 사실 좀 무지하다는 게 이 논의에 더 적극적으로 개입하지 못하게 만드네요.

함께 '책임'지는 동료 시민의 자리

김 | 장소 이야기를 하다 보니 자연스럽게 탈시설에 대한 이야기

가 나왔는데, 우리 대담 중에서 가장 논쟁적인 주제일 거예요. 사실 더 짚어야 할 논점도 많죠. 탈시설화가 되면 시설에서 일하는 돌봄노동자의 노동권은 보장받을 수 있는가, 지금 논의에서는 주로 발달장애인을 이야기했는데 지체장애인 등 다른 유형의 장애인은 어떤 상황인가 등등….

그런 점에서 제한적인 논의였지만, 정리하자면 시설/탈시설 둘 중에서 양자택일하는 방식보다는 개개인이 느끼는 장소안도감에 초점을 맞추고, 그런 측면에서 장소안도감을 느낄 수 있는 사회적 세팅을 어떻게 만들지를 고민하는 게 더 효과적인 방식일 수 있다는 방향으로 주로 이야기가 됐습니다. 지금 여기의 현실에 매몰되지 않고, 우리가 꿈꾸는 이상적인 미래를 끊임없이 상상하면서 그 미래를 기준으로 현실을 새롭게 구성해보자는 이야기도요.

사실 저희가 한 이야기가 뜬구름 잡는 이야기라고 느끼는 분들도 있을 거예요. 시설이 돌봄감수성과 인권감수성을 위한 장이 될 수 있다는 게 말이 되냐, 시설 자체가 관리와 감시를 위한 곳이기 때문에 시설의 민주화는 애초에 불가능하다, 이렇게 생각하시는 분들도 있을 거예요. 그런 주장도 일리가 있다고 생각합니다. 사실 어쩌면 탈시설화보다 시설을 돌봄감수성과 인권감수성을 위한 장으로 만드는 게 훨씬 어려운 일일 수도 있어요. 그런 점에서 동의하지 않는 분들이 분명히 있겠지만, 시설 문제를 같이 고민하고 풀어가기 위한 여러 의견 중 하나로 이해해주시기 바랍니다.

다만, 저희 논의에 다소 부족한 점이 있더라도 시설이라는 공간에 대해 모두가 동료 시민으로서 저마다의 위치에서 같이 고민할 필요가 있기에, 이런 이야기를 나누는 것도 나름의 의미가 있다고 봐요. 사회 문제라는 건 일부 당사자나 관계자만 고민하는 문제가 아니라 모든 사회 구성원이 같이 고민하는 문제일 테고, 또 그래야만 비로소 해결의 가능성이 생길 테니까요. 그런 의미에서 반론과 이견까지 포함해서 다양한 논의가 이뤄지면 좋겠다는 생각으로 거칠게나마 여러 이야기를 나눠봤습니다.

저희가 장소안도감을 중심으로 여러 이야기를 했는데, 장소안도감의 의미는 단순히 그 공간이 얼마나 넓고, 다양한 시설이 잘 갖춰져 있냐는 걸 넘어서 그 공간 안에서 내가 다른 사람들과 어떻게 좋은 관계를 맺을 수 있느냐 하는 부분을 제기했다는 점이라고 봐요. 관계를 맺는 일 자체가 워낙 복잡하고, 사람과 상황에 따라 다를 수밖에 없으니 자연스럽게 다양한 이야기가 나왔습니다. 건강한 몸만을 표준으로 삼고 아픈 몸을 배제하는 문제, 죽음을 자꾸 사건화하고 눈에 안 보이는 곳으로 치우면서 '생명은 소중하다'는 구호만 남은 문제, 젠더에 따른 시설에 대한 태도 차이 등등….

저는 이 다양한 쟁점을 앞서 조기현 작가님이 말씀하신 '책임'의 문제로 정리하고 싶어요. 돌봄받는 사람이 겪는 문제를 함께 나눠서 책임질 사람이 많아진다면, 우리가 평등하게 '좋은 돌봄'

을 같이 고민하는 관계를 맺을 수 있다면, 이런 문제들이 그저 골치 아프고 고통스럽기만 한 일은 아닐지도 모르죠. 오히려 이 문제들을 풀어가는 일이 개인에게는 성장과 성숙의 계기, 사회적 차원에서는 돌봄사회로 한 걸음 더 나아가는 계기가 될 수도 있을 거예요. 그런 의미에서 서로 관리하고 감시하고 의심하는 관계가 아니라 함께 '책임'지는 동료 시민이자 돌봄의 협력자로서의 관계 맺음이 가능한 공간을 함께 상상해보자는 제안으로 오늘 대담은 마무리하려고 합니다.

5장
길이
_어떻게(How)

돌봄이

되려면

김 │ 이제껏 돌봄의 관계에 대해 여러 차례 대담을 하면서 언제, 누구와, 어디서 관계를 맺어야 하는가를 이야기했습니다. 오늘은 '어떻게'에 대한 이야기입니다. 이 문제는 조기현 작가님께서 강연에서 자주 쓰시는 '돌봄인지감수성'이라는 단어로 풀어가려고 해요. 많은 분께 생소한 개념일 텐데, 이게 어떤 의미인가요?

조 │ 정혜윤 작가님께서 《앞으로 올 사랑》이란 책에서 사용한 미래인지감수성이라는 말을 패러디해서 제가 써본 말인데요. 미래인지감수성은 각자도생의 감각을 벗어나기 위한 말입니다. 내 코가 석 자인데, 당장 나부터 불안한데 어떻게 남까지 생각하고 우리 모두의 미래까지 고려해? 이런 마음을 벗어나기 위한 감수성인 거죠. 책에서는 '내가 이렇게 하면 미래의 우리에게 너무 폭력적인 거 아닐까?' 이런 질문을 해보라고 권유해요. 저는 전염병과 기후위기 시대에 우리에게 가장 필요한 게 미래인지감수성이라고 생각해요. 우리에게 더 이상 미래가 없음을 선포하는 일들이 너무 많이 벌어지고 있잖아요.

돌봄에 대해서도 그런 감수성이 필요해요. 단순히 지금 눈앞의 상황만을 보면서 '이 사람은 돌봄이 필요해, 이 사람이 지금 돌봄을 하고 있어'를 인식하는 것을 넘어서 돌봄을 중심에 놓고 때론 시공간을 뛰어넘어서 사유하기도 하고, 사회를 다시 배치하자는 거죠. 돌봄사회로의 이행을 위해서 '내가 이렇게 하면 돌봄에게 너무 폭력적인 게 아닌가?'라는 질문을 던질 필요가 있어요.

홍 | 저는 기후위기도 돌보는 관계의 문제라고 봐요. 인간과 인간이 돌보는 관계를 잘 맺지 못해서, 그리고 인간이 자연과 서로 돌보는 관계를 잘 맺지 못해서 생기는 문제죠. 우리가 생명체를 돌보는 마음을 잃어버린 건데, 그걸 돌봄인지감수성이라고 말할 수도 있을 거예요.

우리가 돌봄인지감수성을 잃어버렸다는 사실을 단적으로 보여주는 게 공기청정기가 아닐까 싶어요. 공기청정기야말로 희대의 발명품이고, 그만큼 자본주의적이고 위선적인 게 없다고 생각하거든요. 공기가 나빠졌으면 공기의 질을 어떻게 개선할지를 고민해서 깨끗하게 만들어야 하는데, 공기청정기를 쓰면 근본적인 문제 해결에는 소홀해져서 오히려 공기 질이 더 나빠질 가능성이 높으니까요.

마찬가지로 우리가 돌봄을 이야기할 때도 그 논의가 돌봄청정기처럼 되어선 안 된다고 생각해요. 돌봄은 관계성을 기반으로 하고, 거창한 운동이라기보다는 실생활에서 맺어지는 관계로서 현실 그 자체예요. 돌봄은 우리가 만나는 모든 사물과의 관계를 돌아보는 데서 시작해야 하는 행위일 수 있어요.

조 | 소비와 생산 때문에 발생한 공기 오염이 또 개인의 소비로 환원된다는 게 굉장히 모순적이네요. 정치권에서 돌봄을 계속 무시하고 떠넘기다가 결국 할 사람이 없으니 외국에서 사람 불러오자는 논의가 있는데, 그 발상이 정말 딱 돌봄청정기와 비슷하죠.

나도 돌봄이 필요한 존재임을 인정하기

김 | 돌봄에 대한 논의가 돌봄청정기가 되어서는 안 된다는 비유가 인상적이네요. 기후위기 문제가 그렇듯, 돌봄 위기의 대안을 사유할 때도 주어진 현실 안에서 지금 당장의 문제만을 보는 게 아니라 주어진 현실 자체를 의심하고, 그것을 넘어서는 상상력이 필요하겠다는 생각이 듭니다. 그런 문제의식을 돌봄인지감수성이라는 말로 표현해주셨고요.

　우리가 이제까지 계속 돌봄에 대해 여러 얘기를 하면서 돌봄이 우리와 멀리 떨어진 게 아니다, 일상적으로 남들한테 전화해서 안부 묻고 같이 밥 먹는 게 다 돌봄일 수 있다, 이런 얘기를 했어요. 하지만 현실에서는 돌봄의 여러 층위가 있고, 각각의 돌봄을 현실에서 어떻게 실천할 건지는 간단한 문제는 아닐 거예요. 저는 이 부분을 조기현 작가님이 예전에 인용하셨던 캐슬린 린치의 사랑노동, 돌봄노동, 연대노동이라는 틀을 빌려와서 이야기해보려고 해요.

사랑노동부터 얘기하면 사랑노동은 근거리의 가까운 관계에서 벌어지는 돌봄이라고 하는데, 제가 제일 궁금한 건 이거예요. 내가 굉장히 오랫동안 봐왔고 나와 친밀했던 사람인데, 돌봄을 하다 보면 그 사람이 굉장히 낯설어지는 순간이 올 것 같거든요. 이런 사람을 어떻게 돌봐야 할까요?

조 | 일단 사랑노동이라는 말은 '친밀한 관계에서 이뤄지는 돌봄이 좋다' 이런 가치 평가가 들어간 말은 아니고, 각각의 돌봄을 층위에 따라 나눈 건데요. 캐슬린 린치가 정동적 평등을 말할 때는 사랑노동, 돌봄노동, 연대노동, 이 세 개가 잘 어우러져야지만 일종의 정동적 평등을 달성할 수 있다, 아픈 자가 겪는 불평등과 돌보는 자가 겪는 불평등을 해소할 수 있다는 의미로 쓴 것 같아요. 그런 취지에서 여러 돌봄을 어떻게 인정하고 서로 상호작용하게 할 거냐를 고민하는 거죠.

사랑노동 관련해서 한 가지 짚고 싶은 건, 우리가 평소에 돌봄을 안 하다가 갑자기 하려면 신체적 돌봄에 대한 거부감이 생겨요. 처음에 기저귀 갈려면 정말 고역이에요. 평소에 그런 연습이 돼 있다면 그 과정을 받아들이는 게 조금 더 수월할 텐데, 우리가 너무 돌봄은 저 멀리 있는 것, 나랑은 떨어져 있는 것이라고 생각하면 사랑노동이 도래했을 때 갑자기 관계가 질적으로 바뀌어야 되니까 더 힘들어지겠죠.

근데 저조차도 일상이 정말 돌봄으로 유지되고 있고 누군가의 돌봄이 필요하다는 걸 감정적으로 느낀 지는 얼마 안 됐어요. "무소의 뿔처럼 혼자서 가라/ 소리에 놀라지 않는 사자처럼"이라는 불교 경전 《숫타니파타》의 한 구절처럼 '인생 독고다이다, 나 혼자 살아남아야 된다' 이런 마음이 한편에 계속 있었어요. 뭔가에 의존하면서도 그런 걸 받아들이는 데 시간이 오래 걸렸었어요. 그런데 어느 순간에 '그런 마음을 먹는 것조차도 의존하면서 생기는구나'라는 생각이 들더라고요.

그리고 누군가를 돌보는 시간이 올 때 당황하지 않으려면 내가 돌봄을 받을 때 어떤 도움을 받을지를 상상해보는 일이 엄청 중요하다고 생각해요. 예를 들어 제가 팬티를 배꼽 위까지 올리는 걸 너무 싫어하는데, '돌봄을 받을 때 이런 점을 내가 잘 요구하고 부탁해야지'라는 걸 평소에 생각하는 게 어떤 감각을 깨워요. 그러면 내가 돌봄을 제공하려고 해야 될 때의 거부감이 좀 덜해지는 거 같아요.

홍│ 저도 비슷한 생각을 한 적이 있어요. 저는 아픈 분들을 의료인으로 돌봄의 현장에서 지켜봤던 경우가 많죠. 어느 순간 문득 '내가 치매든, 중증 질환이든, 뇌졸중이든, 사고든 중한 질환으로 직접적인 돌봄을 받으면 어떨까?'를 생각해봤는데, 첫 번째로 든 생각은 '나는 삶을 포기할 것 같아'예요. 제가 스스로 모든 걸 헤쳐나가야 되고, 바로 서야 하고, 자립해야 된다는 강박이 강하다 보니, 돌봄을 받아들이기 힘들 거 같아요. 그런데 저뿐만 아니라 누구나 사고든 노화든 돌봄이 필요한 순간이 와요. '내가 돌봄이 필요한 존재라는 걸 잘 인정해야 되겠구나' 하고 다짐하죠.

예를 들면 며칠 전에도 어떤 할아버지 환자분을 만났는데 스스로 바지를 못 올린다고 하셨어요. 저에게도 그런 순간, 혼자서는 수저를 들지 못하는 순간이 오겠죠. 스스로가 돌봄이 필요한 존재라는 것을 인정하고, 돌봄을 받는 일이 결코 실패가 아니라는 점을 기억해야 해요. 자립하는 일이 성공이라는 가치관을 바꿔야 해요. 물론 사회의 돌봄 시스템을 세심하고 촘촘히 갖춰나가는 일은 무엇보다 중요하고요.

조 │ 우리가 돌봄 시스템을 세심하고 촘촘하게 갖춰나가는 일도 결국 우리가 일상적인 관계의 가치를 무시하지 않으면서 시작된다고 생각해요. 사회복지와 돌봄서비스 양이 많아지고, 사회복지 공무원이나 돌봄노동자의 처우가 개선되려면 우리 모두가 그것의 가치를 무시하지 않아야 하는 거죠. 그러니까 우리의 일상적인 관계부터 점검하지 않으면 근본적으로 해결이 안 되죠.

홍 │ 맞아요. 사회적 제도가 부족한 이유는 우리 사회가 돌봄을 중요시하지 않아서죠. 그러니까 이 공동체 안에서 자원이 분배되지 않고요.

사회복지 공무원 얘기를 하셨는데, 제가 보기에 공무원들은 정말 바빠요. 그런데 그 바쁜 이유가 복잡한 시스템을 유지하기 위해서, 행정적인 일을 하느라 바쁜 경우가 많아요. 정말 사람을 살려야 하는 순간, 도움이 절실한 순간에는 역할을 하기 어려운 구조라는 느낌이에요.

아무도 남을 돌보지 마라

김 | 한국 사회가 돌봄의 가치를 인정하지 않는다고 말씀하셨는데, 그걸 넘어서 일종의 반反돌봄 윤리가 퍼져 있는 것 같기도 해요. 시부야 도모코라는 사회학자가 쓴 《영 케어러》를 최근에 읽었는데, 인상적인 부분이 있었어요.

영 케어러 중에 가족을 돌보다가 등교를 거부하는 분들이 더러 있죠. 집에 돌아와서 돌봄을 하다가 숙제도 못 하고, 학업에서 자꾸 뒤처지니까 결국에는 등교를 거부하는 경우가 많은데, 한 분은 자기가 학교를 안 나간 이유를 이렇게 이야기해요.

학교에서는 계속 뭔가를 배우면서 할 수 있는 일을 늘리고, 능력을 키워서 사회적으로 쓸모 있는 인간이 되라고 배우는데, 학교를 마치고 집에 가면 갈수록 할 수 있는 게 없어지는 사람이 있다는 거죠. 그러니까 그 두 세계가 자기 안에서 계속 충돌한다는 거예요. 학교에서 배우는 내용대로라면 이 사람은 되게 무능하고 쓸모없는 인간인데, 돌봄을 하려면 눈앞에 있는 사람을 긍정해야 되잖아요. 그런데 눈앞에 있는 사람을 긍정하면 긍정할수록 '그럼 학업과 학교생활은 대체 뭘까?'라는 생각이 들고. 그래서 결국 학교를 그만뒀고, 이제 하나만 생각하면 되니까 편해졌다고 하더라고요. 일본 사례긴 하지만, 한국 사회는 얼마나 다를까 하는 생각이 들었어요.

그 이야기를 읽으면서 '반돌봄 윤리가 너무 강력하게 사회를 지배하고 있는 거 아닌가?'라는 고민을 했어요. 남을 배려하고 돌보라는 말이 도덕 교과서에서 나오는 말을 넘어서 우리 삶이나 사회에서 중요한 가치로 작동하고 있냐고 물으면 회의가 들거든요.

조 | 신자유주의 체제가 강화하는 인간상이죠. 독립적인 인간상을 넘어 아무도 돌보지 않는, 그래도 되는 인간상.

홍 | 이 체제에서는 서로를 돌보지 말아야 하죠.

조 | 의존 자체가 죄악시되는 사회를 신자유주의가 만든 거죠. 어떤 영 케어러가 있어요. 어린 시절 타인을 돌보면서 상호작용을 했는데, 그게 그 사람에게 인생의 길이 될까요? 길이 안 되죠. 지배적인 사회 시스템은 협력, 돌봄, 배려를 인정하는 사회 시스

우리의 관계를 돌봄이라 부를 때

템이 아니잖아요. 경쟁을 해야 되고, 이윤을 내야 되고, 생산을 해야 생존할 수 있는 시스템 안에서는 영 케어러들이 이 생존 시스템 바깥에 있는 사람들인 거예요. 그래서 10대 영 케어러들을 만나면서 '돌봄이 길이 되기 위해서 무엇이 돼야 되는가?'란 고민을 하게 되더라고요. 제가 돌봄에 대한 통찰력 있는 좋은 말들을 해줄 수 있지만, 그게 결국 이 사람이 앞으로 살아가는 데 도움이 안 될 수도 있다는 거예요.

홍 | 실제로 사람들을 챙기고 배려하고 돌보는 사람들은 살아남기가 힘들죠.

김 | 사회복지사 같은 일을 하지 않으면.

조 | 사회복지사가 돼도, 남 돌보다가 그 성과를 뺏기는 사람이 되는 거죠.

홍 | 우리는 약자를 돕고 평등한 사회를 만들어가야 한다는 진보적 가치를 배우죠. 그런데 현실은 안 그러니까, 그 진보적 가치가 무너져버렸어요. 청년들은 자기를 위해 살고, 살아남기 위해서 약자를 무시하거나 짓밟아도 괜찮다고 생각을 해버려요. 그런 청년들의 마음이 이해가 돼요. 우리 사회는 뒤처진 사람들을 돌아보지 않은 사회니까요. 그래서 기를 쓰고 뒤처지지 않도록 노력

하거나 사회에서 사라지거나 둘 중 하나로 귀결되죠. 돌봄을 감당하느라 사회적으로 뒤처진 청년들이 낙담하기 쉬운 구조예요.

조 │ 사회학자 제니퍼 실바가 쇠락한 공업지역에 사는 청년들을 인터뷰해서 《커밍 업 쇼트》라는 책을 썼는데, 그 청년들에겐 공통점이 몇 개 있어요.

첫째, 대부분 성인기를 제대로 거치지 못하고 성장한 상태에서 스스로 어떤 경쟁 논리를 갖고 있어요. 둘째로는 심리치료에 심취해 있고요.

가장 중요한 공통점은 부모에 대한 혐오예요. 우리가 지금 이야기하는 돌봄관계와 연결되는 지점인데, 돌봄을 수행하면서 결국엔 내 삶을 이렇게 만들어버린 사람, 돌봄을 받는 부모나 형제를 원망하는 거죠. 《커밍 업 쇼트》에 그런 원망이 적나라하게 묘사돼 있어요. '내 부모는 가치관도 잘못됐고, 자립도 못 하고, 막살고 있어. 알코올 중독, 마약 중독에 걸려서 자기 정신도 컨트롤하지 못했어.' 그리곤 그 상황에 대한 혐오로 지금의 자신을 만드는 거예요. 난 그런 사람이 안 될 거고, 난 충분히 그게 될 수 있다고. 이게 《커밍 업 쇼트》가 보여주는 무드 경제의 핵심이거든요.

이런 지점이 영 케어러 논의와 밀접할 수 있죠. 영 케어러뿐만 아니라 누구든 내가 누군가를 부양해야 되는 위치에 있고, 내가 기대하는 사적 지원을 해주지 않는 가정에 있으면 충분히 그런 방향으로 흘러갈 수 있으니까.

우리의 관계를 돌봄이라 부를 때

김 | 제가 캐슬린 린치가 말한 개념 틀을 빌려왔는데, 가족돌봄을 이야기하면서 또 자연스레 돌봄을 불가능하게 하는 사회 체계에 대한 얘기로 연결되네요.

조 | 참, 아까 이야기한 돌봄받는 것에 대한 거부감에 대해서 하나 덧붙이고 싶은 게 있어요. 그 거부감은 결국 내가 신체적 자율성이 없고, 일상을 컨트롤하지도 못하는 상황이 나는 독립적인 인간이라는 평소의 상과 배치되는 데서 오는 거겠죠.

그런데 돌봄 민주주의를 주창한 조안 트론토라는 정치학자는 돌봄이 정말 민주적이려면 우리 모두가 돌봄 수혜자라는 걸 인정해야 된다고 말해요. 그걸 인정하는 순간에야 비로소 돌봄을 받는 것이 정상적인 게 되고, 돌봄 수혜자가 더 이상 타인이 아니게 된다는 거죠.

돌봄의 핵심적인 문제가 돌봄을 받는 사람의 수동성과 돌봄을 하는 사람의 능동성에서 오는 불평등한 관계인데, 돌봄이라는 게 마냥 한쪽이 다른 쪽에게 뭔가를 주고 그 사람은 받기만 하는 관계에서 이뤄지진 않거든요. 끊임없이 쌍방향으로 뭔가를 주고 나누는 게 돌봄이고, 아이와 부모의 관계에서도 사실 한편으로는 아이가 부모를 살피고 돌보면서 돌봄을 받는 거라고 얘기하죠. 그런데도 실제로는 돌봄받는 자와 하는 자의 불평등한 관계가 분명히 존재하고, 실제 삶에서 극복되지 않는 부분이기도 하죠. 간단치 않은 문제지만, 고민해봐야 할 지점이에요.

김 | 말씀하신 것처럼 아이도 엄마가 우울해 보이면 '엄마, 괜찮아?'라고 물어보고 기분을 풀어주는 식으로 때론 부모를 돌보죠. 그런 점에서 마냥 일방적이기만 한 관계는 없을 거고, 사실 '독립' 이런 말이 굉장히 허구적이라고 생각하거든요. 우리가 로빈슨 크루소도 아니고, 모든 걸 다 자기가 만들어서 쓰는 게 아니잖아요. 어쨌든 인간은 타인과 어떤 관계 속에서 존재할 수밖에 없는데, 그런 관계들이 지금은 굉장히 많이 시장화됐다는 느낌을 받아요.

홍 | 사람이 뭔가 배우고 학습하고 성장하는 게 사회적인 성공 혹은 성취를 이뤘기 때문만은 아니잖아요. 개인은 아픈 가족 한 사람을 돌보면서, 그런 관계 안에서 배우고 성장해요. 말씀하신 대로 우리는 절대 독립적인 개체가 될 수가 없죠. 우리가 농사를 지어요, 뭘 만들기를 해요. 사실은 대부분의 사람은 그런 것과 전혀 연관되지 않은 삶을 살면서 전혀 다른 노동을 하고 돈으로 생활에 필요한 걸 사죠. 그건 결코 독립적인 게 아니에요. 경제적으로 자립한다고 해서 절대 독립적인 인간이 아닌데 오해가 있어요.

김 | 우리가 순전히 자기 능력으로 자립했다고 생각할 수 있지만, 당장 회사에서도 여러 사람과 협업해서 일을 할 때가 많고, 돈을 버는 것 자체가 경제 시스템이 돌아가니까 가능한 일이잖아요. 예를 들어 국가가 갑자기 부도나서 화폐가 휴지 조각이 되지 않아야 하고, 은행이 제대로 돌아가서 입금과 송금이 돼야 월

우리의 관계를 돌봄이라 부를 때

급이 제때 들어오고 경제적 자립도 가능한 거죠.

가족돌봄이라는 지옥도

김ㅣ 우리 사회에 일종의 반돌봄 윤리, 자기 스스로 모든 걸 헤쳐
나가야 한다는 논리가 팽배해 있는데, 실제로는 우리가 서로에게
의존할 수밖에 없는 존재임을 인정해야만 돌봄사회로 나아갈 수
있다는 이야기를 나눴습니다.

　이미 가족돌봄에 대해 많은 이야기를 나눴지만, 더 짚어볼 부
분이 있어요. 가족을 돌본다고 할 때 가족 내의 갈등이나 미묘한
관계가 분명히 있을 것 같거든요. 단적으로 말하면 누가 주로 돌
볼 거냐, 시설로 옮기거나 시설에서 퇴소하는 등의 중요한 결정을
할 때 누가 주도권을 쥘 것인가, 같은 문제겠죠. 주 돌봄자 입장에
서 이런 가족 내의 관계를 어떻게 맺어야 되는지도 궁금해요.

조ㅣ 제가 가족 책임을 제일 많이 비판하는 부분 중의 하나인데
요. 책임과 권한을 동시에 가족이라는 울타리에 넣어놓고 사회
가 나 몰라라 하니까 가족 안에서 주도권 싸움이 벌어져요. 실상
을 보면 책임은 약자가 지고 권한은 강자가 다 부리는 거예요. 방
금 질문하신 그 지점을 살펴보면 가족이라는 장이 얼마나 폭력
적인 장소인지, 돌봄 과정에서 주 돌봄자가 어떻게 자기 목소리

를 잃는지 명백하게 알 수 있어요.

일본 사례인데, 1998년생 여성이 할머니를 돌보다가 살해한 사건이 있어요. 어릴 때 어머니가 돌아가셨고 할머니 손에 길러졌는데 항상 가족 내에서 뒤치다꺼리하는 역할을 맡는 걸로 정해졌어요. 본인이 너무 힘들어서 계속 SOS를 청했는데도 고모가 '그 정도는 버텨야지, 너 버틸 수 있어'라고만 하고.

이 사람 입장에서는 밤새 할머니 돌보고 뒤치다꺼리한 다음 직장에 오면 피곤해서 계속 실수하고, 동료들한테 불신받고, 상사한테 계속 혼나고, 쥐꼬리만 한 초년생 월급으로 계속 기저귀나 돌봄 용구들을 사는 게 너무 힘든 거예요. 그러다가 결국 할머니를 살해하고 징역 4년을 구형받았는데, 중요한 게 뭐냐면 여기에 케어매니저가 있었다는 거예요. 그런데 왜 이런 최악의 상황까지 왔냐. 케어매니저가 이 주 돌봄자랑 상의를 한 번도 안 하고, 고모랑만 상의했던 거예요. 그러니까 이게 가족 구조 안에서 발생하는 돌봄의 명백한 실패를 보여주는 거죠.

김 | 돌봄은 부담스러운 일이니까 약자한테 넘기고, 그런데 거기에 대해서 어떤 주도권을 행사하고 결정을 내리는 건 다 힘 있는 사람들이 하는 구조라는 걸 단적으로 보여주는 사례네요. 심지어는 케어매니저도 그 힘 있는 사람과만 상의했고요.(한숨)

조 | 형제가 많은 집을 보면, 보통 '정상적인' 생애 규범을 이행하

고 있는 사람한테는 돌보라고 안 해요. 정규직이고, 결혼했고, 집 산 사람은 웬만하면 안 건드려요. 친척들이 명절에 '너 언제까지 그렇게 살래?'라고 말하는 사람들, 취준생이나 비정규직에게 돌봄을 떠넘긴단 말이에요. 돌봄은 이 사회에서 쓸모없는 사람이 해야 된다고 가족 내에서 일종의 합의가 이뤄진 거죠.

그렇다면 비정규직인 다른 형제가 있을 때도 소위 사회적으로 중요한 직업들을 가진 사람이 휴가를 내고 다른 사람을 돌볼 수 있느냐, 이런 질문을 한번 해볼 수 있죠.

김 | 사실 누군가를 돌볼 여력이 있는지를 기준으로 하면 정규직이 하는 게 맞죠. 경제적으로도 더 여유가 있을 거고, 고용 불안이 없으니 더 자유롭게 휴가도 낼 수 있을 거고.

조 | 그렇게 가족 내의 약자에게 돌봄을 떠넘길 때 돌봄이 폭탄 돌리기가 되곤 하죠.

홍 | 저도 조기현 작가님 말씀에 동의해요. 가족 중에 가장 약자가 돌보는 일을 감당하고 중요한 결정은 지불능력이 있는 사람이 하는 모습을 현장에서 종종 목격해요. 당연히 아들이라고 생각했던 보호자가 알고 보니 사위였던 경우도 있었고, 직업이 없는 아들에게 돌봄을 맡긴 뒤 다른 가족은 신경 안 쓰는 경우도 봤어요. 가족 내에서 돌봄을 둘러싸고 일종의 폭탄 돌리기를 하는 경

우도 있어요. 찬찬히 이야기를 들어보면 그런 속내를 드러내기도 하죠. 약자가 돌보고 강자가 돈 내는 걸 보면 조금 씁쓸하기도 하더라고요.

김 | 그럼 그 책임을 지는 약자 입장에서는 대체 어떻게 해야 될까요?

홍 | 아주 힘들어요. 자기 혼자 결정을 못 하니까 눈치를 봐야 하고, 의견을 물으면 누구랑 상의해야 한다고 해요. 근본적인 원인은 돌봄을 다른 돈 버는 일과 비교해서 하찮은 일, 쓸모없는 일로 여기는 데 있다고 생각해요.

조 | 최근 몇 년간 돌봄 관련해서 빼놓을 수 없는 사건이 강도영(가명) 사건이죠. 뇌졸중으로 쓰러진 아버지를 집에서 돌보던 강도영 씨가 2021년 5월 8일 아버지가 시신으로 발견되자 아버지를 방치해 사망에 이르게 한 혐의로 징역 4년을 선고받은 사건인데요. 나중에 언론 보도로 강도영 씨가 내야 하는 응급 수술비, 간병비, 입원 치료비가 2000만 원에 달했고 휴대전화와 인터넷이 끊길 정도로 심각한 생활고를 겪었다는 사실이 알려지며, 한국 사회의 돌봄 현실에 대한 공론화가 이뤄졌죠. 이 사건을 취재한 《셜록》의 박상규 기자가 "강도영의 죄는 소리 내서 울지 않은 것"이란 표현을 썼는데, 사실 주 돌봄자도 마찬가지거든요. 계속 목

소리를 죽이고 자기가 결정권이 없다는 걸 인정하고, 인정하고, 인정하다가 결국에는 무너지는 경우가 많죠.

이 문제를 어떻게 해결해야 하는지를 물으면 돌봄에 대한 멸시, 가족 안에서 작동하는 권력관계 같은 것들이 다 겹쳐 있기 때문에 쉽지 않아요. 그래도 일단 제일 중요한 건 공적 서비스를 받을 때만큼은 이 피해를 인지하도록 하는 거죠. 예를 들면 노인장기요양보험 인정조사표에 주 돌봄자가 누군지, 그 사람이 어떤 상태인지, 어쩌다가 주 돌봄자가 됐는지를 체크하는 거죠. 그것만 체크하고 데이터화해도 주 돌봄자, 간병인, 가족 내 주 간병인의 상태를 파악하고, 그에 대한 새로운 제도 설계를 할 수 있을 텐데, 이런 문제가 만연한데도 사실 이거에 대한 데이터는 하나도 없어요.

주 돌봄자가 혼자서 목소리를 죽이고 죽이고 죽이다가 결국 남을 죽이거나 자기가 죽지 않는 방법이 뭘까, 어떻게 그 사람을 살릴 수 있을까를 고민하면서 이런 방법을 생각했는데, 근본적으로 가족 내의 권력관계를 어떻게 해소해야 되는가는 저도 아직 모르겠어요. 밖에서 일하는 사람이 잘 일할 수 있도록 안에서 돌봐주고 밥해주는 사람을 인정하지 않는 것은 너무 오래된 역사가 있잖아요. 그래서 이거는 저한테도 너무 큰 질문이고, 실제로 이런 상황을 많이 봤어요. 친척들 사이에서 영 케어러가 계속 밀리고 밀려서 주도권을 못 쥐는 일들.

김 | 일단 나이도 어리고.

조 | 이런 일도 봤어요. 딸이 아버지를 돌보다가 아버지가 돌아
가셨는데, 아버지 친척이 보니까 이 간병력 있는 딸이 탐나는 거
예요. 그러니까 자기가 입원했는데 병원에 와서 돌봐달라고 하
고. 명절에 다 같이 모인 자리에서 영 케어러인 여성에게만 집안
일을 시켰던 사례도 있어요. 돌봄을 했다는 게 마치 낙인처럼 되
는 거죠.

　그걸 보니 여러 생각이 들더라고요. 우리가 돌봄의 필요성과 효
능에 대해 여러 이야기를 했고, 이 사람이 원해서 하는 거면 좋은
거라고 말해야 하는데, 실제로는 가정 내 약자에게 책임을 지우
는 방식으로 이뤄지는 걸 보면 '책임과 권한을 어떻게 민주화해
야 하는가' 하는 생각이 들죠.

김 | 참 막막한 문제인데,(한숨) 지금 말씀하신 것처럼 데이터를
쌓고 현실을 파악하는 일이 시작일 것 같긴 해요.

조 | 그렇죠. 하나 덧붙이면, 가정 내의 권력관계에서는 나이뿐
만 아니라 젠더 문제도 심각해요. 당연하다는 듯 여자가 돌보는
거죠. 이거에 대해서 지금까지는 여성이 경제적 자립을 하도록
하는 게 가장 근본적인 문제처럼 논의됐는데, 이 방향은 너무 생
계 부양자 모델에 기댄 면이 있어요. 우리 삶은 생계 부양자와 돌

봄 제공자가 다 있어야 유지되는데, 돌봄 제공자에 대한 부분은 빠졌으니까요. 물론 여성의 경제적 자립이 지금도 안 된 게 현실이고 이것도 정말 어려운 문제긴 한데, 돌봄 제공자 입장에서 어떻게 이 불평등을 극복하느냐는 거의 논의가 안 됐다는 느낌이에요.

돌봄과 노동, 두 취약성이 만날 때

김 | 네, 여러모로 복잡하게 꼬인 문제라 여기서 어떤 대안을 낼수는 없겠지만, 우리가 돌봄에 대해 진지하게 고민해야 할 지점을 짚어주셨어요.

지금까지 사랑노동 관련해서 주로 가족돌봄에 대한 이야기를 했는데, 돌봄노동에 대해서도 이야기해보죠. 캐슬린 린치는 돌봄노동을 임금을 받고 아픈 사람을 돌보거나 이웃을 돌보는 거라고 설명했는데, 우리가 계속 돌봄노동의 가치, 그 일을 수행하는 노동자들에 대한 존중에 대해 얘기를 했으니까 그런 얘기가 주되게 나올 것 같아요. 반대로 임금을 받으면서 일하는 분 입장에서는 직업윤리도 개입될 텐데 직업윤리와 돌봄인지감수성, 이두 가지 측면에서 돌봄노동을 어떻게 수행해야 되느냐, 그런 얘기를 나눠볼 수 있겠죠.

조 | 홍종원 작가님 글을 보면 항상 '어떻게 해야 되겠다'라는 결심이 하나씩 있잖아요. '이런 상황도 있구나' '이런 삶도 있구나'를 인정하고 내가 어떻게 이 삶과 함께 더불어 살아가야 되는지를 결심하는 게 글의 일관된 기조라고 느꼈는데, 그 이야기를 좀 해주세요.

홍 | 저는 돌봄 현장에 의료인으로 다가가기 때문에 돌봄을 전업으로 하는 요양보호사, 장애인 활동지원사, 간병인들의 위치와는 다소 다르게 접근해요. 그러다 보니 돌봄자로서의 감수성에 대해서 명확히 이해하지 못하는 면도 있어요. 아무래도 제 역할은 건강 상태를 확인하는 일이 먼저니까요. 그래도 가까이 있는 사람으로서 어떤 딜레마를 목격해요. 어르신은 저에게 요양보호사가 자신이 원하는 걸 안 해준다고 불평해요. 요양보호사는 반대로 어르신이 과도한 요구를 한다고 하소연하죠.

이런 상황에서 제 생각은 첫째, 직업인으로서의 노동의 권위를 확립해야 한다는 점이에요. 돌봄자는 결코 도와주는 사람이 아니에요. 직업으로서의 업무 안에 돕는 일이 포함되어 있을 뿐이죠. 직업으로서의 돌봄에 대한 인식 부족이 이런 불만을 초래해요. 두 번째로는 돌봄에 대한 인식 확장이 필요해요. 돌봄을 떠올리면 '가족 같은 돌봄'이라는 말이 바로 떠오르죠. 우리가 경험한 돌봄의 관계는 가족 관계인 경우가 많아서 인식의 틀이 그 안에 갇혀요. 돌보는 이가 가족이 아니라 남이고, 직업인이고, 전문인이라고 인식의 틀을 확장할 필요가 있어요. 다만 여기서 주의해야 할 점은 돌봄노동을 돈으로 산다는 소비자적인 입장이에요. 그런 입장이 강하면 돌봄노동자를 언제든 교체할 수 있는 소모품으로 인식할 수 있죠. 어쨌든 정리하면 직업으로서의 돌봄을 바라보고 돌봄자의 전문성을 인정할 수 있어야 하고 가족의 틀을 넘어서 남이 하는 돌봄의 다양한 방식을 이해해야 한다고 생각해요. 가까이서 바라보는 의료인으로서, 이런 공감대 속에서 돌봄을 하는 사람도 돌봄을 받는 사람도 함께 성장해나가길 바라죠.

조 | 저는 진짜 다 맞는 이야기라고 생각해요. 그런데 제 문제의식은 '그게 맞는 걸 모두가 다 아는데도 왜 그러지 않느냐'라는 거죠.

홍 | 동의합니다. 대체 그게 왜 안 될까요.(한숨)

조 | 우리가 지금 그걸 찾아가는 거예요. 사람과 사람이 만났을 때 벌어지는 문제부터 실마리를 찾아가는 거죠. 일상적인 관계에서 우리가 계속 돌봄을 멀리하고 천시하고 있는데 돌봄이 노동으로 인증받았다고 해서 노동권이 보장되는 건 아니니까.
　저는 진짜 돌봄도 그렇고, 사회복지도 그렇고, 노동안전 문제 같은 것도 마찬가지라고 봐요. 산업재해도 현장에서 일하시는 분들의 노동권이 잘 보장되면 해결될 문제들이 너무 많거든요.

김 | 돌봄노동만의 문제는 아니고 한국 사회 자체가 노동에 대한 인식이 너무 낮죠. 요양원 같은 데 가면 다들 완전히 소비자 마인드로 대한다고 말씀하셨는데, 그분들이 자기 직장에서 노동권을 존중받은 적이 있을까 싶거든요. 그런 경험이 있었다면 요양시설에 계신 분들한테 그렇게까지는 안 하지 않을까, 그런 생각을 해봤어요.

홍 | 그것도 그러네요.

조 | 근데 왜 그 노동권을 인정받지 못할까요?

김 | 우리가 이제까지 돌봄이 인정받지 못한다고 말했는데, 사실 노동도 존중받지 못하죠. 그러니까 돌봄노동자가 얼마나 존중을 못 받을지….

홍 | 돌봄과 노동. 우리 사회에서 정당한 가치를 인정받지 못하는 두 단어가 붙으니 더욱 저평가받는 부분이 있어요.

그런데 제가 만나는 환자들을 보면 취약계층인 분들이 많은데, 실제로는 부자도 돌봄이 필요하잖아요. 그런 분들은 돈을 충분히 주고 입주 간병인을 고용하죠. 시장화된 돌봄을 더 자유롭게 이용하는 거예요. 돌봄서비스의 양극화죠.

반복되는 이야기지만, 두 가지를 개선해야 해요. 직업으로서 돌봄노동자의 현실을 인정하고 직업윤리 확립 및 처우를 개선하는 것, 그리고 보편적인 상식으로서 돌봄에 대한 몰이해를 개선하는 것.

간병을 복의 영역으로 두지 않으려면

김 ┃ 반대로 돌봄노동자가 어떻게 하면 그 대상을 잘 돌볼 수 있을까, 이런 측면에서 얘기할 부분은 없을까요?

홍 ┃ 어려운 질문이죠. 일단은 사람과 사람이 하는 일이니 서로 맞춰가는 방법밖에 없다고 생각합니다. 어떤 요양보호사님들은 정말 잘 돌봐요. 그런 분들을 보면 돌보는 일이 매우 어려운 일이라는 점을 많이 느껴요. 마음가짐, 살아온 이력 등 다양한 요소를 고려해서 세심하게 살펴야 하는 전문 영역이에요.

조 ┃ 그런데 사람마다 다르니까 '간병인을 잘 만나는 건 복의 영역'이라는 말이 나오죠.

홍 ┃ 여러 측면이 있어요. 첫 번째는 요양보호사를 뽑을 때 이렇게 하잖아요. 대상자가 있고, 요양등급을 받았어요. 그러면 구인 사이트에 올리는데, 기본적으로 정규직 일자리가 아니라 저임금의 불안한 일자리잖아요. 이 시장이 돌아가는 방식 자체가 구조적인 문제가 확실히 있어요. 그래서 임금을 인상하고, 안정적인 일자리를 보장할 필요가 있죠. 그런데 그것만 개선하면 모든 게 해결될 것이냐, 그건 아니라고 봐요.

조 | 제가 영등포구청에서 주최하는 행사에 참석해서 요양보호사, 장애인 활동지원사들과 함께 대화한 적이 있는데, 그때 느낀 게 있어요. 그분들은 그런 자리에서 되게 활발하게 서로 이것저것 물어보고, 저 사람이 갖고 있는 노하우나 인사이트를 얻는 거예요.

왜 그런지를 여쭤봤는데, 요양보호사들을 보면 직업적 특성상 고립돼서 혼자 일하는 경우가 많아요. 센터에 가면 그냥 '어디 가세요' 하고 집을 배정하고, 자기 집이랑 배정된 집을 왔다 갔다 하면서 일하신대요. 평소 여기에 등록된 다른 노동자들이 누군지, 어떤 고민을 하는지를 알 수 있는 창구가 없다는 거죠. 그런 만남의 자리만 있으면 같은 일을 하는 분들끼리 논의하면서 문제를 풀어갈 수 있는 역량이 충분히 있는데, 그런 자리가 너무 없는 거예요.

홍 | 말씀 들으니까 저도 생각나는 게 있네요. 제가 요양보호사

단합대회에 가서 사회도 보고 레크리에이션도 하는데, 그분들이 속한 센터를 보면 다 잘하시는 것 같아요. 그 비결이 뭐냐, 기술적인 거를 넘어서 일단 동료들이 잘 일할 수 있게 관리해주는 게 있어요. 또 하나는 어르신의 캐릭터나 특성을 잘 파악해서 거기 맞게 요양보호사들을 잘 매칭해주는 거예요. 그걸 잘하면 확실히 좋아져요.

아까 말씀드렸듯이 임금 인상을 비롯한 노동환경 개선 같은 구조적인 문제를 푸는 것도 당연히 필요하지만, 돌봄 제공자와 돌봄 수혜자의 관계를 잘 설정하는 것도 중요해요.

조 | 거기도 결국 일터잖아요. 기업에서 노동자의 미스 매칭을 최소화해야 기업한테도 좋고, 노동자도 좋은 거죠. 근데 이 미스 매칭을 최소화할 방법을 고민하지 않고 그냥 파견해서 돌보면 된다는 식으로 해 온 거죠. 서로가 서로의 캐릭터를 잘 존중해서 관계를 맺으면 이게 사실은 복의 영역이 아닐 수 있는데, 복을 잘 매칭하고 분배할 수 있는 역량을 가지려고 하지 않았기 때문에 우리가 그걸 복이나 운의 영역, 우연의 영역으로 그냥 둔 거라는 고민도 드네요.

홍 | 좀 민감한 이야기지만, 사실 매칭이 깨지는 건 어르신 캐릭터 때문인 경우가 많죠. 누가 와도 이 어르신은 돌보기 어렵다, 이런 이야기들도 많이 하죠.

조 | 그렇죠. 사실 돌봄노동자들을 만나면 제일 많이 나오는 얘기예요.

홍 | 제가 봤을 때 돌봄노동자들은 대부분 기본 이상은 해요. 아무래도 직업 특성상 여성분들이 많은데, 가사 노동으로 단련된 분들이니까 잘할 수밖에 없죠.

조 | 참 대단하시죠. 밥을 한번 해도 다 이용자의 입맛에 맞춰서 해야 하잖아요. 이 사람이랑 저 사람은 입맛 다르고, 그 사람은 이거 안 먹고, 이런 걸 다 고려하면서 돌봄노동, 가사 노동을 한다는 거죠. 정말 너무 힘든 노동이고, 숙련돼야만 가능하다는 걸 느껴요.

홍 | 저도 진료하러 가면 요양보호사나 장애인 활동지원사를 많이 만나는 편인데, 잘 못하시는 분은 본 적이 거의 없어요. 다 진짜 대단하시고, 너무 훌륭하시고, 정말 저 스스로가 너무 부끄럽다는 생각밖에 안 들 정도로 엄청난 일을 하고 계신다고 생각해요.

돌봄이 인종화될 때 생기는 일

김 | 돌봄노동의 가치에 대해서는 이미 여러 번 강조했지만, 현장

에서 직접 목격하신 두 작가님의 감상을 들으니까 또 느낌이 다르네요.

특히 간병을 복의 영역에 두지 않으려면 서로의 캐릭터를 파악하고, 잘 연결하는 게 필요한데 한국 사회가 그런 역량을 별로 고민하지 않는다는 이야기가 기억에 남습니다. 우리가 대담에서 계속했던 이야기지만, 돌봄에 대한 고민이 부재하다는 걸 새삼 느끼네요.

연대노동으로 넘어가서 연대노동은 원거리 관계에서 벌어지는 노동, 벌어지는 돌봄이라고 해요. 지난번에 행정기관에 의한 보호나 시민단체, 공동체가 내 입장을 대변하는 것이라고 말씀하시긴 했는데, 다시 한번 예를 들어 설명해주세요.

조 | 가장 대표적인 게 전화죠. 그냥 전화를 걸어서 안부 묻는 거. 아니면 우리가 난민 문제에 대해서 고민하는 것도 일종의 연대노동이죠. 외국 사람들과 온라인 화상회의로 워크숍 같은 걸 진행할 수도 있고요. 물리적으로는 떨어져 있지만 사람 간의 어떤 정동적인 주고받음이 있고 이 사람을 돌보기 위해서 하는 행동이라면 다 연대노동이라고 볼 수 있죠.

김 | 아, 그 설명을 들으니 이해되네요. 지난번에 말씀하신 '남성들은 모여서 속마음 이야기 나누는 거, 전화 한 통 해주는 거, 밥 사는 거를 돌봄이라고 했다'라는 이야기와 연결되는 지점이네요.

연대노동이 국제 문제와 관련된 거라면, '돌봄의 인종화'도 연
대노동 관련해서 같이 이야기해보죠. 당장 한국에서도 조선족
이라 불리는 중국동포들이 간병인 등으로 많이 일하고 있고, 실
제로 조기현 작가님이 쓰신 《아빠의 아빠가 됐다》에도 아버님을
돌본 중국동포 간병인 이야기가 나오는데, 돌봄의 인종화의 실
태도 한번 짚어보면 좋겠네요. 그런 분들이 얼마나 계시고, 그분
들에 대한 인식은 어떻고, 의사소통이나 문화적 차이에서 생기
는 어려움은 없는지 등등.

조 | 아, 이것도 진짜 어려운 문제네요. 항상 '간병인이 때린다'고
언론에서 보도가 되기도 하고 인식이 워낙 안 좋잖아요. 실제로
돌봄서비스의 질이 유지가 안 되기도 해요. 공항에서 오면 바로
직업소개소 거쳐서 병원에 와서 일 시작하니까, 혼자 유튜브를
찾아보거나 옆 사람한테 물어보면서 간병을 스스로 익혀야 되는
상황이죠. 우리가 계속 저비용으로 돌봄을 처리하려고 해왔던
게 돌봄의 이주화, 혹은 이주 노동으로 돌봄을 해결하는 결과를
낳은 거죠.

홍 | 저도 그런 얘기를 몇 번 들었어요. 어떤 병원 이야기를 하면
서 '거기는 간병인이 조선족'이라고 해요. 별로라는 거죠. 그리고
또 어디는 조선족 없고 내국인들로 해서 좋다고 하고. 이런 얘기
들을 하는 걸 최근에도 들은 적이 있어서, '아, 이런 게 있구나' 하

는 생각을 했죠.(한숨)

김 │ 요즘 중국에 대한 혐오 정서가 굉장히 심해서, 유독 중국동포에 대한 혐오가 더 문제가 되는 것 같아요.

홍 │ 중국동포에 대한 오해와 반중 정서, 그리고 우리가 이제껏 이야기해 온 돌봄을 하찮게 생각하면서도 또 잘 받고 싶은 상반된 감정 속에서 생기는 슬픈 현실이죠.

조 │ 중국동포 간병인에 대한 혐오가 대면의 경험이 없어서 생긴 것인지, 아니면 실제로 어떤 혐오 기제가 작동해서인지는 한번 생각해볼 필요가 있어요. 실제로 만나면 말도 잘 통하고, 쓰는 어휘나 정서가 조금 다른 정도인데 그게 정말 혐오의 원인이 될까 싶기도 하고요.

이런 문제 때문에 이주 노동자를 불러오지 않고 국내에서 알아서 돌보게 해야 된다는 주장도 있어요. 중국동포가 거의 70만 명이 국내에 와 있으니까 정작 재중동포 사회 내의 돌봄 문제가 해결이 안 되고 있고, 이주민들 자국의 돌봄을 소외시키는 방식으로 국내 돌봄을 채우고 있다는 말이죠. 그리고 결혼 이주 여성도 마찬가지로 국내의 인구 재생산이나 돌봄 문제를 해결하기 위해서 결혼 이주 여성을 데리고 오는 방식이잖아요. 그래서 돌봄을 그렇게 계속 일종의 외주화, 식민화하는 게 아니라 어떻게 하면 자국 내에서 모두가 같이 할 수 있는 방법을 찾을 수 있느냐, 이런 논의도 계속 진행 중이에요.

김 | 사실은 우리가 필요해서 불러온 사람들인데, 그들을 그렇게 차별하고 혐오하는 게 온당한 일은 아니겠죠.

고려대학교 아세아문제연구원에 계신 손인서 선생님의 〈성별화·인종화된 돌봄노동과 여성 중국동포 돌봄노동자의 노동경험〉에서 본 사례를 덧붙이고 싶어요. 육아·가사 도우미로 일하신 중국동포 이야기인데, 일하는 집이 맞벌이라서 친정어머니가 4시쯤 집에 들렀다가 애를 데리러 간대요. 그런데 처음에는 애를 데리러 갈 때 가방을 두고 가다가, 자신이 중국동포인 걸 안 뒤에는 가방을 들고 갔다는 거예요. 가방을 훔쳐 갈 수도 있다, 잠재적 범죄자다, 이렇게 생각한 거죠. 우리는 저분들을 저렇게 대하면서 저 사람은 내 부모를, 내 아이를 잘 돌봐주기를 기대한다면 너무 이기적인 거 아닐까요?

아무것도 계산하지 않는 자본주의 외부의 시간

조 | 저는 연대노동에 대해서 이런 질문을 한번 던져보고 싶어요. 나한테 새벽 6시에 전화가 걸려 와요. 받으니까 자기가 지금 응급실에 있다고, 와줄 수 있냐고 물어요. 어떻게 하실 거예요?

우리의 관계를 돌봄이라 부를 때

김 | 음, 그건 그 사람과 어떤 관계인지에 따라 많이 달라지지 않을까요? 그게 진짜 중요하겠죠.

조 | 일단 가족은 아니라고 쳐요. 그런 상황이면 일단 물어보겠죠. '부모님한테는 연락했어?' 그걸 확인하는 건 결국 '이 전화를 받고 나서 가장 먼저 달려가야 되는 건 가족이다'라는 전제가 우리한테 있기 때문이라고 생각해요.

그래서 이런 질문을 던지고 싶어요. '우리가 전화를 받았을 때 그런 질문을 하지 않고 무작정 갈 수 있느냐? 그게 누구라도, 그냥 옷깃만 스친 사이더라도 이 사람이 위기에 처했을 때 갈 수 있느냐?'

저는 이 질문이 우리가 이야기해 온 가족돌봄, 사랑노동에 국한된 에너지를 어떻게 하면 연대노동으로 확장하거나 재편할 수 있는지에 대한 가장 핵심적인 질문이라고 생각해요. 뭘 묻지 않고, 따지지도 않고, 정말로 아무것도 계산하지 않는, 비유하자면 완전한 자본주의 외부의 시간 같은 느낌이잖아요. 그런 시간이 우리에게 도래할 수 있느냐? 그런 관계가 가능하냐? 가족이 아니더라도, 혈연이나 어떤 친밀성에 얽혀 있지 않아도 그게 가능한가?

이 질문이 저는 연대노동, 사랑노동, 돌봄노동이라는 스펙트럼이 우리의 일상에 던질 수 있는 가장 큰 질문이지 않나, 하는 생각이 들어요.

김 | 방금 하신 질문을 조금 더 생각해봤는데, 상대방이 분명히 나한테 전화한 이유가 있을 거예요. 그 순간에 제가 가장 먼저 생각이 났고, 그래도 뭔가 도움이 될 것 같았겠죠. 아니면 저한테 전화하기 전에 여러 명한테 전화했는데 다 못 온다고 했다거나. 그렇게 상대방 입장에서 생각하면 정말 불가피한 상황이 아니면 가는 게 맞겠다는 생각은 드네요.

홍 | 최근에 그런 기사를 봤어요. 트로트 가수 임영웅이 교통사고가 나서 쓰러진 시민한테 심폐소생술을 하고 신고했다는 거예요. 물론 모르는 분인데, 사고가 난 걸 보고 응급처치를 한 거죠.

　연대노동이 굉장히 중요한 게 이 지점이라고 봐요. 우리가 낯선 타인에게 돌봄을 받을 수 있다는 신뢰감이 있는 사회와 그 돌봄이 서비스로만 제공되고 가족에게만 부담 지어진 사회는 질적으로 굉장히 다른 사회라고 생각하거든요. 요즘 'K-방역'이니 'K-드라마'니 K란 말을 많이 쓰지만, 제 생각에는 K, 한국 사회의 가장 취약한 부분이 이 부분일 수도 있겠다 싶어요. 저조차도 이런 부분에 대한 기대가 너무 많이 떨어져 있어요.

김 | 홍종원 작가님은 현장을 많이 보셔서 기대가 더 떨어진 거 아닐까요?

홍 | 그럴지도 모르겠네요. 임산부 배려석만 봐도 개인이 아이를

낳는데 왜 사회가 보호해야 되냐, 이런 이야기를 하고 불편하게 생각하는 사람도 꽤 많더라고요. 이걸 딱 연대노동이라고 표현할 수 있는 건진 모르겠지만, 그런 돌봄의 가능성이 크게 떨어져 있다는 걸 많이 느껴요. 이건 국제 연대와도 관계가 있는 건데, 결국 중국 혐오는 간병의 질을 떨어뜨릴 수밖에 없는 거예요. 실제로 중국동포들이 간병을 많이 하는데 자꾸 '못 믿겠다'고 해버리면 그 사람이 어떻게 감당하겠냐고요. 그런 점에서 이게 굉장히 연결되어 있다는 점은 저도 많이 느끼죠.

사실은 그래서 제가 제 역할에 대한 고민을 많이 해요. 제 역할 중의 하나는 약을 처방한다든가, 처치를 한다든가 하는 전형적인 의사로서의 역할이겠죠. 근데 또 한편으로는 제가 굳이 하지 않아도 될 연대노동을 좀 할 수 있다면 좋겠다는 거죠.

아까 질문처럼 새벽 6시에 전화가 오면 저도 마음속에서 내적 갈등을 하죠. 전화 안 받으면 되는 거 아닌가? 나중에 그냥 못 받았다고 하면 되는데. 그런 생각도 해요. 실제로 전화 때문에 제가 잠을 제대로 못 자고, 좀 많이 힘들어요.

물론 새벽에 전화가 오면 못 받을 때도 있는데, 웬만하면 받아요. 코로나 팬데믹 때도 그랬던 거죠. 코로나에 걸리면 어떻게 될지 모른다는 걸 알고 난 순간부터 모르는 척할 수가 없는 거예요. 그러니까 요양원에서도 자꾸 저한테만 연락해요.

김 | 아, 받으시니까.(한숨)

홍 ㅣ 받기도 하고 대안이 없어요, 대안이. 제가 막 관리하는 요양원도 아니에요, 사실은. 그런데 다른 의사는 안 해줘요. 어떻게 보면 안 해주는 게 당연하죠. 근무 시간이 아니기도 하고, 요양원 환자를 그렇게까지 관리하는 의료인이 많지도 않으니까요. 그래서 제가 전화에 대한 내적 갈등이 커요.

조 ㅣ 근데 그럼 이 많은 요양원은 대체 어떻게 운영되는 거예요?(한숨)

홍 ㅣ 일종의 사각지대예요. 의료적인 부분에 있어서는 약간 유야무야 운영되는 부분이 있어요. 가족들한테 '아픈 사람 알아서 돌봐'라고 하는 것처럼 요양원도 '알아서 해'라는 느낌이에요. 자기 나름대로 네트워크를 만들어야 돼요. 응급상황이 발생했는데 정확히 어떤 조치를 해야 하는지, 약이 필요한데 어떻게 해야 할지를 모를 때 상담해주는 의사가 잘 없죠.

원래 요양원에는 계약 의사를 두게는 돼 있는데 계약 의사의 역량이 천차만별이고, 그 외에도 아직 해결되지 않는 부분이 많이 있어요. 왜 이렇게 유야무야 운영되냐 하면, 사실은 그냥 병원 보내면 돼요. 우리나라는 한편으로는 또 요양병원이 많아서….

조금 배경을 설명하면 기본적으로 요양병원과 요양원의 가장 큰 차이점은 요양병원은 어쨌든 24시간 상주하는 의사, 간호사가 있다는 거예요. 근데 또 한편으로는 요양병원을 많이 만들어

놔서 오히려 위태로운 시스템이 돌아가게끔 돼 있는 것 같기는 해요. 전형적으로 연대감은 없고, 최소한의 시스템은 갖춰져 있는 정도랄까. 이게 다 나쁘다고 말할 수는 없는 부분도 있어요.

좀 정리를 해보면, 연대노동으로 해결할 수 있는 부분도 많다고 생각해요. 아까 말한 것처럼 위급한 순간에 낯선 누군가가 응급 환자를 도와줄 수도 있을 거고, 꼭 응급 환자가 아니더라도 약자를 배려해줄 수 있다면 사회 전체적으로 봤을 때 돌봄의 가능성이 크게 높아질 거라고 저는 생각해요.

조 | 앞서도 이야기한 《래디컬 헬프》에서는 돌봄을 하나의 필요만 충족시키는 것을 넘어서, 관계를 통해 그 사람이 할 수 있는 일을 수행 가능하도록 환경을 만들어주고 역량과 잠재성을 끄집어내주는 것까지 가잖아요. 그리고 그것을 만들기 위한 네트워크나 환경을 만드는 데 가장 중요한 건 연대노동이잖아요.

우리가 돌봄을 일대일 관계를 넘어선 네트워크나 관계망으로 구축하려면 '돌봄 몇 시간 필요해요?' 묻고, 그 시간을 제공하는 것만으로는 부족해요. 결국은 여러 사람의 연대가 필요하겠죠. 여러 전문인들 혹은 지역사회의 사람들이 모여서 이 사람이 뭔가를 할 수 있는 환경을 만들고, 그걸 시도할 수 있는 시간을 만들고, 모일 수 있는 공간을 만들고, 지원을 해줘야 할 테니까요.

홍종원 작가님은 실제로 그런 경험이 있으시잖아요. 어떤 사람에게 지금 당장 필요한 자원만 연결해주는 게 아니라 그 사람을 어떤 네트워크 안에 포함시키고, 좀 더 상호작용할 수 있게 한 경험. 그런 이야기를 좀 해주세요.

홍 | 제가 지금 어떤 연대노동을 하고 있는지 생각해보니, 쪽방 주민들이 거주하는 곳의 공동체와 같이하는 일들이 있어요. 물론 의료적인 처치도 하지만, 단순히 의사로서 아픔을 치료하는 것 이상으로 공동체와 나라는 존재가 연결돼 있다는 게 그 공동체에는 위로가 될 수도 있고, 안정감이 될 수도 있겠죠. 실제로 응급 상황에서 저한테 연락이 오기도 하고요.

최근에는 이런 일도 있었어요. 가톨릭에서 운영하는 돌봄 시설에 가끔 가서 진료하는데, 거기서 노숙인을 만나러 다니는 수사님이 어떤 분이 상처가 있으니까 와서 봐주실 수 있냐고 물어보셨어요. 그래서 제가 따라갔죠.

저는 제가 대단한 치료나 처치를 한다기보다는 그런 연결망을 만드는 일을 한다고 생각해요. 쪽방 주민들, 그 안의 사회복지사 혹은 공동체, 그리고 가톨릭 공동체. 어떻게 보면 저와 직접적인 연관이 없는 사람들과 제가 이렇게 연결되는 것도 일종의 연대노동이겠죠.

조 | 이 연대노동은 동일성에서 제일 멀어진 형태의 돌봄이라고 해야 될 거예요. 사랑노동처럼 동일성에 근간한 돌봄이 아니라 아무것도 공유하지 않은 상태에 있는 누구를 위한 행동, 행위를

우리의 관계를 돌봄이라 부를 때

말하는 거죠.

　방금 말씀하신 부분이 어떤 면인지 저도 되게 공감돼요. 누군가를, 나아가 이 사회를 잘 돌볼 수 있는 사람인데, 그 누군가가 하필이면 꼭 가족인 사람, 가족만 잘 돌보는 사람이 많잖아요. 그 배타적 호혜성에 대해 저도 고민을 많이 하거든요.

　가족에 대해서는 필요 이상으로, 때로는 불법까지 저지르면서 뭔가를 해주려고 하잖아요. 사랑하니까 학교폭력을 저질러도 어떻게든 덮어주려고 하는 거겠죠. 그런데 이걸 어떻게 연대노동으로 확장할 수 있을지는 더 고민이 필요해요.

제도화라는 딜레마

홍 ｜　여기서 취약한 청년을 대상으로 한 정책들도 한번 짚어보고 싶어요. 조금 조심스럽긴 한데, 저는 그런 정책들이 청년들에게 용돈을 쥐여주고 월세를 지원하는 데 많이 집중된 것 같다는 인상을 받았어요.

　그런데 한편으로는 '이제 사람 간의 연대가 불가능하다고 판단한 건가?'라는 생각이 들 때가 있어요. 지금 청년 세대에게는 낯선 이와 연대할 수 있는 때로는 가깝고 때로는 느슨한 공동체가 필요한데, 연대감, 공동체, 사회적인 네트워크를 만들 수 있는 역량을 갖추는 것보다는 물질적인 지원에 너무 포커스를 맞추는 경향이 보여요. 저는 그런 부분이 조금 위험하다는 생각인데, 현실에서는 모든 지원이 그것 중심으로 되는 것 같아서 고민돼요.

조 ㅣ 저도 항상 고민하는 것 중 하나가 서로를 돌보는 공동체가 절실하게 필요한데, 현실에서 그걸 만들기는 너무 어렵다는 점이에요.

지역공동체 활동을 보면 보통 정규직 남성은 그 지역 밖에 나가 있으니까 가정주부나 시간제 근무를 하는 여성들 중심으로 꾸려진다는 점이 많이 비판받죠. 참여소득 같은 방식으로 이런 활동을 물질적으로 지원하려고 해도, 결국은 여성들만 하고 여성들만 지원받게 되고요.

그런데 최근에 본 양천구 사례에서는 직장 다니는 30대 후반, 40대 초반 남성 넷이 나와서 주말마다 봉사를 하고 있어요. 사무실을 하나 얻고 돈을 얼마씩 모아서 재료를 사고, 음식을 만들어서 혼자 사는 어르신들한테 가져다드리는 거예요. 그걸 주변에 알렸더니 조금씩 소개를 받아서 지원하는 분들도 많아지고, '이제 복날이니까 보양식을 해야겠다' 이런 식으로 메뉴도 체계화하고, 이러면서 지역에서 유명해지고, 구청장 표창도 두 번 받았어요. 그분들 자녀나 학생들도 같이 오면서 이 활동 속에서 아이들이 어떻게 변하는지도 봐요.

너무 좋은 사례죠. 일하는 아빠들이 자기가 하고 싶어서 주말에 시간 내서 남을 돌보는 아름다운 사례인데, 이분들이 가장 힘

우리의 관계를 돌봄이라 부를 때

들어하는 게 지역공동체 관련한 포럼, 토론회에 계속 부르는 거예요. 그게 싫다는 거예요. 주말에 활동하는 것은 일을 하고 남는 시간에 내가 하고 싶은 활동을 하는 건데, 그런 포럼이나 토론회는 대부분 평일에 오라고 하고, 그러면 휴가를 쓰고 일정을 따로 빼야 하니까 너무 피곤한 거예요.

홍ㅣ 저는 딱 내가 하고 싶어서, 좋아서 하는 정도에서 멈추는 게 좋다고 봐요. 그걸 넘어서면 피곤해지죠. 예를 들어 봉사 활동 인증기관이 되면 교육받으러 가야 되고, 되게 귀찮은 일이 많아지죠. 그러면 또 조직을 꾸려야 돼요. 그런 활동들이 우리 사회 안에 많으면 좋은데, 그 이상으로 가면 서로 힘들어진다고 할까.

조ㅣ 근데 저는 홍종원 작가님의 우려에 동의하면서도 일정하게 물질적인 지원이나 제도화가 필요하다고 생각해요. 어쨌든 시대가 더 이상은 좋아서 하는 것에 기댈 수 없는 시대고, 그게 공동체를 유지하는 데 한계가 있다면 참여소득을 고려할 필요가 있지 않을까요? 요양보호사나 치매공공후견인들의 이야기를 들어보면 '나 이만큼만 하면 돼'라는 생각으로 시작했다가, 관계가 깊어지면 원래 하려던 것 이상으로 하게 된다고 해요. 치매공공후견인제도는 2018년부터 시작된 제도예요. 치매가 시작된 분이 인지가 저하돼서 스스로 법적 자기 결정권을 보호받지 못하거나 사회경제적으로 대변해줄 이가 없을 때 의사결정을 지원하자는 취지로 만들어졌어요. 치매 어르신이 스스로 후견인을 정하지 못할 경우에는 지자체가 나서서 후견인을 연결해주는 게 치매공공후견인제도예요. 지자체가 치매 어르신과 후견인을 연결해 주고 함께 관리하고 지원하는 거죠. 친구의 아버지가 은퇴 후에 치매공공후견인으로 한 어르신을 만나고 있는데, 가족끼리 맛있는 거 먹으면 꼭 조금씩 덜어놓는다고 하더라고요. 어르신이 좋아할 거 같아서 가져다드린다고.

수당이 생기고 제도화되는 게 유인의 근거가 되고, 그것을 통해 유입된 사람들이 내가 좋아서 하는 것이 늘어나는 일종의 선순환이 될 수도 있다는 거죠. 좋아서 했던 일이 제도화되면서 자꾸 부수적인 일이나 행정적인 업무가 늘어나서 문제가 될 수도 있지만, 제도화된 상태라면 좋아서, 하고 싶은 게 더 많아질 수도 있는 거거든요.

저는 사실 제도화가 필연적이라고 보기 때문에 참여소득이든 시민참여수당이든 빨리 제도화를 앞당기고, 그걸 토대로 돌봄이 서비스나 어떤 물질이나 제도적인 것에 국한되지 않고 일상적인 관계로 퍼져나갈 수 있도록 해야 한다고 봐요. 그런 조건이 일정하게 갖춰져야 우리가 좋아서 서로를 돌보는 부분들이 늘어날 수 있고, 그러면 이제는 정말로 공동체 안에서 뭔가를 풀어나갈 수 있겠죠. 그런데 이런 참여소득이나 시민참여수당을 마치 일자리 창출의 방안처럼 생각하는 것은 좀 적절하지 않다고 생각해요.

홍 | 저도 그런 논의로 가는 것은 맞지 않다고 봐요.

조 | 일자리 창출 방안을 이야기하려면 차라리 사회서비스원을 진짜 공공이 하고 확대해서 공공 주도로 요양보호사나 보육교사를 늘리는 방안을 고민해야죠.

홍 | 그렇죠. 그건 진짜 일자리니까.

조 | 저는 내가 일상을 살면서 시간을 계속 이렇게 쏟아야 되는 상황에서는 참여소득 같은 방식이 굉장히 유효할 수 있다고 봐요.
  물론 고민해봐야 할 쟁점들도 있겠죠. 내가 타인을 돌보는 것과 가족을 돌보는 것은 다른데 '가족을 돌보는 것에 참여소득을 줄 수 있느냐' '가족을 돌보는 일이 공동체에 참여하는 것인가' 이런 질문을 던질 수 있겠죠. 그런데 합의가 되면 그것도 지원할 수 있는 거잖아요. 그런 쟁점은 더 논의해볼 만한 부분이죠.

김 | 두 분 말씀을 듣다 보니 모든 논의가 제도로만 수렴되는 것이 심각한 문제지만, 한편으로는 제도적인 지원이나 토대 없이 자발성을 기대하기도 어렵다는 딜레마 앞에 놓여 있다는 생각이 드네요.
  우리가 돌봄에 대한 이야기를 하면서 계속 되돌아오는 어떤 지점들이 있는데, 오늘도 사랑노동, 돌봄노동, 연대노동에 대한 이야기를 하면서 가족돌봄이라는 배타적 호혜성의 울타리를 어떻게 벗어나서 그 바깥에 있는 사람들과 연대하면서 공동체를 만들 수 있을 것인지에 대한 이야기를 나눠봤습니다.

돌봄의 '고쳐 쓰기'를 위하여

김 | 오늘은 우리가 이제껏 해왔던 대담이 끝나는 날이기도 한데, 오늘 대담 혹은 그동안의 대담에 대한 정리 발언으로 마무리하죠.

홍 | 오늘 했던 얘기를 조금 정리해보면 저는 자립에 대한 오해에서 벗어날 필요가 있겠다는 생각이 들어요. 국가 교육도 이름이 바뀌었을 뿐이지 여전히 노동자를 만들어내는 거, 뭔가 국가에 기여할 일꾼을 만들어내는 게 목표 같은데, 국가에 기여하는 일꾼이 되는 것이 자립이라는 오해를 탈피해야 한다고 생각했어요.

그런데 코로나 팬데믹도 그렇고 경제적인 부분도 그렇고 사회가 많이 무너졌기 때문에, 저는 오히려 돌볼 줄 아는 사람이 살아남을 가능성이 있다고 보는 면도 있어요. 소수의 사회적·경제적으로 성공한 사람들이야 잘 살아가겠지만 다수가 그렇지는 않을 거고, 결국 돌보는 힘을 길러야만 살아갈 수 있는 사회가 점점 되는 거죠.

기후위기 같은 것에 대응하는 일은 우리가 각자 열심히 노력하는 것만으로는 안 되기 때문에 자신을 돌보고 이웃을 돌보고 서로를 돌보는 그런 힘을 가지는 게 필요하고, 어떻게 보면 그게 미래인지감수성이라고 생각하거든요.

연대노동 이야기를 하면서 난민 이야기도 했지만 결국은 가장 가까이 있는 사람을 잘 돌봐야 가장 멀리 있는 사람도 잘 돌볼 수 있다고 생각해요. 우리가 국제 활동을 하고 기후위기에 대응하는 것을 외국에서만 해야 될 것 같다고 생각할 수 있지만, 꼭 그렇지는 않다고 보거든요. 가까이 있는 사람을 잘 돌봐야만 우리 사회의 이주민 문제라든가 난민 문제라든가 심지어 기후위기 문제까지도 잘 대응할 수 있다고 보고, 가까이 있는 이들과 잘 관계 맺는 게 중요하다고 봐요.

조 | 돌봄을 마치 낡은 것, 혹은 굉장히 국지적이고 협소한 것으로 느끼기 쉬운데, 우리가 원거리 돌봄과 연대노동을 얘기했듯이, 혹은 더 나아가서 자연과 관계 맺는 방식에 대해서도 얘기했듯이 미래와 돌봄이라는 건 사실 떼려야 뗄 수 없는 관계에 있어요. 그래서 미래인지감수성이란 말을 썼던 맥락이 돌봄인지감수성과 엄청나게 공명하는구나, 하는 생각을 다시 했어요. 우리가 이대로 각자도생하면 더 이상 미래는 없다는 게 미래인지감수성의 핵심일 텐데, 돌봄인지감수성은 그런 고민에 공명하면서 '우리가 더 구체적으로 어떤 행동을 해야 되는가'를 고민하게 만드는

말이라고 봐요.

그리고 우리가 돌봄을 바라볼 때 어떤 제도적인 부분, 사회 구조적인 부분, 일상적인 부분으로 계속 나눠서 보는 것이 아니라 일상적인 부분 중의 하나로 사회제도가 있고, 정책이 있고, 노동이 있다는 이야기를 하고 싶어요. 제도나 구조조차도 우리가 관계가 맺는 여러 방식 중 하나이기 때문에 우리가 관계 맺는 방식을 근본적으로 개선하지 않으면 사실 이 문제가 왜 풀리지 않느냐는 질문에 답할 수 없는 거죠. '우리 모두가 중요하다는 걸 알면서도 왜 자원을 돌봄에 분배하지 않을까' 이런 질문을 계속 가져갈 수 있어야 해요. 나아가서 내가 지금 서 있는 자리에서부터 돌봄에 대해서 생각하고 실천하려면 무엇을 해야 하는가, 돌봄에 대한 가치 평가를 높게, 온당하게 하는 것이 이 사회 전체와 얼마나 긴밀한가, 그런 것들을 더 얘기해야 되는 시점이라고 생각해요. 만약 돌봄을 하는 것이나 받는 것에 막연한 두려움이 있다면 그 두려움을 돌봄을 고민하는 힘으로 전환해서 쓰면 좋겠어요. 혼자 고민하면 두렵지만 다 같이 고민하면 분명 다른 길을 만들 수 있을 거라고 믿어요.

김 | 저도 소감을 얘기하면, 사실 이 대담을 시작할 때는 가족 중에 누가 아프거나 장애인이 있을 때 하는 일이 돌봄이고, 저와는 아주 멀리 있는 거라고 생각했어요. 돌봄이 닥치는 건 일종의 불운 같은 거라고 은연중에 생각했던 것 같고요. 그런데 그런 게 아

니라 그냥 작고 사소한 우리의 일상이 다 돌봄이 될 수 있다. 아니, 실제로 그게 돌봄이고, 그렇게 볼 때 좀 더 서로를 잘 배려하고 협력하는 관계를 만들 수 있겠다는 점을 많이 느꼈습니다.

그리고 돌봄을 이야기할수록 결국 사회를 지배하는 효율성의 논리를 이야기하지 않을 수 없구나, 그래서 돌봄이 사회 전체와 연결된 대단히 중요한 문제인데 나는 어디서부터 무엇을 실천해야 할까? 대담하면서 그런 생각들을 많이 했고요.

독자들도 이 책을 읽으면서 그런 고민을 했으면 좋겠다는 생각이 듭니다. 최소한 돌봄이 내 문제고 우리 문제다, 나와 아주 멀리 떨어진 어떤 곳에 있는 문제가 아니다, 하는 것 정도만 느낄 수 있어도 좋겠다고 생각했습니다.

홍 ｜ 저는 이 책을 사회복지사처럼 직업적으로 돌봄을 고민하는 분들 말고 그냥 보통 사람, 청년들이 많이 봤으면 좋겠어요. 우리가 영 케어러 이야기도 많이 했는데, 사실은 누구나 돌보는 사람, 케어러가 될 수 있는 거잖아요. 그런 분들이 많이 보고 '난 동의하지 않아'라는 의견도 많이 듣고 싶어요.

김 ｜ 저도 이 책이 어떤 정답을 제시한다기보다는 화두를 던지는 책이라고 생각하고, 또 그렇게 읽혔으면 해요. 돌봄 문제가 워낙 거대하기도 하고, 당장 영 케어러만 해도 그 안에서 질병이나 장애의 종류, 젠더, 계급, 지역 등 저마다의 상황과 조건에 따라 다른 경험을 할 텐데 '자, 돌봄은 이렇게 하면 됩니다'라고 당장 모두가 동의할 수 있는 해답을 내놓을 수 있을 것 같지는 않아요. 다만, 먼저 현장에 있던 사람으로 두 분이 했던 여러 경험과 고민이 좋은 시작점은 될 수 있을 거예요.

의료사회학자 아서 프랭크는 심장마비와 암을 겪었던 경험을 고백하면서 "나는 내 이야기를 할 뿐이지만, 독자들은 내 이야기에 자기 삶을 더할 수 있으며 각자의 상황에 맞게 내 글을 고칠 수 있다. 그리고 이러한 '고쳐 쓰기'가 모여 우리 사이의 대화가 된다"(《아픈 몸을 살다》 12쪽)라고 했는데요. 독자들이 자기 처지와 맥락에서 이 책을 그렇게 '고쳐 쓰'면서 돌봄의 문제를 함께 고민할 때, 비로소 위기에 놓인 한국 사회의 돌봄을 '고쳐 쓸' 수도 있을 거라고 생각해요. 우리가 나눴던 긴 이야기가 그런 돌봄의 '고쳐 쓰기'를 위한 작은 시작이 되기를 희망하면서, 저희가 쓴 초고는 여기서 마치겠습니다.

우리의 관계를 돌봄이라 부를 때

취약함이 배제의 이유가
되지 않는 미래를 상상하며

조기현

언젠가 초고령사회에 대한 강의를 들었다. 강사는 저출생과 고령화로 삶의 풍경이 어떻게 바뀌는지 말하기 위해 몇 해 전 일본에서 본 장면들을 설명했다. 수도권이 아닌 지역은 유령도시처럼 보이고, 어쩌다 사람이 보이면 80대 노인인 경우가 대다수다. 입학생이 없어서 폐교한 초등학교는 요양원으로 바뀌며 거주시설이 됐다.

어느 90대 노모와 보호자인 70대 딸이 그 거주시설에 살고 있는데, 딸은 그 초등학교 졸업생이었다. 거주시설의 옆방에는 어릴 적 함께 뛰어놀던 동창이 입주해 있었다. 유년기를 보냈던 곳이 어느새 생의 마지막을 보내는 곳이 됐다. 그 이야기를 들은 나는 어릴 적 기억들이 서린 장소에서 죽음을 맞이할 수 있겠다는 생각에 묘한 안도감을 느꼈다.

하지만 강사는 그런 변화된 풍경을 이야기하며 초고령화의 위험성을 말했다. 한국은 전 세계에서 유례없는 속도로 고령화가 벌어지고 있다. 인류가 한 번도 가보지 않은, 데이터도 쌓이지 않는 길을 한국은 가고 있다. 이런 상황을 그는 '쓰나미'가 밀려오는 것이라고 강조했다. 복지, 조세, 행정, 산업, 고용 모든 영역이 전방위적으로 바뀌어야 하는 때라고 힘주어 말했다. 일해서 세금 낼 젊은 인구는 없어지는데 고령인구의 증가로 조세 부담이 높아진다. 그런다고 좋은 노후를 살게 될 거란 보장도 없다. 생애 전반에 계속해서 혁신하며 배우고, 오래 일할 수 있도록 건강해야 한다.

나는 그러한 설명에 고개를 끄덕이면서도 마음 한편에서 부정적인 감정이 스멀스멀 피어올랐다. 그의 말 속에서 고령화는 마치 우리의 삶을 파괴할 재앙 같았다. 초고령화라는 쓰나미에 휩쓸리지 않으려면 우리는 계속해서 또렷한 인지 능력을 갖춰야 하고 탄탄한 신체를 유지해야 한다. 초고령화로 우리가 그릴 수 있는 미래상은 절대 연약해서는 안 되는 사회밖에 없는 것처럼 다가왔다.

우리는 유년기를 보낸 곳에서 노년기를 보내는 일본 사회의 한 장면에서 어떤 감정을 느낄까? 공포감일까? 아니면 애틋함일까? 초고령화는 정말 우리에게 긍정적인 영향은 일절 주지 않고 부정적인 영향만 줄까? 우리는 왜 노년이 많아진 사회의 웃음소리와 행복감을 상상할 수 없을까? 지금 우리에게 고령화가 어떻게 작동하는지 살펴봐야 한다는 생각이 들었다. 어쩌면 그게 고령화가 우리 사회 전반에 미칠 영향을 검토하는 것만큼 중요한 일인지도 모른다.

우리는 노년을 긍정하지 않는 사회적 분위기 속에서 고령인구가 많아지는 사회로 진입하고 있다. 그렇기에 신체와 인지가 취약해져도 괜찮은 사회가 아니라 아무에게도 부담이 되지 말아야 하는 사회를 지향한다. 대다수의 사람이 건강한 신체를 가진 젊은 사람이 아니게 됨에도, 건강하고 젊은 사람을 표준으로 삼는 미래상으로 초고령사회를 그리고 있는 것은 아닐까? 지금 우리에게 필요한 것은 취약함이 무능하거나 열등한 것이 아니라 당연하다는 생각이다. 그런 생각을 전제할 때 우리는 초고령사회 속 웃음소리와 행복감을 상상할 수 있지 않을까? 결국 초고령사회도 사람 사는 곳이라고 긍정할 수 있지 않을까?

그러려면 돌봄은 우리가 일상에서 맺는 관계의 이름이 되어야 한다. 이것도 모든 문제를 해결할 완벽한 대안은 아니지만, 더 나은 삶을 위한 첫걸음은 될 수 있다. 우리가 일상적으로 맺는 관계가 위계에 의한 폭력이나 짓밟고 나아가야 하는 경쟁이 아닌, 서로 돌보는 관계가 될 수 있다면 우리는 늙고 아프고 병드는 생의 과정에서 긍정적인 것을 찾을 수 있지 않을까. 이 대담집에서 관계라는 키워드부터 출발해 돌봄을 이야기하고, 돌봄을 관계적으로 이야기하려 했던 것은 지금 우리가 놓치고 있을지 모를 것들을 찬찬히 손에 쥐어보자고 제안하고 싶어서였는지도 모른다.

**

"종원쌤, 혹시 대담 같이 안 해보실래요?"

홍종원 선생님을 어느 대담 자리에서 만난 이후였다. 각자 '의사'와 '보호자'라는 위치에서 돌봄과 방문진료를 주제로 이야기를 나눴다. 주로 더 나은 돌봄을 위해 어떤 시스템이 필요한지에 대한 이야기를 나눴는데, 그때 그는 '대학병원'이나 '건강보험'에 대한 비판적인 목소리를 냈다. 대학병원의 3분 진료를 컨베이어 벨트에 비유하며 치료서비스를 생산하고 공급하는 공장에 불과하다고 말하거나, 건강보험이 처음 생긴 맥락이 건강한 신체를 가진 노동자를 만들기 위한 통치의 일환임을 강조했다. 그의 이야기에 호기심이 생겼다. 처음 듣는 이야기는 아니었지만, 그가 '권력이 인간의 생명과 몸을 어떻게 통제하고 관리하는가'라는 문제의식을 갖고 의료제도를 비판하는 게 흥미로웠다. 그건 그가 그저 앉아서 구조를 분석하는 사람이 아니라, 누군가의 집에 찾아가서 의료를 제공하는, 구체적인 실천을 하는 사람이었기 때문이다.

그는 그런 이론적인 비판을 이어가다가도, 방문진료의 경험들을 들려줬다. 방문진료를 통해 자신이 목도한 아픈 이들의 돌봄 부재가 얼마나 심각한지를 알렸다. 이 돌봄 부재를 어떻게 메꿀 수 있을까? 그는 방문진료 경험과 이론적 비판 사이에서 어떤 해결책을 제시할까? 하지만 그는 뚜렷한 해결책을 제시하지 않았다. 특히 제도적인 해결책을 내놓는 데는 말을 아끼는 듯했다. 복지제도나 의료제도에 관심이 없어서가 아니었다. 제도 한두 가지

고친다고 삶이 크게 나아지지 않는다고 보았기 때문이다.

그는 '권력'을 지양해야 한다고 여겼다. 새로운 제도는 필연적으로 권력관계를 만들기에 제도만이 문제의 해결 방법이라고 생각하지 않았다. 이를테면 마을공동체활동을 지원하겠다는 행정은 마을공동체를 활성화하는 것이 아니라 자신들의 입맛에 맞게 다듬어갔다. 민간사업자를 중심으로 돌봄서비스를 제공하는 국가는 이용자인 돌봄 수혜자보다 공급자인 민간사업자의 목소리를 더 듣게 된다. 제도가 도입되면서 만들어진 이해관계가 권력이 되는 셈이다.

당시 나는 그의 비관적인 시각이 아리송했다. 방문진료를 가능하게 하는 새로운 제도 덕에 그가 지역사회에서 해내는 역할이 커 보였다. 만약 방문진료를 뒷받침하는 제도가 없었다면 지금 하는 역할을 못 했을 텐데, 제도에 그렇게까지 부정적일 필요가 있을까?

이런 의문을 품고 따로 술자리를 가졌다. 그때 이야기를 나누며 의문이 조금씩 해소됐다. 이 사람과 대담집을 하고 싶다는 마음이 피었다. 그는 방문의료를 하기 전부터 '마을'에 있었다. 마을에서 청년들과 공동 주거로 생활했고, 청년들과 동네 곳곳의 축제들을 기획하고 실행하는 마을기업도 만들었다. 방문진료 의사보다 주민들을 연결하고 지역을 가꾸는 마을활동가라는 말이 더 잘 어울리는 삶이었다. 새로운 제도가 하나의 기회가 됐을 수는 있지만, 지역에서 무언가 하겠다는 의지만큼은 예나 지금이나 같았다.

마을활동을 하면서 사회적 가치를 내걸고 권력이 되려는 이들을 많이 봤다고 했다. 남을 위한다고 하면서 자신을 위하는 방향으로 자원을 모아가는 이들처럼은 살지 않겠다는 마음. 아마도 그런 마음이 그에게 다른 길을 찾게 하지 않을까. 그는 남들이 다 말하는 해결책을 제시하지 않는다. 다만 '만남' 속에 길이 있다고 믿는다. 그래서 누군가를 만날 때 그 한번한번의 만남에 성의를 다하려고 한다. 나도 명징한 해결책보다 복잡다단한 만남 속에서 가능성을 찾고 싶었다. 덜컥 대담을 제안하게 된 이유였다.

그가 대담에 흔쾌히 응해준 덕에 우리는 각자 경험한 '현장'의 이야기들을 깊이 나눌 수 있었다. 그는 방문진료와 마을활동으로 만나는 환자와 공무원, 돌봄노동자, 주민들의 이야기를 들려줬고, 나는 아버지를 돌보며 겪은 일들과 돌봄활동을 하며 만난 보호자, 사회복지사, 시민들과 나눈 이야기를 주로 나눴다. 돌봄 현장에서 서로 의사와 보호자라는 역할을 수행하지만, 대화가 그 역할에만 갇혀서 이뤄진 건 아니었다. 대화는 청년이 모여 행정에 참여하는 활동을 할 때 겪는 문제들, 효율성과 표준화로 일관하며 삶을 무시하는 제도들, 사람과 사람이 대면하는 것이 가진 가능성 등으로 뻗어나갔다. 우리는 더 나은 삶을 위해 좋은 제도도 중요하지만, 그것만으로는 변화를 만들 수 없다는 점에 동의했다. 존재하는 제도가 제대로 작동하지 않을 수도 있고, 제도화될 수 없어서 인간의 역량이 꼭 필요한 부분도 있기 때문이다.

돌봄과 관계가 제도화된 서비스나 시장의 상품으로만 한정될 수 없는 이유가 여기에 있다.

접점만큼이나 차이점도 두드러졌다. 제도를 바라보는 시각에서 가장 큰 차이를 느꼈다. 그에게는 제도를 벗어나 우연적으로 맺는 관계가 중요한 반면, 나는 제도가 관계를 촉진하는 방법을 주로 말했던 것 같다. 이런 차이 덕분에 대담은 매 회차 배움들을 남겼다. 그와 대담을 나누다 보면, 내가 주목했던 제도나 아이디어가 새로운 권력관계를 만들어서 되레 우리의 삶을 망치는 건 아닐지를 되묻게 됐다. 그 덕분에 새로운 제도에 대한 섣부른 기대보다 그 제도로 만들어질 역학을 먼저 상상하게 됐다. 그런 대화는 나에게는 삶을 '실제로' 더 낫게 만들 제도를 고민하는 동력이었다. 차이는 대립하는 것이 아니라 섞이는 것임을 대담으로 배웠다.

**

대담을 다 끝낸 이후, 하루 날을 잡아서 그의 방문진료를 따라다닌 적이 있다. 말로만 듣는 게 아니라 실제로 보고 싶어서였다. 네 곳 정도를 방문했는데, 그는 환자, 보호자, 요양보호사, 장애인 활동지원사의 이야기에 한참을 귀 기울였다. 듣고 듣고 또 들었다. 그는 말했다.

"사실 저는 잘 몰라요. 잘 몰라서 더 많이 들어요."

그는 누군가의 집에 방문할 때, 그곳에서부터 치료 방법을 찾는다고 했다. 그곳에 머무는 이의 생애와 그와 관계 맺으며 나눈

우리의 관계를 돌봄이라 부를 때

감각들이 길을 찾는 근거가 됐다. 생각해보면 '잘 모른다'는 말은 그가 입버릇처럼 쓰는 말이었다. 스스로를 '앎'의 담지자로 상정하지 않았다. 그건 단순한 겸손의 제스처가 아니었다. 만남 속에서 길을 찾으려는 의지의 산물이었다.

우리는 보통의 의사와 환자 관계를 이렇게 떠올린다. 앎을 담지한 의사가 환자에게 적절한 답을 제시해주는 것. 적절한 답을 잘 제시하는 의사를 우리는 명의라고 여긴다. 하지만 그가 방문진료를 하는 모습은 그것과는 상반된다. 어쩌면 통상적인 의사와 환자 관계에 균열을 내버리려는 것 같기도 했다. 스스로 앎의 주체가 된다는 건 필연적으로 그 앎으로 누군가를 규정하고 종속시킬 수 있음을 뜻한다. 지식이 권력이 되는 셈이다. 이 세상 모든 것을 다 알지 못하더라도 그 권력 덕분에 다 아는 것처럼 행세할 수 있다. 그는 그렇게 행세하기보다, 무지함을 받아들인다. 타자의 자리에서부터 서로의 앎을 맞대며 길을 찾는다.

그건 프랑스 철학자 자크 랑시에르가 말하는 '해방'을 추구하는 것과 같다. 랑시에르는 앎을 중심으로 능동적인 사람과 수동적인 사람의 위계가 나뉘는 것을 비판했다. 지식인과 노동자, 선생과 학생, 예술가와 관객 등 앎을 담지한 전자가 잘 모르는 후자를 이끄는 구도의 관계들을 성찰했다. 이러한 관계는 지적 능력의 불평등을 전제한다. 지적 불평등을 전제한 관계는 인간이 스스로 해방적인 주체가 될 수 있는 가능성을 박탈한다. 노동자, 학생, 관객이 스스로 보고 느끼고 생각하고 행동하는 방식은 가치 없는 것으로 규정해버리기 때문이다.

홍종원은 마치 의사와 환자의 지적 불평등을 해소하려는 것 같다. 진료라는 만남에서 의사와 환자의 지적 능력은 평등하다고 선언하는 것 같다. 의사가 의학 지식을 더 많이 아는 것만큼, 환자는 자신의 삶에 대해서 더 많이 안다. 그렇게 평등한 관계를 맺을 때 의학 지식은 삶을 추월하지 않는다. 어쩌면 홍종원에게 건강은 두 가지 앎이 교차하고 충돌하며 만들어가는 관계를 말하는 것인지도 모른다. 단순히 의료적 처방과 관리로만 건강이 얻어지는 게 아니라는, 평소 그의 말이 이해되는 순간이었다.

해방을 실천하는 장소가 바로 만남이었다. 어쩌면 우리가 대담 내내 돌봄을 서비스나 상품을 넘어 '관계'로 감각하고자 했던 건 바로 이런 이유 때문이지 않았을까. 돌봄과 관계가 단지 호의에 기댄 어떤 것이 아니라, 해방을 위한 실천이 될 수도 있다는 것을 말하려던 건 아니었을까.

**

이 대담집은 편집자의 노고에 크게 의존했다. 책으로 묶일 운명의 대화를 어떻게 이어가야 하는지 잘 모르는 상태에서 김경훈 편집자님께 제안했다. 모두가 대담집은 처음이었기에 어떤 절차가 필요한지도 잘 몰랐다. 그럼에도 그는 대담의 내용이나 방향에 대해 가볍게 제안하면 묵직한 질문들을 가지고 왔다. 돌봄을 주제로 새로 출간된 책들을 먼저 읽고 저자에게 알려주는가 하면, 홍종원 선생님과 내가 둘만 아는 언어로 흘러갈라치면 여지없이 브레이크를 걸어주었다. 그러고는 아무것도 모르는 사람도 알아들을 수 있도록 더 친절하게 다시 말할 것을 요청했다.

그는 대담의 흐름을 조율하는 진행자였고, 어느 때는 의견을 적극적으로 내놓는 대담자이기도 했다. 그가 마련해준 질문들은 잘 닦인 길이여서, 그 길을 따라 말하고 듣다 보면 어느새 그 대담의 종착지에 와있었다. 그런 그의 노고는 잘 보이지 않고 들리지 않는다. 모든 돌봄이 그렇듯이 말이다. 그와 함께하지 않았다면 불가능했을 책이 이 대담집이다. 대화를 대담집이라는 형태로 세상에 내놓게 해준 그의 노고에 큰 감사함을 전한다.

**

대담을 다 끝마친 지금 나의 신변은 크게 달라졌다. 요양병원에서 6년 가까이 지내던 아버지가 퇴원했다. 같이 동네에서 살아보기로 한 것이다. 코로나 팬데믹 동안, 아버지는 요양병원에서 격리됐다. 그동안 육체적으로 더 노쇠해졌고, 정서적으로 고립되는 듯했다. 아버지가 퇴원을 원했기에, 더 늦기 전에 도전해보자는 마음으로 병원 밖에서 다시 살아보기로 했다.

아버지에게 치매가 시작된 뒤 집 안에 크고 작은 사고들이 벌어지며 둘 중 한 사람 혹은 둘 다 죽을 수도 있겠다는 생각에 선택한 병원행이었다. 6년간 떨어져 살았으니, 퇴원한 아버지와 나는 다시 관계 맺어가야 한다. 우선 아버지에게 남아 있는 습관에 맞춰 계속 정리 정돈 방식이나 물건의 위치, 식사 방식 등을 맞추고 합의한다. 그 외에는 불을 사용하지 못하도록 가스레인지를 치우고, 넘어지지 않도록 미끄럼방지 매트를 여기저기 깔고, 깜빡하고 약이나 식품을 다 먹는 일이 없게 찬장에 자물쇠를 걸었다.

새롭게 돌봄을 해나가는 과정에서 때로는 답답함이, 때로는 분노가 차오른다. 그렇다고 이전처럼 아버지의 인지가 저하된 모습 앞에서 절망감을 느끼고 어찌할지 몰라서 우왕좌왕하지 않는다. 아버지가 병원에 있는 동안, 나의 마음가짐도 많이 달라졌다. 인지가 취약해질 때 벌어질 수 있는 세부적인 상황들에 대한 이해가 생겼다. 대담에서 언급했던 '휴머니튜드 케어'처럼 취약함에 구체적으로 어떻게 관계를 맺고 더불어 살아갈 수 있는지 더 많이 고민하게 됐다.

아버지가 같은 질문을 반복하고 또 반복했다. 시간을 물어볼 때도 있고, 어디냐고 추궁할 때도 있고, 밥 먹었느냐고 당부할 때도 있다. 예전 같았으면 계속되는 질문 앞에서 아버지의 인지가 점점 떨어지는 것에 대한 두려움, 같은 질문을 계속 받는 피로감에 쉽게 주저앉았을 듯하다. 같은 질문을 반복하는 이유는 인지가 저하된 탓도 있지만, 정말 무언가 확인하고 싶은 마음도 있을 터이다. 그 확인의 과정은 지난하다. 시간을 말해주고, 어디 가는지 알려주고, 밥을 먹었다는 사실을 전해도 금방 잊으니 같은 질문은 반복된다.

하지만 어느 순간 아버지가 나에게 하는 질문은 사실을 묻는 질문이 아니라, 존재에 대한 질문일지도 모르겠단 생각이 들었다. 자신이 지금 어디에 있고 누구이며 무엇을 해야 하는지에 대한 실존적인 질문. 휴머니튜드 케어 실전 영상에서는 같은 질문을 반복할 때 한두 번은 답하고, 이후에는 반복되면 상황을 환기하는 말을 하라고 알려준다. 시간을 묻는다면 몇 시인지 한두 번 답하고, 이후에도 묻는다면 이런 식으로 상황을 환기할 수 있다.

"지금 3시예요. 시간 물어봐 줘서 고마워요. 우리 이 시간에 시장에 장 보러 가기로 약속했잖아요. 장 보러 갈 준비할까요?"

그런 약속을 한 적은 없지만, 마치 연극이라도 하듯이 약속을 만들어 낸다. 이때 질문하는 상황이 환기된다. 아버지는 그 연극 무대에서 역할을 부여받는다. 내가 어디에 있고 무엇을 해야 하는지를 알아챈다. 그렇게 만들어진 맥락이 주는 감흥에 아버지는 평안함을 느끼는 듯했다. 인지가 조금 취약해져도 괜찮다. 어떻게 관계 맺으며 살아갈지 고민하며 더 나은 방법들을 계속해서 찾을 수 있다면 충분하다.

무엇보다 내가 늘 보호자로 강인해야 한다는 강박에서 벗어났다. 약해지는 것이 수치스럽거나 무능한 것이 아니라고 스스로 되뇌게 됐다. 타인의 취약함에 반응하면서도 나 스스로 취약하다는 걸 인정하기까지는 너무 오랜 시간이 걸린 셈이다. 보호자로 산 지 12년째가 돼서야 내가 약해져서 휘청거릴 때 내가 먼저 나를 잡아주겠다는 마음을 먹었다. 아버지의 취약함과 관계 맺는 것뿐 아니라, 나 자신의 취약함과도 관계 맺는 법을 찬찬히 배워가는 중이다.

나의 취약함에도 잘 반응하려는 자기돌봄의 마음이 중심을 잡으니, '나'를 배제하지 않는 돌봄관계를 맺어갈 수 있는 힘이 생겼다. 때때로 그 힘이 약해져서 위태위태하기도 하지만 그렇게 된다면 빨리 누군가에게 도움을 청할 것이다. 자기돌봄을 긍정하고부터 도움을 청하는 연습도 해야겠다는 생각이 들었다. 막상 의존이 필요할 때 덜 주저하기 위해서 말이다.

앞으로도 지금의 돌봄관계를 잘 맺어갈 수 있을까? 아버지와 아들, 환자와 보호자가 아니라 각자의 욕망을 가진 개인 대 개인으로, 서로 의존하며 살아가야 하는 시민 대 시민으로 더불어 살아가고 싶다. 나중에 내가 늙어서 보호자가 필요해질 때, 그 보호자도 나와 그런 관계를 맺었으면 하는 바람이 있다. 그 관계 속에서 나눌 농담과 웃음소리를 상상해본다.

'극진한 비효율성'을 위하여

'어…내 계획은 이게 아니었는데?'

이 책의 계약서에 도장을 찍으면서 했던 솔직한 생각이다. 원래 나는 조기현 작가님이 《오마이뉴스》에 쓰신 '영 케어러'라는 연재 기사를 묶어서 책을 내자고 제안했는데(이매진 출판사에서 《새파란 돌봄》이란 제목으로 2022년 2월에 출간됐다), 조기현 작가님은 내게 홍종원 작가님과 돌봄이라는 주제로 이야기하는 대담집을 제안하셨다. 둘만 아는 이야기로 빠지지 않도록 진행자가 있으면 좋겠다는 말도 하셨다.

조기현 작가님이 쓰신 《아빠의 아빠가 됐다》, 홍종원 작가님이 쓰신 '남의 집 드나드는 닥터 홍'을 인상 깊게 봤던 터라 두 분과 함께 작업할 수 있다는 사실이 기뻤지만, 대담 진행을 어떻게 할지가 고민이었다. 대담집 작업이 처음이라서 어떻게 해야 할지 감도 안 잡혔다. 다른 누군가에게 진행을 맡긴다는 생각 자체를 못 했고, 자연스레 혹은 어쩔 수 없이 내가 진행을 맡게 됐다.

이제야 하는 말이지만, 많이 부담스러웠다. 진행자로서 질문을 만들고 대담을 이끌어가야 했는데, 당장 질문을 짜는 것부터 막막했다. 내가 두 분처럼 돌봄 현장에 있는 것도 아니고 이 문제를 학문적으로 공부한 것도 아닌데, 돌봄에 대해 뭘 안다고 질문을 던질 수 있을까. 내가 좋은 질문을 해야 판이 제대로 깔리고 두 분도 잘 말씀하실 수 있을 텐데, 좋은 질문은 고사하고 대체 무엇을 물어야 하는 건지도 알 수 없었다.

핵심을 꿰뚫는 질문까지는 바라지도 않고, 멍청한 질문만 면하자는 마음으로 돌봄에 대한 자료를 찾아 읽었다. 조기현 작가님이 쓰신 《아빠의 아빠가 됐다》, 《오마이뉴스》에 연재하신 '영 케어러', 홍종원 작가님이 《한겨레》에 연재하신 '남의 집 드나드는 닥터 홍'을 시작으로 신문 기사, 논문, 단행본 등을 가리지 않고 내가 소화할 수 있는 선에서 여러 자료를 봤다. 그렇게 읽다 보니 간신히 돌봄 관련한 주요 현안과 정책, 그에 대한 논의를 아주 어렴풋이 이해할 수 있었고, 그것을 기반으로 질문을 짰다.

그렇게 첫 번째 대담을 진행한 뒤 생각했다. '최대한 많이 개입해보자. 이해가 안 되는 부분, 의문이 드는 부분은 계속 묻자.' 편집 과정에서 대담을 대폭 재배치해 독자들이 느낄 수 있을지는 모르겠지만, 첫 대담 이후로 나는 말을 많이 하기 시작했다. 단순히 질문만 던지는 게 아니라 적극적으로 의견을 말했다. 탈시설이 반드시 최선은 아닐 수도 있다고, 돌봄을 말하려면 결국 사회를 어떻게 바꿀 것인지를 함께 이야기해야 한다고, 아는 것도 없는 주제에 내 목소리를 냈다.

복잡한 문제를 단순화하는 것은 아닐지, 자칫 누군가에게 상처 주는 말을 하는 것은 아닐지 내심 걱정하면서도 적극적으로 의견을 낸 이유는 두 가지다. 첫째, 자료를 읽고 두 분과 대담할수록 내 의견이 생겼다. 궁금한 것도, 하고 싶은 말도 많아졌다. 돌봄 문제를 현장에서 고민하고 실천하신 분들이 봤을 때는 어설프고 때론 부적절한 의견일지 모르지만, 대담 과정에서 조금씩 생각이 정리되면서 적어도 몇몇 사안에 대해서는 견해가 생겼다. 두 번째는 두 분과의 대담에 '진심'이었기 때문이다. 돌봄이 사회적으로 얼마나 가치를 인정받지 못하는지, 가족돌봄이란 미명하에 가족 내의 약자가 어떻게 착취당하는지를 말하면서 우리는 자주 한숨 쉬고, 탄식했다. 어떻게 이런 현실을 바꿀 수 있을지를 진심으로 함께 고민했다.

돌이켜보면 이 책은 놀라울 정도로 비효율적으로 작업했다. 일단 돌봄 문제를 연구하는 전문가나 활동가들에게 대담 진행을 맡기지 않고 편집자가 직접 질문을 짜고 진행을 맡았다는 점부터 그랬다. 질문을 짜기 위해 자료를 읽는 과정도 비효율적이었다. 효율적으로 일하려면 여러 자료를 펼쳐 놓고 그중에 필요한 부분만 빨리 훑어봤어야 했는데, 그게 잘 안됐다. 기사를 읽다가, 책을 읽다가 자꾸만 멈춰서 한숨을 쉬게 됐고, 훑어보는 대신 정독하게 됐다. 그런데 지금 생각하니 그 비효율적인 방식에 여러 장점이 있었다. 아니, 오히려 그게 이 책의 매력이라고 믿는다.

첫째, 다른 사람에게 진행을 맡기는 게 가장 효율적이었겠지만, 그것도 말처럼 쉽지는 않았을 것이다. 어떤 문제의 전문가가 꼭 그 문제에 대한 대담을 잘 진행할 수 있는 것은 아니다. 특히 연구자가 대담을 진행했다면 대담이 너무 이론에 치우쳤을 위험이 있다. 오히려 내가 돌봄을 이론적으로 잘 몰랐기에 현학적인 이야기로 흐르지 않았고, 돌봄을 잘 모르는 독자의 눈높이에서 대담이 이뤄졌다고 생각한다.

둘째, 두 작가님과 '좋은' 관계를 맺을 수 있었다. 작가와 편집자의 관계도 워낙 다양해서 일반화하기는 어렵지만, 내 경험을 기준으로 이야기하면 작가와 편집자는 보통은 그리 친밀하지 않다. 처음에 아이템을 논의하고 계약서를 쓸 때 한두 번 만나고, 작업 중에는 메일과 전화, 카카오톡으로 소통한다. 책이 나온 뒤에야 다시 북토크 등의 자리에서 얼굴을 본다. 특히 작업 중에는 실무적인 부분만 이야기하기에도 시간이 모자라, 그 이상의 깊은 이야기를 하기가 쉽지 않다.

그런데 이 책은 첫 미팅 뒤에도 대담을 위해 최소한 6번은 만나야 했다. 그 몇 번의 '대면'을 통해 우리는 서로의 생각과 고민을 공유하면서 조금씩 가까워졌다. 2021년 8월 24일에 진행한 첫 대담 때는 대담이 끝난 뒤 바로 헤어졌지만, 대담이 진행되면서 같

우리의 관계를 돌봄이라 부를 때

이 저녁을 먹기 시작했고 어느 순간부터는 술도 마셨다. "시간 괜찮으시면 맥주 한잔할까요?"

자연스럽게 사적인 이야기도 나누기 시작했다. "솔직히 어느 정당 지지하세요?"부터 "돌봄을 한국 사회의 의제로 만들기 위해 나름대로 열심히 하고 있는데, 제가 잘하고 있는 걸까요?" "저도 의사지만 의사들이 돌봄을 너무 모르고, 관심도 별로 없는 것 같아요" 같은 고민까지. 그런 고민과 질문에 서로가 좋은 답을 줬는지는 잘 모르겠지만, 적어도 대담을 진행하는 동안 돌봄이라는 너무나 중요한 문제를 같이 고민하는 파트너란 믿음이 생겼다. 그 믿음 덕분에 이 작업이 어렵고 부담스러웠지만, 즐거웠다.

셋째, 나 자신이 작업 과정에서 많이 배웠다. 이 작업이 아니었다면 돌봄에 대해 이렇게 많이 생각하고, 공부할 일이 없었을 것이다. 그 과정에서 내 생각도 크게 변했다. 처음에는 돌봄을 나와는 크게 상관없는 어떤 영역이나 부문의 문제라고 생각했다. 현실에서 일어나는 문제고, 그것 때문에 고통받는 사람이 있으니까 중요하다고는 생각했지만, 돌봄을 내 문제로 인식하지는 못했다. 그런데 이 책을 작업하면서 돌봄이 우리의 일상에 항상 존재하는, 우리를 숨 쉬게 해온 공기 같은 것임을 알게 됐다. 돌봄을 세계를 바라보는 관점이자 태도, 나아가 세계를 재구성하기 위한 원리로 인식하게 됐다. 이 작업 덕분에 세상을 읽고 해석하는 눈이 하나 뜨였다고, 아주 가늘게나마 돌봄의 눈으로 세상을 보게 됐다고 생각한다.

넷째, 가장 중요한 이유인데 그 비효율적인 작업방식이 이 책과 잘 어울렸다. 한국 사회에는 온갖 반돌봄 윤리가 작동하는데, 그중 하나가 효율의 논리다. 효율의 논리에 따르면 배제되고 도태당해야 할 존재들에게 손을 내밀고 그들과 어떻게 공존할지를 고민하는 게 돌봄의 윤리라면, 돌봄을 이야기하는 책은 비효율적으로 작업해도 괜찮을 거라고, 아니 그게 옳다고 생각했다.

내겐 이 책이 마음이 많이 가는 책이라서 자료를 읽을 때도, 질문을 짤 때도 효율성을 생각하면서 적당한 선에서 멈출 수가 없었다. 자꾸 시간과 노력을 쏟게 됐다. 나는 그것을 '극진한 비효율성'이라고 표현하고 싶다. '극진하다'는 "어떤 대상에 대하여 정성을 다하는 태도가 있다"라는 뜻인데, 효율과 정성은 애초에 양립할 수 없다. 효율의 논리를 초월하거나 거스를 때만 비로소 정성을 쏟고, 마음을 다하는 일이 가능하다.

그런 태도가 우리가 이야기해온 돌봄의 윤리와도 맞닿아 있다고 믿는다. 효율만 따지면 홍종원 작가님처럼 방문진료하는 의사는 세상에 존재할 이유가 없을지도 모르지만, 세상에는 효율만으로는 설명할 수 없거나 풀리지 않는 문제들이 분명히 있다. 아니, 사실은 효율이 세상을 온통 지배해버려서 너무나 많은 존재가 소외되고 고통받았다. 그러니 적어도 돌봄을 이야기하는 이 책은, 이 책만이라도 '있는 힘껏' 비효율적으로 작업하는 게 올바른 일이라고 생각했다.

바라건대 독자들에게도 이 책이 '극진한 비효율성'으로 다가갔으면 한다. 자꾸만 읽다가 멈춰야 해서 '효율적'으로 빨리빨리 읽을 수 없는 책, 우리가 탄식했던 대목에서 독자도 함께 한숨을 쉬면서 고민하게 되는 책, 그리고 무엇보다도 우리가 살아가는 세계의 지배원리가 되어버린 효율의 논리를 의심하게 만드는 책이기를 희망한다. 편집이 '비효율적'이었던 만큼 독서도 '비효율적'이면 좋겠다고, 편집자로서 과분한 욕심을 품어본다.

김경훈

6년 차 편집자. 노동조합에서 일하다가 출판계로 넘어온, 필요 이상으로 특이한 경력을 갖고 있다. '획일적인 매끈함이 아니라 고유한 뾰족함으로 살아가겠다'는 생각으로 나만의 모서리를 갈고 닦는 중이다.

요양보호사 2008년 노인장기요양보험이 도입되면서 생겨난 직종으로, 일상생활을 혼자서 수행하기 어려운 노인 및 노인성 질환자에게 가사와 신체 돌봄, 정서적 지원 등을 수행하는 돌봄노동자다. 과거 가정봉사원, 생활지도원 등으로 불리며 무급으로 돌봄노동을 했지만, 현재는 국가공인 자격증을 취득한 전문인력이자 유급노동자이다. 일터는 대상자의 집, 주간보호센터, 요양원 등이다.

장애인 활동지원사 장애인이 일상생활을 자립적으로 할 수 있도록 신체 활동, 가사 활동, 사회 활동 등을 지원하는 돌봄노동자다. 2006년 장애계의 투쟁으로 장애인 활동지원서비스가 시행되면서 생겨난 직종으로, 서울시부터 시행하여 2007년 전국으로 확대됐다. 활동지원서비스를 제공하는 노동자의 명칭은 장애인 활동보조인으로 불리다가 2019년 장애인 활동지원사로 변경했다.

사회복지사 아동, 청소년, 장애인, 노인, 여성, 정신장애인, 홈리스 등 사회적인 지원이 필요한 이들을 위해 프로그램 개발 및 기획, 상담, 교육 등을 수행하는 광의의 돌봄노동자다. 공공복지서비스를 전달하기도 하고, 민간의 자원을 연결해주기도 한다. 다양한 영역별 사회복지가 전문화되어 있으며, 복지관, 학교, 병원, 시설, 국가기관 등에서 일한다.

간호조무사 국민의 건강증진 및 질병 예방에 기여하는 보건의료계 돌봄노동자다. 환자 안내, 진료 준비, 수납 및 청구, 간호 처치 등 병·의원에 필요한 노동 전반을 담당한다. 의사나 간호사의 지시 하에 업무를 수행하는 경우가 많으며, 업무 규정이 명확하지 않아 의료 행위를 할 때도 있다. 의료 인력 부족에 대처하기 위해 도입됐지만, 의료법상 의료 행위를 할 수 있는 비의료인이라는 모순된 지위를 갖고 있다.

통합사례관리사 2014년 서울시 송파구에서 가난에 쫓겨 일가족이 목숨을 끊는 사건이 있었다. '송파 세 모녀 사건'이라는 이름이 붙여진 이 사건 이후, 같은 해 '사회보장급여의 이용·제공 및 수급권자 발굴에 관한 법률'이 제정됐고, 이 법에 의해 통합사례관리사가 생겨났다. 사회보장이 필요한 이들에게 복지서비스가 닿지 못하는 문제를 해결하고자 사례를 발굴하고 통합적으로 관리하기 위해 만들어진 사회복지 노동자다.

영 케어러 Young Carer 아픈 가족을 돌보는 아동, 청소년, 청년을 지칭하는 말로, 국가마다 연령 규정은 다르다. 일본은 18세 이하를 영 케어러라고 정의하지만, 20대에 여전히 진로 이행기에 있는 상태에서 돌봄을 하는 사람을 '영 어덜트 케어러'Young Adult Carer라고 부르자는 제안이 있다. 한국에서는 진로 이행이나 학업 시기에 있는 10대부터 여전히 이행기에 속한 34세까지를 포괄하여 '가족돌봄청년'이라고 부른다. 하지만 원어에 없는 '가족'이 붙어 돌봄이 여전히 가족의 몫이라는 인상을 주기에 본 책에는 영 케어러라는 말을 주로 사용한다.

발달장애 발달장애란 넓은 의미로는 지능, 언어, 사회성, 운동, 감각 등의 발달이 늦거나 왜곡되어 나타나는 상태를 일컫는다. 좁은 의미로는 자폐스펙트럼장애와 지적장애를 이른다. 지적장애는 지적인 기능이 평균보다 낮은 상태를 말한다. 지능 발달의 장애로 학습이나 적응 행동에 어려움을 겪기도 한다. 자폐스펙트럼장애는 초기 아동기부터 상호 교환적인 사회적 의사소통과 사회적 상호작용에 지속적인 손상을 보이는 한편 행동 패턴, 관심사 및 활동의 범위가 한정되고 반복적인 것이 특징인 신경발달장애의 한 범주이다. 자폐스펙트럼장애는 각각의 장애 혹은 증상이 동일한 연속선상에 놓여 있으며, 광범위한 수준에 걸쳐 복잡한 스펙트럼을 갖기에 스펙트럼장애라고 한다. 발달장애는 단지 하나의 장애 명칭을 의미하는 것이 아니라 장애 진단을 받은 사람에게 법률적, 행정적, 재정적, 교육적으로 유리한 지원을 할 수 있도록 사용하는 용어로 인식하는 것이 필요하다.

지체장애 지체장애는 뇌신경계, 근골격계에 발생해 다양한 방식으로 신체의 이동과 움직임에 제한이 있는 상태이다. 크게 절단 장애, 관절 장애, 지체기능 장애로 나누고 '장애인복지법'에서는 지체장애의 종류를 지체장애인과 뇌병변장애인으로 구분하여 규정하고 있다. 유전적 이유나 출생 시 문제 등 선천적 원인에 의한 경우와 질병이나 사고 등 후천적 원인에 의한 경우로 나뉜다. 지체장애인은 가벼운 보행 곤란만을 겪을 수도 있고, 말하기·먹기·걷기와 같은 운동 기능과 관련된 모든 영역에서 곤란을 느끼는 중증장애인일 수도 있다.

사회복지관 지역사회를 기반으로 일정한 시설과 전문 인력을 갖추고 종합적인 복지서비스를 제공하는 시설을 말한다. 사례관리와 직접 서비스 제공, 복지 자원 개발 및 네트워크 구축, 주민들의 자원활동 등을 지원하는 역할을 한다. 사회복지관은 이용자의 제한이 없는 종합사회복지관과 이용자를 특정한 단종복지관으로 나뉜다. 단종복지관으로는 노인복지관, 장애인복지관, 뇌병변복지관 등이 있다.

주간보호센터(데이케어센터) 일상생활을 혼자서 수행하기 어려운 노인 및 노인성 질환자가 낮 시간에 모여서 생활할 수 있는 시설을 말한다. 인지와 정서 지원, 가벼운 신체활동 등이 이뤄지며, 식사와 간식 제공, 투약 등을 통해 영양상태를 관리한다. 하루 최대 8시간에서 10시간까지 이용 가능하며, 야간까지 하는 곳은 주야간보호센터라고 부른다.

사회서비스원 사회서비스의 공공성 강화와 돌봄노동자의 전문성 향상 및 노동조건 개선을 목적으로 설립된 기관이다. 사회서비스란 시민의 인간다운 생활을 보장하고 삶의 질을 향상하기 위해 지원하는 각종 제도를 말하며, 노인장기요양보험, 영유아 무상보육제도, 장애인 활동지원제도가 대표적이다. 사회서비스원은 2019년 시범사업을 시작으로 전국으로 확대됐으며, 사업 내용은 각 광역시의 특성에 맞게 수립됐다.

행정복지센터 시민의 삶에 가장 가까이 있는 최일선의 행정기관이다. 행정과 복지의 비중이 늘어나며 2016년 행정복지센터라는 명칭으로 바뀌었다. 읍·면·동로 설치되어 있으며 과거 동사무소, 동주민센터로 불렸다. 현재도 과거 명칭이 더 익숙하게 쓰인다.

장애인자립생활센터 장애인의 자립생활을 지원하기 위한 기관이다. 자립생활이란 장애인의 자기 결정권, 동등한 기회, 자존감을 보장하기 위한 운동이자 철학이다. 장애를 단지 신체의 건강 상태가 아니라 사회적 규정의 문제로 바라본다. 서비스 전달뿐만 아니라 다양한 권리보장 활동과 프로그램 등을 제공한다.

재가방문요양센터(재가복지센터) 재가방문요양센터는 거동이 어렵거나 인지저하가 있어 노인장기요양등급을 받은 일상생활이 어려운 어르신에게 주로 요양보호사를 파견하여 방문요양서비스를 제공하는 재가복지시설이다. 방문 간호, 방문목욕 등의 서비스를 제공하기도 한다.

공공부조 사회보장제도 중 하나로 스스로 생활을 유지하는 것이 어렵거나 불가능한 시민의 최저생활을 보장하는 제도다. 사회보험료를 지불하는 등의 기여가 없더라도 받을 수 있다. 법적으로 명시되어 있지는 않지만 오늘날 공공부조는 '열등 처우의 원칙'을 암묵적으로 따르고 있다. 공공부조 수급자의 생활 수급이 최저임금 노동자의 생활 수준보다 열등한 처우에 있어야 형평성에 부합한다고 본다. 한국에서는 대표적인 공공부조로 기초생활보장제도가 있으며, 소득, 자산, 부양의무자 여부에 따라 수급권이 결정된다.

사회보험 사회보장제도 중 하나로 건강, 노후, 사망, 실업, 산업재해 등의 사회적 위험에 대비해서 드는 강제보험을 말한다. 사회적 위험이 닥쳤을 때 소득이나 비용을 보전받을 수 있다. 대표적인 4대 보험으로 국민연금, 국민건강보험, 고용보험, 산업재해보상보험 등이 있으며, 노인장기요양보험 또한 사회보험 형태로 운영된다. 강제보험이지만, 비정규직 노동자이거나 소득이 발생하는 노동을 하지 않을 경우 가입 사각지대에 놓인다.

노인장기요양보험 일상생활을 혼자서 수행하기 어려운 노인 및 노인성 질환자에게 가사와 신체 돌봄, 정서적 지원을 제공하며, 노후의 생활 안정과 가족의 부담을 덜기 위해 만들어진 사회보험이다. 이용자의 상태에 따라 1~5등급으로 나뉜 요양등급을 받은 후, 요양원이나 주간보호센터 등 시설을 이용하거나, 방문요양이나 목욕 등 요양보호사가 이용자의 집에 와서 돌보는 서비스를 받을 수 있다.

장애인 활동지원제도 신체적 또는 정신적 장애로 혼자서 일상생활이나 사회생활이 어려운 장애인을 위해 활동을 지원하는 서비스다. 2006년 장애계의 투쟁으로 만들어져 2007년 전국사업으로 확대됐다. 장애인의 자기결정권과 사회 참여를 보장하여 삶의 질을 높이고, 돌봄을 맡은 가족의 부담을 줄이려는 목적을 갖고 있다.

기초연금 노인 빈곤 해결과 노후 안정을 위해 도입된 정책이다. 사회보험료를 내야만 받을 수 있는 국민연금과 달리, 기초연금은 공공부조의 성격을 띤다. 만 65세 이상의 한국 시민 중 소득과 재산이 하위 70%인 사람에게 지급된다. 2023년 기준 월 최대 32만 3180원이 지급된다. 다른 종류의 연금을 받을 경우 감액되거나, 기초생활수급권자일 경우 기초연금으로 인해 수급비가 축소된다.

조기현

돌봄청년 커뮤니티 n인분 대표. 스무 살 때 아버지가 쓰러지면서 젊은 보호자가 됐다. 가난과 돌봄이 언제까지 이어질지 모른다는 막막함이 찾아들 때마다 회피하듯 책을 읽고 영화를 봤다. 어느새 뭔가를 읽거나 보고 누군가를 돌보는 시간이 삶의 동력이 됐다. 다른 누군가의 삶에도 동력이 되고 싶어서 책 《아빠의 아빠가 됐다》《새파란 돌봄》《몫》을 썼고, 영화 〈1포 10kg 100개의 생애〉와 SF렉처 퍼포먼스 〈무출산무령화사회〉를 만들었다. 돌봄으로 연결된 동료들과 '돌봄의 새 파란'을 일으킬 궁리로 여러 실천을 이어간다. 돌봄이 관계가 되고 관계가 돌봄이 되는, 그런 일상을 꿈꾼다. 그를 위해 내가 할 수 있는 역할을 하나씩 찾아가는 중이다.

홍종원

남의 집 드나드는 의사. '의사의 역할은 무엇인지' '어떤 의사가 되어야 하는지'를 고민하며 무작정 지역사회에 뛰어들었다. 동네 주민들과 어울려 축제를 기획하고, 마을사랑방 '건강의집'을 열어 청년들과 함께 살면서 관계의 확장을 경험했다. 그 경험 끝에 '호의'와 '연대'가 건강한 삶의 필수조건이라는 것을 몸소 깨달았다. 이런 활동을 토대로 방문진료 전문병원 '건강의 집 의원'을 열어, 아픈 이들을 직접 찾아다니는 의사가 되었다. 처방전 너머 돌보는 관계의 중요성을 매일 깨달으며 돌봄을 돌보는 의사의 역할을 고민하고 있다. 치기 어린 인생 실험을 정리해 《처방전 없음》을 펴냈다. 함께 쓴 책으로 《내일은 내 일이 가까워질 거야》《혼자서는 무섭지만》이 있다.

우리의 관계를 돌봄이라 부를 때

ⓒ 조기현, 홍종원, 2024

초판 1쇄 발행 2024년 1월 17일
초판 2쇄 발행 2024년 7월 19일

지은이 조기현 홍종원
펴낸이 이상훈
인문사회팀 최진우 김지하
마케팅 김한성 조재성 박신영 김효진 김애린 오민정

펴낸곳 ㈜한겨레엔 www.hanibook.co.kr
등록 2006년 1월 4일 제313-2006-00003호
주소 서울시 마포구 창전로 70(신수동) 화수목빌딩 5층
전화 02) 6383-1602~3 **팩스** 02) 6383-1610
대표메일 book@hanien.co.kr

ISBN 979-11-6040-735-8 03300